Biller | Wer nichts glaubt, schreibt

Maxim Biller

Wer nichts glaubt, schreibt

Essays über Deutschland und die Literatur

Reclam

RECLAMS UNIVERSAL-BIBLIOTHEK Nr. 19672
2020 Philipp Reclam jun. Verlag GmbH,
Siemensstraße 32, 71254 Ditzingen
Gestaltung: Cornelia Feyll, Friedrich Forssman
Druck und Bindung: Kösel GmbH & Co. KG,
Am Buchweg 1, 87452 Altusried-Krugzell
Printed in Germany 2020
RECLAM, UNIVERSAL-BIBLIOTHEK und
RECLAMS UNIVERSAL-BIBLIOTHEK sind eingetragene Marken
der Philipp Reclam jun. GmbH & Co. KG, Stuttgart
ISBN 978-3-15-019672-4

Auch als E-Book erhältlich

www.reclam.de

Inhalt

»Es ist nicht so einfach.«
Paul Celan

Deutscher wider Willen

Ein Deutscher wollte ich nie werden. Warum? Vielleicht, weil die ersten Deutschen, die ich sah, Wehrmachtsuniformen trugen. Sie sagten ständig »Scheiße« und »Hände hoch!«, preschten bei Tag und bei Nacht auf ihren Panzern durch die Ukraine und schossen immer nur auf Zivilisten. Das war, damit wir uns nicht missverstehen, im Frühling 1970, ich war damals zehn Jahre alt, ich lag mit meinem armenischen Großvater in Moskau in seinem Bett, wir aßen riesige Brote mit einer zentimeterdicken Schicht Schokoladenbutter und tranken dazu den heißen Kakao, den Großvater jedes Mal eine halbe Ewigkeit lang anrührte, damit er so märchenhaft süß und mild schmeckte, wie ich ihn heute zumindest in der Erinnerung habe. Und während ich also in der Linken den Becher hielt, in der Rechten das Butterbrot, starrte ich auf den Fernsehschirm, und der sowjetische Kriegsfilm, den Großvater und ich uns an diesem Vormittag ansahen, war spannender als jede Eishockey-Übertragung. Ich weiß noch genau, wie erleichtert ich war, dass die Schlacht zwischen der Roten Armee und den Nazis, die wegen ihrer Niedertracht so unbezwingbar schienen, schließlich doch noch mit der Niederlage der Deutschen endete, denn damit hatte ich wirklich nicht mehr gerechnet.

So waren die ersten Deutschen, die ich sah, gar keine echten Deutschen. Sie wurden von russischen Schauspielern dargestellt, und die waren möglicherweise in der einen oder anderen Szene zu gut drauf, gaben den kriegerischen Teutonen vielleicht zu holzschnittartig, zu brutal und zu zähnefletschend, zu xenophob und allzu kühl-narzisstisch. Aber so falsch lagen sie auch wieder nicht: Europa verfiel einst schließlich nicht deshalb in Agonie, weil es an allen Fronten mit zu vielen schlechten deutschen Witzen traktiert worden wäre. Mit den Zähnen zu fletschen, eisig kalt und furchteinflößend zu sein, Scheiße zu sagen und beiläufig Menschen zu erschießen, gehört, finde ich, zu einem nazistischen Welteroberungskrieg irgendwie dazu. Die Deutschen müssen sich eben daran gewöhnen, dass das Bild, das die Welt sich von ihnen macht, niemand anders als sie selbst geschaffen haben.

Deutscher wollte ich also niemals werden, und es vergingen nach jenem Moskauer Vormittag im Frühling 1970 noch viele Jahre, bis ich wirklich begriff, warum – bis ich kapierte, dass meine Abneigung gegen Bayern, Schwaben und Niedersachsen, gegen Hessen und Mecklenburger und Hamburger nicht allein damit zusammenhängt, dass sie in Kriegsfilmen und Comicstrips, in Musicals und oft sogar selbst in der Weltliteratur regelmäßig so mies abschneiden. Meine Abneigung hat mit Dingen und Geschehnissen zu tun, die nur mittelbar und zugleich doch ganz konkret mein eigenes, mein ganz persönliches kleines, sinnloses, unwichtiges und trotzdem alles Leid und alles Glück dieser Erde enthaltendes Leben berühren. Oder, um endlich auf den Punkt zu kommen: Willkommen im Holocaust-Land!

Nehmen wir etwa meinen armenischen Großvater. Er war der einzige Goj in unserer Familie – aber auch so hatte es für ihn gereicht, um wegen der Deutschen eine Menge Scherereien zu haben. Als säbelschwingender Kavallerist kämpfte er, der Mann einer Jüdin, der Vater einer Jüdin, drei endlose Jahre lang gegen Hitlers Generäle, Offiziere und Landser, er ritt auf seinem Pferd beinah donquichottisch anmutende Attacken gegen die nationalsozialistischen Tötungs-Androiden und war so gesehen von dem Vernichtungs- und Eroberungs- und Weltredigierungs-Wahnsinn der Deutschen genauso betroffen wie jeder Jude in der Familie. Die Juden in meiner Familie aber hatten von Haus aus eine Menge Spaß mit den Deutschen gehabt, die offensichtlich nur deshalb imstande waren, die halbe Welt in Brand zu setzen, weil ein Haufen asozialer, frustrierter Erster-Weltkriegs-Soldaten ein paar clevere, chauvinistische, savonarolahaft-mystische Ideen entwickelt hatte und dafür auch noch, im Jahr 1933 gleich zweimal, gewählt wurde.

Man muss sich das vorstellen: Bloß weil Leute wie Hitler oder Goebbels im bürgerlichen Leben ebenso wenig Halt fanden wie bei der Boheme Anerkennung, landeten Verwandte von mir nackt im Massengrab von Babi Jar. Andere, vor allem die Jüngeren, wurden mit dem Kopf gegen Wände geworfen und wie Frösche zerdrückt. Einige brannten auch, sie brannten und brannten und brannten, und dann gab es welche, die Glück hatten, sie wurden, so wie die engste Familie meines Vaters und meiner Mutter, von den Sowjets in den Ural evakuiert, und natürlich haben auch ein paar als Partisanen oder Soldaten ihr Leben gelassen, ganz ehrenhaft und ganz sinnlos beschissen. Das alles geschah also nur, weil ein paar zukurzgekommene Deutsche eines Tages begriffen hatten, dass die Deutschen insgesamt, als ein kulturell-historischer Komplex sozusagen, einen vollkommen manischen Hang zum Selbstmitleid haben – dem Selbstmitleid angeblich immer und ewig Zukurzkommender, das sich im Aufbegehren gegen den Versailler Vertrag genauso manifestieren kann wie im materialistischen Ossi-Querulantentum, ein Selbstmitleid, das hysterisch und aufgesetzt-existenziell genug ist, um sich jederzeit von Neuem in einen prächtigen, blutigen, Geschichte werdenden Amoklauf verwandeln zu können.

Es ist, um es noch präziser zu sagen, das Selbstmitleid von Leuten, die zu einem Volk gehören, das sich immer als ein Großvolk verstanden hat, als eine Großmacht, die angeblich jedoch niemals ihre vermeintlich legitimen Hegemonialansprüche in Politik, Geostrategie und Kultur ausleben durfte – also das komplette Gegenteil einer gehetzten Minderheit, wie es etwa die Armenier oder Kurden sind, oder einer zurückgesetzten Volksgruppe innerhalb eines riesigen Gebildes, wie es beispielsweise die Tschechen oder Slowaken in der k. u. k. Monarchie waren.

Und so was prägt: Die Doktrin des Staates genauso wie das Denken jedes einzelnen Individuums, das in ihm lebt, arbeitet, gehorcht. So was prägt, es macht arrogant und stumpf, gedankenlos und dadurch immer wieder sehr, sehr böse. Der feine, großmächtige Pinkel nämlich wird von Haus aus mieser und fieser und egotistischer sein als der arme, geschundene Kerl, der froh ist, dass er einmal richtig etwas zum Essen und Anziehen bekommt. Der feine Pinkel könnte für das, was er in seiner Großmannssucht begehrt, betrügen und töten und sich dennoch unumschränkt im Recht fühlen. Der arme Kerl dagegen würde dafür sterben – und wenn er jemals gegen jemanden andern die Hand erhebt, dann zunächst nur aus Verzweiflung, nie aus Anmaßung.

Das große, miese, fiese, egotistische Friedrich-und-Bismarck-Reich hat den deutschen Zukurzgekommenen-Wahn erst richtig hochgezüchtet, die Legende von der angeblich ständig von Zerfall und Zerstörung bedrohten Mittelmacht verfestigte sich gerade in jener Zeit, und wenn heute bei einer Fußball-WM die deutsche Mannschaft gegen Marokko, Mauretanien oder Monaco zurückliegt, dann hat das deshalb auf die deutsche Nation denselben deprimierenden Effekt wie Napoleons Feldzüge oder die Niederlage in der Normandie.

Man sieht sich als Deutscher eben von vornherein im Nachteil, und das verleiht diesem Volk zum einen eine Menge wirtschaftlicher und militärischer Energie. Zugleich erwachsen daraus jene Unsicherheit und mangelnde Souveränität im Umgang mit Menschen, die irgendwie anders und dadurch zunächst nicht durchschaubar sind. Der welsche Feuilletonist, der destruktive Saujude, der schmutzige Zigeuner heißen nur deshalb so und werden diesem sprachlichen Duktus entsprechend angesehen und behandelt, weil der unsichere, selbstbezogene, neidische Deutsche ständig in der Angst lebt, von diesen Leuten aufs Kreuz gelegt und um seinen eigenen Vorteil gebracht zu werden. Dieser Deutsche, der vom Leben nur das absolute Maximum erwartet, fühlt sich deshalb auch wie ein verwöhntes Kind immer und immer wieder zurückgesetzt, er kann einfach nicht verzichten, er kann nicht verlieren, er kann nicht geduldig und bescheiden sein: als Rüstungsmillionär ebenso wenig wie als Chemie-Facharbeiter, als Filmemacher oder General ebenso wenig wie als ostdeutscher Arbeitsloser, als Peymann ebenso wenig wie als Handke, als Schönhuber, als Nolte, als Hitler.

Ach ja, Hitler: Das, was er Nationalsozialismus nannte, war in Wahrheit nichts anderes als Reklame für sich selbst und somit eine astreine Karrieristen-Ideologie. Um es endlich zu etwas zu bringen, verband er ganz einfach sein Schicksal mit dem Schicksal des genauso wie er wehleidig empfindenden deutschen Volkes, er versprach – ich sage es hier prosaischer und unmystischer als er – den im Weltkrieg, in den frühen 20ern und frühen 30ern gebeutelten Deutschen Wohlstand, Besitztum und Macht. So ist die bei tiefgefrorenen FAZ-Wunderkindern und gewendeten 68er-Greisen beliebte Selbstentlastungsthese, Kommunismus sei dasselbe Böse wie Faschismus, deshalb natürlich auch falsch. Denn im Kommunismus nimmt sich der *Mensch* vor, sich die Welt, das Leben, das Schicksal, untertan zu machen – im Faschismus aber allein der deutsche Neidbürger.

Faschismus als spießiger, konsumistischer Egotrip also? Ganz genau. Faschismus war – und ist – einfach nur die modernistischere, archaischere und vor allem blutigere Form des 50er-Jahre-Wirtschaftswunders, vermischt mit dem durch die Aufklärung aufgebrachten ideengeschichtlichen Running Gag, der Mensch könne alles, was er nur will. So ist denn auch der Rechtsradikalismus von heute nichts anderes, und wenn man sich die aktuelle Nazi-Personnage ansieht, erblickt man das gleiche Panoptikum. Es ist schon wieder diese Melange aus Arbeitslosen und Analphabeten, aus frustrierten höheren Söhnen, aus sich selbst verleugnenden Homosexuellen und aufgeregten alten Männern, und es gibt nur einen einzigen Weg, mit ihnen aufzuräumen: Statt sie in Talkshows einzuladen, statt nach jedem neuen Pogrom, das sie veranstalten, für ihre soziale Randlage Verständnis zu zeigen und immer weiter in ihrem Sinn das Grundgesetz ändern zu wollen, statt ihnen also ständig nachzugeben, muss man sie jagen, verhaften und gesellschaftlich ächten, muss man noch gnadenloser mit ihnen umspringen als in den 70er Jahren mit der RAF. Denn im Gegensatz zu echten – egal ob sozialistischen oder rein pragmatischen antidiktatorischen – Befreiungsideologien ist Faschismus verbietbar. Ihm geht jede Art von Brüder-zur-Sonne-zur-Freiheit-Eigendynamik ab, das Verbot stärkt ihn deshalb auch nicht, sondern schwächt ihn. Der Faschist-Karrierist, der merkt, dass er als Fähnleinführer nicht reüssieren kann, macht am Ende doch noch den vom Arbeitsamt finanzierten Computer-Lehrgang oder wandert, wenn er es nicht anders begreift, lebenslang ins Kittchen; und wenn irgendjemand – egal ob als wachsweicher Sozi, als tumber Christdemokrat, als naiver Grüner – mal wieder behauptet, man müsse mit den Rechten, statt sie zu stigmatisieren, zusammenarbeiten, um sie so systemimmanent und damit harmlos zu machen, dann muss er wissen, dass dieser Vorschlag genauso bourgeois-feige ist wie das Münchener Abkommen.

Die Demokratien haben schon einmal gedacht – weil ihnen alles andere zu mühsam war und zu unelegant-undemokratisch –, sie könnten mit den Rechtsradikalen verhandeln. Sie haben so lange verhandelt, bis alles anders war und dann zu spät. Aber vielleicht haben sie auch einfach nicht begriffen, was ich längst weiß: eben weil der Faschismus eine rein machiavellistische und an Macht und sozialem Aufstieg orientierte Karriere-Rezeptur ist, ist das Raffinierteste an ihm, dass er sich nach dem Dominoprinzip einzelne gesellschaftliche Gruppen zur Ausschaltung und Vernichtung aussucht, so dass man immer – aus nachvollziehbarer Feigheit heraus – sagen kann, mich selbst trifft es ja nicht, ich muss bloß die schlechte Zeit überwintern. Und eines Tages ist der demokratische Staat ein SS-Staat geworden, und unsere Schnapsnasen und Hausmeister von einst laufen in Marschalls-Uniformen und Gala-Fracks herum, sie geben Befehle, erschießen Menschen und regieren die Welt. Glaubt denn irgendjemand tatsächlich, die konservativen, weltkriegserprobten deutschen Juden haben in den 30ern allen Ernstes gedacht, sie würden eines Tages über den Feldern von Polen kleine, zarte Rauchpirouetten drehen, um sich dann in nichts aufzulösen? Womit ich, natürlich, wieder im Holocaust-Land angelangt wäre.

Bloß kein Mitleid, ja keine Betroffenheits-Duselei! Ich musste keine Pirouetten drehen und war auch sonst nicht in Gefahr. Als Zehnjähriger bin ich aus Prag nach Deutschland gekommen, zwölf Jahre später tauschte ich meinen sowjetischen Reisepass gegen einen deutschen. Ich habe in diesem Land Abitur gemacht, ich habe hier Haschisch geraucht und Sex gehabt, ich habe tausendzweihundert NDR-Talkshows gesehen und seit 1970 jede *Tatort*-Folge, ich war Gladbach-Fan und Bayern-Hasser. Ich kenne jedes Lokal von Hamburg, München, Berlin und Frankfurt, das in den letzten zwanzig Jahren halbwegs Avantgarde war, ich habe an einer deutschen Universität studiert und über niemanden anderen als Thomas Mann meine Magisterarbeit geschrieben, und manchmal, wenn ich gerade obenauf bin oder besonders verzweifelt, fällt mir ein, dass ich besser Deutsch spreche als die meisten Deutschen. Kein Majdanek und kein Auschwitz haben mich also daran gehindert, in diesem Land immer alles mitzumachen, was man mitmachen konnte, ich habe dasselbe trostlose 70er-Hippie-Leben geführt wie alle andern, ich war in den 80ern genauso high wie meine Freunde von der Alles-ist-möglich-Fakultät, ich bin durch die 90er durchgerauscht wie durch einen schlechten Martin-Walser-Traum. Ich bin aus jedem Urlaub nach Deutschland zurückgekehrt und nicht nach Tel Aviv, Paris oder in die Lower East Side, und als ich vor ein paar Jahren eine kleine Tour durch die in Polen gelegenen deutschen KZs mitmachte, sehnte ich mich schon bald nach meinen geliebten Frankfurter Hochhäusern und Fressgassen-Cafés zurück.

Aber Deutscher wollte ich trotzdem nie werden, und mit Holocaust hatte das in Wahrheit nur indirekt etwas zu tun. Ein Satz, der alles bisher Gesagte annulliert und jeden meiner deutschen Leser postwendend erlöst? Natürlich nicht. Denn es muss, was diesen Punkt betrifft, unbedingt gesagt werden, dass es für mich eine eher abstrakte Angelegenheit ist, mit dem Holocaust im Herzen zu leben. Nie würde ich mir anmaßen, mich mit den Stigmata derer, die durch die Hölle kamen, schmücken zu wollen. Den Holocaust zu denken, ihn nicht zu vergessen, ist für mich vielmehr ein archaischer Dienst, es ist Atavismus, es ist das Gefühl, zu einem Volk zu gehören, das es so lange auf dieser Welt gibt wie kaum ein anderes und das es trotzdem immer wieder versteht, Ideen für die Zukunft zu liefern. Und manchmal denke ich deshalb auch, dass, wenn die letzten Juden sterben, auch die Menschheit aufhören wird zu existieren, und so metaphysisch sich das Ganze anhört, so metaphysisch ist es wohl. Aber wie es halt mit den letzten Dingen immer so ist: Das Sinnmachende, Sinngebende, Sinnentleerende an ihnen wird einem selbst nur in sehr wenigen, kostbaren und deshalb umso ergreifenderen Momenten bewusst. Doch in der Regel führt man ein ganz gewöhnliches tragikomisches Menschenlemmingleben, das zu neunundneunzig

Prozent aus Routine besteht und zu einem einzigen – höchstens! – aus Metaphysik.

Das Menschenlemmingleben als Emigrantenkind also und nicht als Holocaust-Überlebender: In Deutschland wurde ich als eine Art Staatsgast empfangen, ich war ein Held im Kampf gegen den Weltkommunismus gewesen, ich – der Zehnjährige – war ein Märtyrer des Prager Frühlings, die Galionsfigur einer westlich-kapitalistischen Gegenrevolution. So jedenfalls sah man es offenbar auf dem Hamburger Gymnasium, wo man mich, den Edelausländer, den Nichttürken, den Nichttamilen, in den ersten beiden Jahren, ohne dass ich ein Wort Deutsch gesprochen hätte, mit den allerbesten Noten durchschleuste. Das Mitgefühl ließ aber bald nach, es wich dem Misstrauen einem Jugendlichen gegenüber, der offenbar anders war und das auch gar nicht ändern konnte.

Aber was heißt denn hier, bitte, schon anders: Ich war laut, frech und umtriebig, ich hörte im Unterricht nie zu und wusste trotzdem meistens die beinahe richtige Antwort. Sind Juden so? Ausländer? Marsmännchen? Ich war in keiner Clique, ich war eher der Klassenidiot als der Klassenclown, meine Freunde waren immer auch meine Feinde und nutzten jede Gelegenheit, um sich auf die Gegenseite zu schlagen. Und wenn ich dann wieder einmal zum Direktor musste, sagte der, ich trüge eine gewisse Verantwortung und solle mich schleunigst bessern, denn mein schlechtes Verhalten werfe ein falsches Licht auf all die andern. Auf welche andern? Auf die Juden? Die Marsmännchen?

Das alles sind, sosehr ich mich richtig zu erinnern bemühe, natürlich nur Projektionen von heute aus, und wenn ich schon beim Projizieren bin, dann will ich auch noch schnell meinen Klassenlehrer von damals erwähnen. Er gab bei uns Latein, Deutsch, Geschichte und Sozialkunde, er hatte immer eine stark gerötete Gesichtshaut, eine feste Stimme und weiße Alterskrümel in den Mundwinkeln. Er war ein waschechter Kriegsveteran, jawohl, irgendeiner hatte ihm seinerzeit den rechten Arm abgeschossen, und ab und zu holte Doktor Schöne im Unterricht den Stummel aus dem Hemd heraus, drehte dieses nackte, sinnlose Stück Knochen und Haut ein paar Mal hin und her und sagte, dies sei seine persönliche Art, die Kampfkraft der Roten Horde zu kommentieren. Das hatte natürlich Klasse und war zugleich, soweit ich mich erinnern kann, meine einzige konkrete Begegnung mit einem echten, bekennenden Kriegsdeutschen. Aber die Friedensdeutschen – und darauf will ich die ganze Zeit hinaus – reichten mir auch schon.

Natürlich hatte ich in meinem Leben das eine oder andere antisemitische Erlebnis, es gab schon mal Leute, die mir sagten, im Ofen sei ich am besten aufgehoben, oder mir erklärten, es sei bei mir absolut was dran an der typisch jüdischen Hast und Verschlagenheit. So was legte ich – je älter ich wurde – immer lässiger im Fach der Realsatire ab und beendete trotzdem mit jedem der Sonntags-*Stürmer* sofort jeglichen Kontakt. Gelebten Antisemitismus, wenn ich so sagen darf, habe ich nie wirklich als Drama, als Erdbeben empfunden, und natürlich würde ich anders reden, wenn es hier nicht um das seichte, feige westdeutsche Judenbenörgeln des alleruntersten, allerverbotensten kollektiven Nachkriegsunterbewusstseins ginge, mal als Antizionismus kaschiert, mal als Ernst-Jünger-Bewunderung oder als das schüchterne Kritisieren der angeblich so mächtigen jüdischen Lobby in Amerika. Ich würde anders reden respektive längst über alle Berge sein, hätte ich persönlich es mit Vespasian und Titus zu tun gekriegt, mit Bogdan Chmelnizkij oder den Teenagern von Rostock. Der meistens außerordentlich zurückhaltend und verschämt vorgetragene Konversations-BRD-Antisemitismus aber, der mir – seit ich erwachsen bin – ab und zu unterkam, machte mir niemals

Angst und erfüllte immer nur eine Aufgabe: Er erinnerte mich daran, dass ich offenbar anders bin, denn wenn ich nicht anders wäre, würde man mich wohl kaum der Andersartigkeit zeihen und mir vermeintlich typisch jüdische Eigenschaften anhängen.

Und sie melden sich immer wieder, die seinerzeit von mir kaum registrierten Gespenster meiner Schulzeit. Sie umflattern mich während eines Streits über Israels Politik in einer traumhaft schönen Berlin-Mitte-Bar ebenso still und allgegenwärtig wie in den Tagen der Fassbinder-Debatte, sie wehen mir aus einem hilflos-missgünstigen *Zeit*-Verriss meines ersten Erzählbandes entgegen, ich sehe sie in den Blicken derer, denen ich in Gesprächen und Diskussionen überlegen bin, und unvergesslich-literarisch ist für mich dieser One-Night-Stand-Moment, als das wildfremde Mädchen, das ich schon halb ausgezogen hatte, plötzlich zu mir sagte: »Stimmt es eigentlich, dass die galizischen Juden die schlimmsten sind?«

Warum, Adonai, bin ich anders? Weil ich nicht Deutscher sein will?

Ich, der andere, schaue in den Spiegel, aber ich sehe nur mich selbst, und so schaue ich die Deutschen an, um etwas zu begreifen, und natürlich betrachte ich nicht irgendwelche abstrakten, längst historisierten Wesen der Nazizeit, sondern Menschen von heute, Menschen, mit denen ich lebe und arbeite. Ich speichere also meinen inneren Computer mit allen Erlebnissen, Gesprächen, Erfahrungen, Beobachtungen, die ich bisher in diesem Land hatte, ich mache mir meinen Modell-Deutschen, ich leiste mir den Luxus der wahrheitsspendenden Generalisierung und – kriege das Kotzen.

Ich kotze vor allem aus einem Grund: Immer wieder stellt sich mir nämlich die angeblich so gemütvolle, die angeblich so romantische und passionsfähige deutsche Seele aus der systembildenden Produktion von Novalis, Richard Wagner und Botho Strauß als ein totes, flaches, abstraktes Gebilde dar, als ewig waberndes Ich-Ding, das – larmoyant, wehleidig eben – einen Sinn für sich selbst hat, aber nie für die Außenwelt, für die Welt der anderen Menschen. Situationen, in denen sich mir diese Art von Kaltschnäuzigkeit eröffnet, erlebe ich oft, und es ist eine Kaltschnäuzigkeit, die manchmal furchtbar intellektualisierend daherkommt, manchmal aber fast unschuldig instinktiv.

Einmal etwa, nachts, sehr spät nachts, saß ich allein in München im Tabacco, die Bedienungen wirkten längst genauso betrunken wie ihre Gäste, Leute liefen ungehindert hinaus, ohne zu zahlen, auf dem Boden lagen Scherben herum, und auf den Tischen glänzten die Barlichter in Lachen von verschüttetem Wein und Bier. Es war so eine richtig anarchische, wüste Sperrstundenstimmung, und der junge Mann, den ich kurz vorher kennengelernt hatte, sah mit seinen 1,90, mit den kurzen blonden Haaren und den ebenen, fast zu ebenen Gesichtszügen genauso aus wie ein SS-Mann. Er war natürlich keiner, er war alles andere als das, ich ordnete ihn sofort – seiner Geisteshaltung und Aussprache entsprechend – dem westdeutschen Kleinstadt-Universitäten-Posthippietum zu, und als er von der längeren Asienreise zu sprechen begann, von der er gerade zurückgekehrt war, wusste ich sofort, dass ich recht hatte. Also gut, dachte ich, reden wir.

Dass er vor einem Jahr plötzlich beschlossen hatte, seinen armseligen Studentenbesitz zu verkaufen, um ostwärts zu ziehen, erschien mir zwar banal, aber trotzdem – zumindest um diese Uhrzeit – nicht uninteressant. Dass ihm dann, gleich in der allerersten Nacht in Bangkok, sein ganzes Geld von einer Nutte geklaut wurde, fand ich amüsant. Und unterhaltsam war auch, wie er am nächsten Morgen, als er hungrig, elend und einsam in einem Café saß, von einem älteren Deutschen angesprochen wurde, der seit Jahrzehnten in Thailand wohnte und ihm sofort Arbeit und einen Platz zum Wohnen anbot. Das war schon deshalb irgendwie witzig, weil dieser Deutsche ein mächtiger Unterweltler war, Herr über Hunderte von Prostituierten, über Dutzende von Puffs. Zu Besuch beim Paten von Bangkok – es gibt langweiligere, abgedroschenere Bargeschichten.

Gar nicht lustig kam mir aber der Rest dieser Geschichte vor, die mein Tabacco-Bekannter mir so unschuldig-unbeteiligt erzählte, als habe er die letzten Monate in einem Pfadfinderlager verbracht. Pfadfinderlager ist gut. Es war eher eine Art KZ gewesen, wo er sich einen langen, warmen, schwülen asiatischen Sommer lang aufhielt – aber nicht, wenn ich bei dem Bild bleiben darf, in den Baracken, nicht bei den Öfen, sondern mehr so im Offizierskasino, im schönen und geräumigen Haus des Aufsehers und natürlich auch im Lagerbordell.

Ja, ganz klar: Der Pate von Bangkok war nicht bloß ein alter Nazi gewesen, der nach dem Krieg aus Deutschland abgehauen war. Der Pate von Bangkok, das bekam mein Hippiefreund schnell mit, hatte einst höchstpersönlich in Polen, in den Lagern, die Judenverbrennung überwacht. Doch das störte den Jungen nicht. Der Alte hatte ihn sofort in sein Herz geschlossen, er gab ihm Wärme und Mädchen und Geld, er sah in ihm den Sohn, den er sich sein Leben lang gewünscht hatte, und irgendwann holte er seine alten Dokumente und Auszeichnungen heraus, er stellte den Filmprojektor auf und ließ alte Wochenschauen laufen, und er schien seine Taten von damals vor allem darum zu bereuen, weil sie in Gestalt einer ständig drohenden Strafverfolgung seine gehetzte Seele verfinsterten. Die Seele des Studenten verfinsterte aber überhaupt nichts. Als ich ihn als Kollaborateur zu beschimpfen begann, als ich sagte, er habe keine Ehre im Leib, er hätte doch sofort Simon Wiesenthal verständigen sollen, sah er mich besonders verständnislos an, er sagte, der Alte sei gut zu ihm gewesen, und mit den anderen Sachen habe er selbst, als 1970 Geborener, nichts zu tun, er könne das alles aus der Distanz heraus gar nicht beurteilen. Im Übrigen scheine es ihm so, dass der Alte damals all diesen Unsinn getrieben habe, weil ihn, den gutmütigen Kerl, die Frauen immer nur schlecht behandelt hätten. Und dann stand er auf, mein Hippiefreund, der bestimmt grün wählt, vegetarisch isst und während des Golfkriegs gegen die Amerikaner demonstriert hat, er stand auf und ging hinaus, ohne zu zahlen, und Hunderte matter Barlichter spiegelten sich hinter ihm in Gläsern, Gesichtern und Alkohollachen, und dann gingen sie plötzlich aus, und es war Sperrstunde.

In dieser Nacht begriff ich – endlich – alles. Das heißt, zunächst dachte ich nach. Ich fragte mich, wieso der Hippie gegen seinen KZ-Gönner nichts unternommen hatte, obwohl er selbst bestimmt kein NSDAP-Anhänger war. Und ich antwortete mir, es muss wohl daran liegen, dass er aus anderen historischen Verhältnissen kommt als du selbst, dass er eine andere biografische Herkunft hat, weshalb ihm bei dem Namen Blondie ein Popstar einfällt, dir aber der Hund von Hitler.

War das schon alles? War das der einzige Unterschied? Ich dachte weiter nach, mir kamen so blöde, leere, verbrauchte Worte wie »Täter« und »Opfer«, »Täterkinder« und »Opferkinder« in den Sinn, ich dachte, es sei doch ganz logisch, dass einer wie ich ein komplett anderes, geschärfteres Verhältnis zu einem KZ-Aufseher hat als so ein naiver, harmloser Müsli-Mensch. Doch das war mir nicht Erklärung genug. Dann aber fiel mir zu seiner Rechtfertigung und zur Rechtfertigung seiner Leute ein, dass es noch nie in der Menschengeschichte eine Nation gegeben hat, die so lange, so ausdauernd, so konsequent Tränen über den Gräbern eines Volkes vergossen hat, das von ihr beinah ausgerottet worden wäre.

Falsch. Die Deutschen haben wegen der toten Juden keine einzige Träne vergossen. Sie haben wissenschaftliche Arbeiten über sie geschrieben, sie haben sie in Lexika und Archiven geordnet, katalogisiert und abgelegt, sie haben die Wochen der Brüderlichkeit genauso kalt und generalstabsmäßig abgewickelt wie die Hannover-Messe oder den Polenfeldzug, und jeder, der es jemals wagte, dem Nachdenken über den Holocaust das Mystifizierende, Abstrahierende und somit auch das Hermetisierende zu nehmen, jeder, der die Schoah als ein Menschendrama mit Menschen darstellte, jeder, der Gefühl einklagte bei der Betrachtung des angeblich Unbegreiflichen, der wurde als Feind der Großen Lehre von der Vergangenheitsbewältigung ausgemacht und aus dem Club dieser Hegelianer der Holocaustologie exkommuniziert. Heute noch denke ich mit Lachen und mit Würgen an den Aufstand, den diese Nichtswisser veranstalteten, als in den 70ern zum ersten Mal die US-Serie *Holocaust* im Fernsehen lief, die mehr jungen Leuten die Augen über das Dritte Reich öffnete als all die streng wissenschaftlichen Traktate und Referate der deutschen Nachkriegszeit. Zu emotional, schrien sie damals allen Ernstes, und es war natürlich als Vorwurf gemeint. Zu emotional? Was denn sonst, ihr Arschlöcher, was sonst?!

In jener Nacht im Tabacco begriff ich also im Verlauf einer vielleicht nicht allzu stringenten Assoziationskette, dass die Deutschen das genaue Gegenteil von dem sind, zu was sie seit zweihundert Jahren von den Romantikern, von den Wagnerianern, von Thomas Mann, von Sieburg und Fest, von Augstein und Kiefer und den Erfindern der Love Parade stilisiert werden: Nix Leidenschaft, nix Gemüt – sie kämpfen sich in Wahrheit ohne jede Empfindung durchs Leben, sie absolvieren das Schicksal wie eine Trainingseinheit, sie laufen wie programmierte, funktionstüchtige Zombies durch die Welt, und öffnet sich ein Programm, das sie nicht kennen, kommt das Signal »Fehlfunktion«. Darum sind sie auch absolut nicht imstande, andere wirklich zu verstehen, egal ob sie in deren Land einmarschieren oder es ein halbes Jahrhundert später mit *Stern*, Günther Jauch und ZDF vor einer drohenden Hungerkatastrophe retten.

Nein – so wollte, so würde ich selbst hoffentlich niemals sein, dachte ich, und dann begann ich auch noch, meine Freunde und Bekannten durchzugehen. Ich fand natürlich jede Menge Ausnahmen und noch mehr Bestätigungen für mein so niederträchtiges, so aufhellendes Herumpauschalisieren, ich war berauscht von meinen Einsichten, aber schlechtes Gewissen machten sie mir natürlich auch, und als ich schon selbst beschämt auf »Fehlfunktion« drücken wollte, hielt ich inne.

Denn eines verbindet wirklich alle Menschen in diesem Land: Es ist diese vollkommene Geschichtslosigkeit, die ihnen allen eigen ist und die sie wohl deshalb in meinen Augen so kalt, so flach, so leer macht. Keiner – aber wirklich keiner – meiner deutschen Freunde erzählt jemals etwas über seine Familie, keiner spricht darüber, wo seine Wurzeln sind, welche Tragödien, welche Komödien seine eigene Familie zur allereigensten, allerbesondersten Familie der Welt gemacht haben. Die Menschen, die mir in Restaurants und Bars und Wohnzimmern gegenübersitzen, sind meist völlig eindimensionale Wesen, die über das Heute plappern, über Tschernobyl, David Lynch und Kinderkriegen, über Designermöbel, den Techno-Hype und das neue vietnamesische Lokal bei ihnen um die Ecke. Das Gestern aber interessiert sie offenbar nicht, sie verstehen sich nicht als Teil einer Kette, sie begreifen sich nicht als Fackelträger einer langen, auf faszinierende Weise in die Vergangenheit zurückreichenden Tradition, und wer jetzt entgegnet, dies sei auch verdammt schwer angesichts der ganzen peinlichen Nazisache, dem antworte ich, dass das vielleicht tatsächlich irgendwie richtig ist – und trotzdem kein Grund, auf eine eigene Identität zu verzichten. Denn wer keine eigene

Identität hat, wird anderen eine solche eben auch nicht zugestehen.

Geschichte ist in Deutschland immer nur Metternich, Bismarck und Hitler, es ist der Westfälische Friede, der Siebenjährige Krieg, der Prager Fenstersturz. Geschichte steht in Deutschland immer nur in den Geschichtsbüchern, sie ist aber niemals ein realer Bestandteil der Gegenwart. Menschen erzählen sich Geschichte nicht, sie kippen sie in den Orkus ihres schlechten Nachkriegsgewissens, oder, viel häufiger noch, sie wird Opfer ihrer Zivilisationsdeutschen-Oberflächlichkeit. Es ist verdammt noch mal kein Zufall, dass die wenigen deutschen Künstler, die in den letzten Jahrzehnten nachhaltig Weltruhm errangen, egal ob Böll oder Grass oder Fassbinder, insofern untypisch deutsch waren, als dass sie die Geschichte ihres Volkes in die Geschichten von kleinen, normalen Menschen aufteilten und so überhaupt erst lebendig machten.

Das magische Wort heißt also Identität, nationale Identität, und damit hat dieses Land, natürlich, eine Menge Probleme. Denn dass die Sache mit dem Nationalismus in Deutschland von Anfang an schiefging, muss man niemandem lang erzählen. Der Nationalismus, der überall anderswo zunächst eine soziale Emanzipationsbewegung gegen Adel und Kirche war, das Solidarisierungsmodell der vielen kleinen, machtlosen Menschen gegen die wenigen Überprivilegierten, wurde in Deutschland schon immer von den Herrschenden als imperiales Instrument missbraucht: Er entstand nicht als revolutionäre Aufregung, sondern als Reaktion auf die französische Besatzung. Die erste nationale Hysterie erlebten die deutschen Staaten deshalb auch ausgerechnet 1813, als es darum ging, die Franzosen zu vertreiben. Das war nicht Sozialismus, Armen- und Entrechteten-Befreiung. Es war einfach nur ein brutaler, gemeiner Zurückeroberungskrieg von ein paar Aristokraten, die – um die Masse der Fron-Soldaten für sich zu mobilisieren – allen versprachen: Wir sind ein Team.

Wir sind ein Team – so hieß es auch 1870/71, so hieß es auf den Schlachtfeldern von Verdun und im Tausendjährigen Reich. Es war, immer und immer wieder, ein hinterhältiger Karrieristentrick, es war eine große, fiese Cheflüge, eine Lüge, auf die der kleine, wehleidige, herumkommandierte Deutsche jedes Mal von Neuem willfährig und unüberlegt reinfiel.

Kein Wunder also, dass jene, die nach Weltkrieg und Holocaust im guten, aufregenden 68er-Taumel mit ihren Mitläufer-, Schweiger- und Tätereltern abrechneten und damit einen moralischen Standard für diese Republik setzten, der genauso meinungs- und tatbildend ist wie sonst nur die bundesrepublikanische Verfassung – kein Wunder, dass die umsichtigen, die nachdenklichen, die nichtegoistischen Deutschen so allergisch auf Worte wie »Nationalismus« und »Patriotismus« reagieren. In ihrem Fahrwasser schwimmt längst fast das ganze deutsche Volk mit, ein Volk, das nichts von Pflicht und Aufopferung fürs Vaterland wissen will.

Richtig so. Und falsch. Denn man darf natürlich den Reichsparteitag nicht mit dem Bundestag verwechseln, Kohl nicht mit Hitler, die Wiedervereinigung nicht mit dem Anschluss Österreichs. Jeder, der das tut, jeder, der heute allen Ernstes Zuckungen und Krämpfe kriegt, wenn man ihm sagt, er solle gefälligst aufhören, das inzwischen so hohl und stumpfsinnig gewordene antideutsche Mantra der 68er herunterzubeten, ist in erster Linie ein Dummkopf, ein Heuchler, ein Nichtdenker, dem es in Wahrheit darum geht, in Ruhe sein selbstsüchtiges, wehleidiges Luxusdeutschen-Leben zu führen, ein Leben zwischen Stehitaliener und Ferienhaus in Südfrankreich, wie zwischen Ballermann und H & M. Gerade so einer muss aber endlich begreifen, dass ein demokratischer Staat, in dem er lebt, von ihm auf Dauer ein Kollektivbewusstsein einfordern wird, damit er überhaupt funktionieren kann – ein Kollektivbewusstsein im Sinne eines JFK natürlich, nicht eines Goebbels oder Rosenberg, ein Kollektivbewusstsein, das sich nicht nach nationaler Herkunft oder Hautfarbe definiert, sondern allein nach dem Wohnort. So bedeutet, modern gedacht, nationales Selbstverständnis nichts anderes als Verantwortungsgefühl für die Gesellschaft, die man ernährt und von der man aber auch selbst ernährt wird, und das meine ich sozial ebenso wie politisch oder kulturell. Es ist wie beim Fußball: Wenn zu viele mit nichts oder nur sich selbst beschäftigt sind, geht die ganze Mannschaft baden.

Das Vakuum, das die so tüchtige, so kühle deutsche Vergangenheitsbewältigung hinterlassen hat, können wir schließen, wenn wir nur wollen. Und das müssen wir auch, und zwar sehr schnell, denn sonst werden sich tatsächlich – weil niemand ihnen Einhalt gebietet – andere hineindrängen: wirre Greise, verwirrte Kindsköpfe, Verlierer und Verlorene, die nur darauf warten, ihre persönlichen, allerprivatesten Niederlagen in einen Sieg über eine seit Jahrzehnten halbwegs anständig funktionierende Republik umzumünzen. Wenn die es schaffen, uns unser kleines liberal-demokratisches Paradies zu entreißen, dann ist tatsächlich bald wieder das Wort »deutsch« nur noch ein Synonym für rechtsradikal und anmaßend, fremdenfeindlich und imperial, und wir alle, fast alle jedenfalls, sind wieder einmal nur noch Fremde im eigenen Land.

Habe ich gerade »wir« gesagt? Ja, natürlich. Es ist nämlich verdammt kraftraubend und es macht nur selten wirklich Spaß, am Rand zu stehen und ein kommentierender, siebengescheiter Außenseiter zu sein. Dazuzugehören ist, so gesehen, auch nicht übel, eben Teil einer großen, coolen, lustigen Gang zu sein.

Wenn die Deutschen also eines Tages keine größenwahnsinnigen Wehleidigkeiten mehr kennen, wenn sie sich nicht mehr als ewig Zukurzgekommene empfinden, wenn sie aufhören, misstrauisch gegenüber allem Fremden und Anderen zu sein und nachlässig-feige gegenüber den Faschisten-Karrieristen in ihrer Mitte, wenn sie Gefühle als Schlüssel zu jeder Art von Metaphysik entdecken, wenn sie Egoismus nicht für Gemüt ausgeben, wenn sie beginnen, einen Sinn für ihre eigene, kleine, persönliche Menschengeschichte zu entwickeln genauso wie für den großen Plan – und wenn sie vor allem endlich laut und überzeugt erklären, dies hier sei ihr Land und sie würden es sich nicht noch einmal von ein paar frustrierten chauvinistischen Pogrombrüdern kaputtmachen lassen, dann, ja, dann würde auch ich gerne ein Deutscher sein.

So eine Art Deutscher jedenfalls.

Ein Rückzieher, ich weiß. Aber ich mache ihn nicht etwa deshalb, weil ich jetzt wieder an Majdanek oder Treblinka denken müsste, an den Adoptivsohn des Paten von Bangkok oder an das Mädchen, das, statt mit mir zu schlafen, über die galizischen Juden sprach. Ich mache diesen Rückzieher, weil mir nun noch einmal mein armenischer Großvater in den Sinn kommt.

Ich habe Großvater nämlich sehr geliebt. Er war ein großer, schöner Mann gewesen, mit seiner Glatze sah er wie Pablo Picasso aus oder wie Henry Miller, und deshalb hatte er bei den Frauen auch genauso viel Erfolg wie sie. Er war ein Spieler und Soldat, ein Hypochonder und ein halbwegs anständiger Mensch, wir verbrachten immer sehr viel Zeit miteinander, er unterrichtete mich im Schach- und Backgammon-Spiel, er bastelte für mich Schiffe und Autos, er schenkte mir russische Briefmarken mit Lenin und Gagarin drauf, er zeigte mir mit dem Fernrohr den Mond und den Mars, und da er einmal gegen seinen Freund, den Schachweltmeister Petrosjan, eine Partie gewonnen hatte und mir, seinem Enkel und Schüler, wiederum kurz darauf unterlag, verdanke ich Großvater, dass ich heute sagen kann, ich hätte – im indirekten Vergleich jedenfalls – einmal im Leben einen echten Schachweltmeister geschlagen.

Ich habe Großvater seit jenem Moskauer Frühling 1970, als wir zusammen im Bett lagen, Schokoladenbutterbrote aßen und uns im Fernsehen sowjetische Kriegsfilme anguckten, nicht mehr wiedergesehen. Bald darauf sind meine Eltern mit meiner Schwester und mir in den Westen geflohen, wir haben unsere Heimat verlassen, um uns in Deutschland einzurichten. Großvater, der in Moskau geblieben war, hatte nichts mehr gewünscht und ersehnt, als uns einmal in Hamburg zu besuchen. Er stellte Anträge, lief bei den Behörden herum, er hoffte und fluchte, und bevor er etwas erreichen konnte, starb er.

Kurz vorher hatte er mir – ich glaube, zu meinem elften oder zwölften Geburtstag – einen Brief geschrieben. Ich weiß nicht mehr genau, was drin stand, ich weiß nur, dass meine Eltern damals im Gegensatz zu mir, dem Kind, von seinem Brief sehr beeindruckt waren.

Ich schätze, Großvater wünschte mir alles Gute für mein Leben, und es werden bestimmt sehr warme Worte gewesen sein, die er gefunden hat, Worte, mit denen er vielleicht ausdrückte, dass alles Gute, was er selbst erlebte, auch mir widerfahren, das Schlechte jedoch von mir abgewendet werden soll. Aber vielleicht stand ja noch etwas ganz anderes in Großvaters Brief, vielleicht stand dort auch etwas darüber, wie man als Anderer unter Anderen man selbst bleiben kann und trotzdem glücklich wird.

Manchmal, Großvater, denke ich an dich, und ich denke auch, wir hätten niemals in die Fremde ziehen sollen.

(1992)

Ohne Zweifel links

Als ich mit zehn Jahren aus Prag nach Deutschland kam, wusste ich leider schon, wie gefährlich das Leben sein konnte. Die Bolschewiken hatten in der Sowjetunion meinen jüdischen Großvater umgebracht, sie hatten in Prag meinen Onkel für Jahre ins Gefängnis gesteckt, sie hatten meinem Vater verboten, zu studieren, und dann waren sie auch noch im Sommer 1968 mit ihren Soldaten, Politoffizieren und Panzerdivisionen in die Tschechoslowakei einmarschiert, weil sie von Dubček, Havel und den dekadenten Filmen des Prager Barrandov-Studios genug hatten.

Ja, ich war wirklich sehr froh, in Deutschland zu sein, auf der anderen, der sicheren Seite der Stalin-Breschnew-Linie, hier würde mir bestimmt so schnell nichts passieren. Nur eine Sache wunderte mich und ging mir bald auf die Nerven: Fast keiner von denen, die ich hier in der Schule und in der Universität getroffen habe, hatte eine Ahnung davon, wie gefährlich das Leben sein konnte, wie dünn die Zivilisations- und Demokratieschicht war, auf der sich die Bewohner von US-Europa seit 1945 bewegten, wie schnell aus Freiheit Diktatur und aus freien Menschen Häftlinge und Tote werden konnten, wenn es ein charismatischer Massensadist und angeblicher Menschheitsretter unbedingt wollte.

Und schon gar nicht wussten meine von Brandt, Schmidt und Kohl verwöhnten Mitschüler und Kommilitonen, dass in der zweiten, besseren Hälfte des 20. Jahrhunderts der Kommunismus und alles, was sie dafür hielten, der größte Feind ihres süßen und freien Westlebens war. Im Gegenteil, sie liebten ihn, in allen seinen vulgären, oberflächlichen Varianten und Variationen, auf einmal gab es in Deutschland mehr K-Gruppen als Brotsorten, und die kommende Revolution sollte der ganz reale Horrorfilm sein, von dem sie sich maximalen Pubertäts-Thrill versprachen. Kommunismus – egal ob als müder, moskautreuer Bolschewismus-Aufguss, egal ob als schmutzige maoistische Kulturrevolutions-Fantasie oder als jesuitische MG-Sophistik – war vor allem aber die Superpower-Ideologie, die sie fürs Erwachsenwerden brauchten. Mit ungelesenen Marx-Bänden im Bücherregal, mit simplifizierenden Nieder-mit-dem-Bösen-Dogmen in den Köpfen und wirren Alles-wird-gut-Idealen in den Herzen fühlten sie sich überhaupt erst stark genug, nein zu sagen, wenn ihre wilhelminisch strengen SPD-, CDU- und Ex-NSDAP-Eltern von ihnen verlangten, dass sie endlich mal wieder zum Friseur gingen, mit achtzehn eine der damals üblichen drei Staatsparteien wählten und den 12-Uhr-Sonntagsbraten ganz aufaßen. Sie waren links, damit sie nicht rechts sein mussten, und weil so viele andere aus ihrer Generation auch links waren, konnten sie sich gemeinsam vor den reaktionären Erwachsenen etwas weniger fürchten.

Wie seltsam, naiv und unreif die Westjugend war, wurde mir besonders an diesem warmen, grauen Hamburger Tag im Frühling oder im Sommer 1972 klar, als vier Hamburger Polizisten unseren jungen kommunistischen Sozialkundelehrer an den Armen und Beinen aus der Klasse raustrugen, weil kurz vorher die sozialliberale Brandt-Regierung in einem Anfall machiavellistischer Klarsicht beschlossen hatte, dass Leute, die den Staat abschaffen wollten, der sie bezahlte, keine Beamten mehr sein durften. Die halbe Schule war wütend, die meisten Schüler und auch einige Referendare hatten sich zuerst sogar schützend vor den kleinen, bärtigen und plötzlich sehr verschreckten Mann gestellt, aber dann waren sie zur Seite gegangen und skandierten: »Polizei, SA, SS! Polizei, SA, SS!« Ich skandierte natürlich nicht mit. Ich konnte unseren Sozialkundelehrer nicht ausstehen, ich fand, er hatte es nicht anders verdient. Er wollte, dass wir Vietcong-Schriften auswendig lernten und erklärten, was wir aus ihnen für den BRD-Klassenkampf lernen könnten, er war so autoritär wie Kaiser Wilhelm, er hatte keinen Humor, und wenn ihm jemand widersprach, fing er an, zu schreien. Schade, dachte ich, dass nicht vier Jahre vorher ein paar nette westdeutsche Polizisten gekommen waren und alle sowjetischen Soldaten aus der ČSSR an allen vieren rausgetragen hatten.

Ungefähr zehn Jahre später war dann plötzlich alles ganz anders, es war besser, schöner, leichter, undogmatischer, freier und internationaler. Die Leute, die ich jetzt traf, in den Cafés, Bars und Diskotheken von München, redeten nicht mehr über Marx, Mao und Adorno, sondern über Depeche Mode, Vivienne Westwood, Andy Warhol und Hunter S. Thompson. Die Jungs schnitten sich die Haare ab, die Mädchen rasierten sich die Beine und die Achseln, und jeder Zweite hatte Freunde in New York und wollte sie dort bald besuchen.

Die Dauerparty der frühen und mittleren 80er Jahre, dachten damals viele und sagen manche bis heute, sei nicht mehr als ein ästhetizistisches Spiel gewesen, gedankenlose, harmlose *Anything goes*-Dekadenz und die Lust an Jacketts, deren Schultern so breit waren wie die echten Schultern von Arnold Schwarzenegger. In Wahrheit war es aber etwas sehr Tiefes, Politisches, Essenzielles. Es war – für viele – die gut durchdachte und noch besser gelaunte Reaktion auf das düstere, apodiktische, linke, unintelligente Jahrzehnt davor, es war ein Nein, das jetzt nicht den Eltern, sondern der vorherigen Jugendgeneration entgegengeschleudert wurde, den ehemaligen Sozialkundelehrern, den heuchlerischen *Stern*-Redakteuren und neuen Grünen, es war ein Arschtritt für jeden, der glaubte, das Leben bestünde nur aus politischen und moralischen Direktiven, weshalb er beim Sex mit seiner hässlichen Hippiefreundin statt an Kim Basinger an Petra Kelly dachte. Und oft war es auch die Wiederentdeckung der eigenen Jugend, die man so lange unter den ungelesenen, unverstandenen Bändchen der Edition Suhrkamp begraben hatte.

Die meisten sagten Pop dazu – ein Wort, das mich bald aufregte, denn wenn Leute wie Diedrich Diederichsen oder Kid P. es benutzten, klang es bloß wieder wie die allerneueste altpubertäre Kommunistenlehre. Mir war zunächst aber egal, wie das, was wir damals dachten und machten, genannt wurde. Ich war einfach nur froh, dass der Westen, in dem ich lebte, immer freier, liberaler und offener zu werden schien, also genauso, wie es mir meine Eltern und ihre tschechischen, polnischen und russischen Emigrantenfreunde versprochen hatten. Und je mehr Artikel ich über die Alt-68er und ihre Kinder schrieb – ich lebte inzwischen vom Schreiben –, desto klarer wurde mir, was mich an ihnen schon immer gestört hatte: Sie waren auch nicht viel besser als ihre Todfeinde, die echten und die eingebildeten Nazis, nur dass an ihren Händen meist kein Blut klebte. Sie fürchteten sich wie ihre Eltern und Großeltern vor Amerikas Vielfalt, Liberalität und absoluter Meinungsfreiheit, sie sprachen – in wiedererwachendem Goebbels-Newspeak – von den Machenschaften der »Ostküste«, und überhaupt waren die USA aus ihrer Sicht an allem schuld, was auf der Welt nicht funktionierte, während sie zur Sowjetunion ein ähnlich taktisch-freundliches Verhältnis hatten wie Deutschland in Zeiten des Hitler-Stalin-Pakts. Dass sie Israel – zum Zweck einer leicht durchschaubaren Gewissensentlastung – immer lauter als das neue Dritte Reich beschimpften, fand ich sogar noch ziemlich unterhaltsam, weil es so verräterisch und unfreiwillig komisch war wie der Mann, der zum Psychiater kommt und sagt, er habe zwar kein Vaterproblem, würde aber komischerweise jede Nacht im Traum aus Papas Schädel Margaritas trinken.

Was ich aber an den Ur-68ern und ihren 70er-Jahre-Lehrlingen wirklich hasste, war ihr totalitärer, undemokratischer Idealismus, ihre 110-Dezibel-Besserwisserei, ihre offenbar fast schon genetisch vererbte Unfähigkeit, ein Gegenargument zu analysieren und dann selbst eins zu entwickeln, um so der Lösung eines real existierenden Problems ganz pragmatisch ein wenig näher zu kommen. Die alten und nicht ganz so alten BRD-Linken, die sich allmählich in die von ihnen verachtete kapitalistische Gesellschaft professionell und institutionell hineinfraßen, waren die Sandinisten der freien Welt, und manchmal auch ihre Nordkoreaner. Wer anderer Meinung war als sie, musste darum aus dem Weg geräumt werden, in der Universität, in der Redaktion, sie wollten das Gute, schufen aber immer nur das Böse, und außerdem aßen sie Spaghetti mit Gabel und Löffel.

Meine neuen Pop-Freunde hatten offenbar das gleiche Problem mit ihnen wie ich, und das beruhigte mich, obwohl ich ahnte, dass auch sie sich ein intellektuelles und ästhetisches System aufbauten, in dem nur Ja-Sager zugelassen waren, also Leute, die so wie sie die singende Softporno-Krähe Madonna für den Größten Popstar aller Zeiten hielten und durch jemanden, der die falschen Schuhe trug, hindurchsahen. Aber das war mir eine Weile egal, wir kämpften zusammen gegen die bösen Kinder und Enkel der bösen Nazis, und inzwischen schafften wir es sogar – in der Universität, in der Redaktion – immer mehr von ihnen aus dem Weg zu räumen.

Als mir dann aber eines Nachts, es war bestimmt schon nach drei Uhr, im Münchener Park-Café einer von meinen gut angezogenen 80er-Jahre-Freunden nach seinem dritten Tequila erzählte, wie genial der Kriegsfetischist und Menschenverächter Ernst Jünger sei, den müsste ich auch unbedingt lesen, als er dabei auch noch diesen prophylaktisch beleidigten Das-wird-man-doch-wohl-denken-dürfen-Gesichtsausdruck aufsetzte, weil er meine Reaktion schon ahnte, da wurde mir zum zweiten Mal im Leben klar, wie wenig die ahnungslose, naive, bisher von jeder Katastrophe verschonte und darum nach echten

Katastrophen und einer ewigen Jugend gierende Westjugend und ich miteinander gemeinsam hatten.

Wird Ernst Jünger, dem die Hitlerleute zu links waren, jetzt die neue Madonna?, dachte ich im Taxi vom Park-Café nach Hause, oder wird es eher Andreas Baader werden, über den es im Schumann's und im Venezia inzwischen immer öfter hieß, er sei, bevor er anfing, mit Gudrun Ensslin Bonny & Clyde zu spielen, verdammt sexy und cool gewesen? Und werden die kommenden Popstars, dachte ich beim Aufschließen der Wohnungstür, eher links oder eher rechts sein? Als ich dann schon im Bett lag und gerade das Licht ausmachen wollte, dachte ich auch noch: Ist *Anything goes* vielleicht sogar nur ein anderes Wort für Nationalbolschewismus? Nein, diese Frage an mich selbst habe ich natürlich erst in der Erinnerung dazugedichtet.

Schnitt, Sommer 2016. Europa torkelt von einer Geldkrise in die nächste, hunderttausende Kriegsflüchtlinge wollen in Deutschland leben, damit sie nie wieder Angst vor dem nächsten Morgen haben müssen. In Österreich wird fast ein Mann zum Präsidenten gewählt, der wie Hindenburg regieren könnte und würde, und jetzt darf er es gleich noch mal versuchen. Der türkische und der russische Präsident machen bei sich zu Hause und im Ausland Ärger, in Ungarn lebt der Horthyismus wieder auf, in Frankreich der Petainismus, in Deutschland etwas, wovon man noch nicht weiß, was es werden wird. Großbritannien verlässt die EU, aber vielleicht auch nicht wirklich, und das macht die Sache noch viel komplizierter. Und der Islam hört leider allmählich auf, Religion, Transzendenz, Lebenshilfe zu sein, und wird stattdessen zur saladinhaften Kampfansage an den unislamischen, säkularen Westen, aber die vielen Muslime, die das nicht gut finden, schweigen lieber oder drehen merkwürdige Rechtfertigungs-Pirouetten, um nicht ihre eigenen Leute zu verraten.

In anderen Worten: Das erste Mal seit 1945 ist das Leben der Westeuropäer, der Deutschen wirklich gefährlich, jeden Moment – denken sie, fürchten sie – kann das Goldene Zeitalter, in dem sie geboren wurden und irgendwie immer noch leben, mit einer schrecklichen Katastrophe enden. Und plötzlich sind die jähzornigen, idealistischen, störrischen Ur- und Nach-68er wieder da, trotz der halbwegs erfolgreichen Pop-Revolution, trotz der 89er-Implosion des wissenschaftlichen und praktischen Kommunismus, und sie schreien so laut und denken so wenig nach wie früher.

Vor allem, wenn es um die gehetzten, entwurzelten, tief unglücklichen Kriegsflüchtlinge geht, die leider, so wie alle Menschen, trotzdem nicht alle Engel sind, verlieren die neuen alten Linken, als wären sie immer noch siebzehn, die Nerven und den Sinn für die Realität. Immer wieder vergleichen sie zu Propagandazwecken Iraker, Syrer, Afghanen – so wie der Soziologe Harald Welzer – mit den von den Nazis gejagten und fast vernichteten Juden, was nichts anderes ist als die berühmte Auschwitzkeule, die zu schwingen sie normalerweise den Juden vorwerfen. Und weil sie schon mal beim lässigen Judenvergleich sind, erklären sie – so wie der *taz*-Autor und verdiente Antizionist Daniel Bax – generell jede Kritik am Neo-Islam zum neuen Antisemitismus, womit ganz unmetaphorisch jede Frage nach den politischen und moralischen Folgen einer Masseneinwanderung von über einer Million weltlicher und religiöser Nahost-Muslime niedergebrüllt wird, die seit Generationen lernen, dass alles Böse der Welt von den Juden kommt, weshalb sie auch nicht über Nacht aufhören werden, diese Gedanken zu denken.

Wie wäre wohl aber der gute Teil Deutschlands nach dem Krieg geworden, wenn die Alliierten den Deutschen ihren von den Nazis implantierten Judenhass gelassen und sie nicht umerzogen hätten? Und warum sollen wir nicht dasselbe wenigstens mit den Kindern der Neueinwanderer versuchen, damit die nicht mit ihren Ideen die so leicht ansteckbaren Deutschen anstecken? Und wieso, vor allem, sagt das keiner von denen, die angeblich nicht wollen, dass sich das »Unvorstellbare« wiederholt? Weil sie es sich insgeheim vielleicht doch wünschen?

Die größten Helden der neuen alten Linken, die sich übrigens in der Regel überhaupt nicht für links halten, sondern für wahnsinnig liberal und freiheitsliebend und darum gern hinter dem Etikett Mitte-Links verstecken, heißen Slavoj Žižek, Yanis Varoufakis, Sahra Wagenknecht, Jakob Augstein und – als Special Guest aus Yankee-Land – Bernie Sanders, der 1985 mit Daniel Ortega die nicaraguanische Revolutionsparade abnahm, danach vergeblich versuchte, in Kuba Fidel Castro kennenzulernen und, weil das nicht klappte, in die Sowjetunion reiste, um dort wenigstens ganz linientreu seine Frau zu heiraten. Was für eine Galerie des kaum verhüllten neobolschewistischen Grauens! Žižek, reden wir jetzt kurz über ihn, ist der slowenische ADHS-Philosoph, von dem alle wissen, dass er einmal mit einem Model verheiratet war, während es sich offenbar noch immer nicht herumgesprochen hat, dass er hinter seinen scheinbar aufklärerischen Ideen und Volten wie ein guter Tschekist seine wahre Absicht verbirgt: die Wiederherstellung des Stalinismus-Leninismus in den ideologischen Grenzen von circa 1929. »Der Westen«, schrieb Vladimir Iljitsch Žižek gerade erst in bester jesuitisch-marxistischer Manier im *Spiegel*, »praktiziert nicht nur Ausbeutung und Gewalt, sondern er ist in der Lage, diese brutale Wirklichkeit auch noch als das komplette Gegenteil zu präsentieren: als Freiheit, Gleichheit und Demokratie.« Wirklich, verehrte *Spiegel*-Redakteure, das haben Sie gedruckt? Und wenn das Erschießungskommando des neuen NKWD kommt, werden Sie sich dann auch noch selbst Ihre Augenbinden umlegen?

Dass Yanis Varoufakis, der ehemalige griechische Finanzminister, ausgerechnet in der *Bild-Zeitung* schreiben darf, hinter der deutschen Griechenland-Rettung stecke in Wahrheit der »geheime Plan«, Madrid, Rom und Paris zu kontrollieren, ist vielleicht etwas weniger raffiniert und perfide und zugleich der tausendunderste Versuch trauriger Springer-Redakteure, der Welt zu beweisen, dass sie auch fortschrittlich sein können. Trotzdem nervt es natürlich. So wie Sahra Wagenknechts Talkshow-Dauerabo. Die Linke mit den Leonid-Breschnew-Gedenkaugenbrauen darf ungefähr einmal in der Woche vor Millionen von Fernsehzuschauern mehr oder weniger offen erklären, sie erhoffe sich von der Zerstörung des Kapitalismus insofern eine neue soziale Gerechtigkeit, als dass es dann allen – bis auf ihr, Oskar Lafontaine und Walter Ulbricht – gleich schlecht gehen würde, und dass das möglich ist, hat möglicherweise auch damit zu tun, dass Talkshow-Redaktionen am liebsten dressierte Papageien einladen und keine denkenden Menschen.

Nur über Jakob Augstein, dessen Beliebtheit, so ähnlich wie bei einem AfD-Politiker, mit jeder seiner judeophoben Kolumnen weiter steigt, statt zu fallen, müssen wir hier eigentlich nicht länger reden, weil er, der so herrlich von oben herab näselnde Wehrmachtsoffiziers-Wiedergänger, wahrscheinlich ohnehin bald ganz offen auf die andere Seite der Querfront wechseln wird. Doch, natürlich müssen wir über ihn reden, denn keiner repräsentiert den autoritären, populistischen, antiaufklärerischen Geist des Mitte-Links-Denkens so gut wie er, der Verteidiger von Mindestlohn, Hamas und Putin.

Besonders interessant ist es aber, wie gesagt, dass die neuen alten Linken sich überhaupt nicht dessen bewusst sind, wie autoritär sie auftreten, denken und formulieren, wenn sie sich, wie sie meinen, für eine bessere Welt einsetzen, also etwa für die unendliche Aufnahme von Flüchtlingen, für die Befreiung

Griechenlands aus der Todesumarmung der Banken, für Vegetarier-Kantinen, die Frauenquote und Transgender-Toiletten. Dass ihre herrische, tagträumerische und somit völlig unpraktische Art, die Welt zu betrachten, damit zu tun hat, dass sie von solchen linksdrehenden Fanatikern und Tugendfetischisten wie dem jungen Winfried Kretschmann und meinem alten Sozialkundelehrer erzogen und politisch sozialisiert wurden, kommt ihnen schon gar nicht in den Sinn. Das ist sehr schade. Denn wenn sie es endlich begreifen würden, würden sie vielleicht aufhören, so wie einst ihre Lehrer, mit dem Rest der Gesellschaft wie mit einem Haufen ungebildeter, halbfaschistischer, zurückgebliebener, intoleranter Dummköpfe zu reden – wodurch sie sie oft, zunächst kognitiv, dann habituell, überhaupt erst dazu machen.

Man kann es auch den Nolte-Effekt nennen. Als 1986 der sehr seriöse und sehr kluge deutsche Historiker Ernst Nolte, der sein halbes Leben lang die SPD gewählt hatte, zunächst völlig unparteiisch die Frage stellte, welchen Zusammenhang es zwischen Stalinismus und Nationalsozialismus gab und wie sich diese beiden Groß- und Todesideologien des 20. Jahrhunderts gegenseitig bedingt haben, wurde er sofort von der Habermas-Possy als Nazi-Apologet und Neo-Faschist beschimpft. Dass er genau das, aus Trotz und Enttäuschung, dann im Laufe der Jahre wirklich wurde, war ziemlich menschlich und schwach von ihm – und zeigte, dass er vielleicht doch nicht so klug war, wie man nach seinem großen ersten Buch *Der Faschismus in seiner Epoche* denken konnte.

Ja, ich weiß, das, worauf ich hinauswill, ist nicht sehr originell. Aber offenbar fällt es Menschen in komplizierten Zeiten besonders leicht, sich das Komplizierte ganz einfach vorzustellen, damit es sie intellektuell und seelisch weniger belastet. Wer aber wie die Ur- und Nach-68er, angetrieben vom altmarxistischen Totalitätsanspruch und seinem postmodernen Zwilling *Political Correctness*, heute die Welt allein in Böse und Gut, Schwarz und Weiß, Kapitalisten und Unterdrückte, Amerikaner und Opfer, Männer und Frauen, waffenstarrende Israelis und unschuldige Palästinenser, Troika und Griechenland, Islamfresser und arme Moslems, Flüchtlingsfeinde und Flüchtlingsfreunde unterteilt, der macht nicht nur – das ist dann der Nolte-Effekt – durch seinen herablassenden volkspädagogischen Zorn die Schwachen und Dummen noch schwächer und dümmer. Er denkt – Verzeihung, schon wieder so ein Obi-Wan-Kenobi-Gedanke – lichtjahreweit an der Realität vorbei und überlässt die Politik, die ja nichts anderes ist als der schlechte Kompromiss im Namen des Guten, genau denen, die er von ihr fernhalten will. Unsentimentaler Utilitarismus ist natürlich etwas ganz anderes.

Ein Beispiel: Sollen wirklich so viele Flüchtlinge nach Deutschland kommen, bis hier das ökonomische und moralische System zusammenbricht, bis sich die passiv-agressiven AfD-Provinzler an die Macht wählen lassen können und dadurch genau die freie Welt, von der sich die neuen Boat-People und Geschundenen von Idomeni die Rettung vor den Tyrannen des Nahen Ostens erhoffen, kaputtgeht? Darüber muss man nachdenken und diskutieren – und dann ein bisschen etwas falsch und ein bisschen etwas richtig machen, damit das Goldene Zeitalter weitergeht. Das ist aber natürlich viel klüger und komplizierter, als immer nur Horst Seehofer zum bayerischen Ku-Klux-Klan-Großmeister zu stilisieren, um sich so den endgültigen Abschied von den pubertären Idealen seiner maoistisch-leninistischen Jugend zu ersparen.

Und gleichzeitig – anderes Beispiel – reicht es natürlich auch nicht, die Renaissance der aus dem 19. Jahrhundert stammenden *German angst* vor dem Fremden und vor der Moderne abwechselnd zu ignorieren (so wie im Fall des bürgerlichen Theaterlieblings Botho Strauß und heimlichen Vorbilds von Gauland, Kubitschek, Höcke) oder die Sehnsucht nach der Wiederauferstehung des Gemütsdeutschen immer nur bei denen zu lokalisieren, die man schon immer als bessergestellter Großstadtbewohner verachtet hat. Als ob das die Langbehns und Houston Stewart Chamberlains von heute, die zwischen AfD Thüringen und ZKM Karlsruhe die deutschen Normalos gegen die nichtdeutschen Normalos aufhetzen, auch nur eine Sekunde beeindrucken würde! Als Erstes sollte sich deshalb jeder gute Deutsche fragen, wie sehr er in Wahrheit selbst ein Rassist ist, wie wenig er selbst es erträgt, wenn Türken, Juden oder Jugos seine geliebte, gewohnte kleine deutsche Kultur- und Politikwelt mit ihren Ideen und Eigenheiten beeinflussen und verändern. Dann sollte er genauso ehrlich mit seiner Nation sein und sich daran erinnern, dass sich in Deutschland schon immer die Ethnozentristen und die Kosmopoliten gegenüberstanden, also die Demokratiehasser und die Aufklärer, um zu verstehen, dass er selbst mit seinem zusehends nationalbolschewistischen Anschlag auf dem Polit-Piano die Melodie der Rechten spielt, aber das hatten wir ja schon, siehe: Augsteins *Im Zweifel links*-Kolumnen.

Und wenn der nicht besonders liberale Mitte-Links-Deutsche das alles dann endlich gedacht und begriffen hat, dann, ja dann wird er vielleicht auch etwas weniger selbstgerecht und verlogen sein, dann werden ihm die Unentschlossenen und Verwirrten endlich mal zuhören, und er wird auch nicht mehr bei jeder Gelegenheit laut und mechanisch und immer scheinheiliger »Nazis! Nazis!« schreien. Waren es übrigens nicht vor allem die nazihassenden KPD-Mitglieder, die nach dem 30. Dezember 1933 massenhaft in die NSDAP eintraten? Und hat eigentlich schon mal jemand nachgezählt, wie oft inzwischen Frauke »Le Pen« Petry in der wendigen Nach-Wende-Talkshow von Maybrit Illner ihre demagogischen Spielchen spielen durfte?

Nein, liebe und nicht so liebe Mitte-Links-Deutsche, man kann nicht mehr, wenn das Leben gefährlich geworden ist, die Welt so anschauen, beschreiben und auf sie reagieren wie ein verwöhnter, ahnungsloser 70er-Jahre-Jugendlicher, der seine übermächtigen Eltern schockieren will. Und überhaupt sollte man die Gegenwart niemals mit der Vergangenheit verwechseln, denn das ist erstens einfach nur falsch, zweitens reaktionär, und drittens führt Rückwärtsgewandtheit in der Politik meist zu sehr gegenwärtigen Katastrophen.

Aber vielleicht wollen die neuen alten Linken ja ganz bewusst nicht erwachsen werden, weil mit der Erfindung des ewigen Beatniks und des amerikanischen Unterhaltungskapitalismus sowieso niemand mehr im westlichen Teil der Welt erwachsen sein will. Junkie-Jeans von Cheap Monday, XS-Anzüge von Hedi Slimane, zweitausend Freunde auf Facebook und ein Instagram-Profil wie Kim Kardashian – wer möchte da noch in politischen Fragen so kalt und klug sein wie die großen, toten Greise Helmut Schmidt, Konrad Adenauer oder Ben-Gurion?

»Sollte die Bundesrepublik nun wirklich noch jahrelang ausschließlich über die Zukunft der Rente oder die nächste Verordnung zur Wärmedämmung diskutieren?«, fragte im Dezember 2015, als jeden Tag Zigtausende Unbekannte mit einer ihnen unbekannten Zukunft die Grenze nach Deutschland passierten, der *Spiegel*-Autor und Redaktions-Gramsci Nils Minkmar. Seine Wollt-ihr-den-totalen-Aufruhr-Frage war natürlich rhetorisch. Nein, natürlich will ein Mann um die fünfzig nicht über Rente und Thermofenster nachdenken und reden, das erinnert ihn wahrscheinlich zu sehr daran, dass er inzwischen älter ist als sein Vater, als er ihn noch bekämpft hat. Dagegen ist so eine kleine oder auch größere intellektuelle Flüchtlingsschlägerei – in Feuilleton-Kreisen Debatte genannt – ein echter Jungbrunnen. Das fühlt sich dann wieder genauso wild und aufregend an wie früher, als man noch mehr Haare hatte und gegen den NATO-Doppelbeschluss und das AKW Brokdorf schimpfte und demonstrierte.

Ist der Mitte-Links-Dogmatismus dieser Tage und Jahre also irrationaler Jugendwahn? Ja, natürlich. Aber gleichzeitig steckt in ihm auch noch die kindische – und sehr deutsche – Sehnsucht nach einer Welt, in der, wenn es sie wirklich gäbe, sogar die gute alte Rosa Luxemburg nicht leben wollte, so langweilig und durchkontrolliert wäre sie. Womit ich bei der Rosa Luxemburg von heute und natürlichen Friedenspreisträgerin 2016 wäre. Die Flüchtlinge, schreibt Carolin Emcke in ihrer liberal-terroristischen Das-Wort-zum-Wochenende-Kolumne in der SZ ohne mit der Feder zu zucken, »bringen den Mut des Aufbruchs mit und den Glauben an ein gerechtes, freies Europa, das nun erst wieder lernt, wie und wer es sein kann.« Im Ernst? Wirklich? Menschen, die Assads Fassbomben und Scheikh Baghdadis Scharia-Henkern entkommen sind, sollen jetzt die Transmissionsriemen der deutschen Mitte-Links-Revolution sein? Und soll, liebe Revolutionäre, diese Revolution dann auch wirklich kommen? Ich meine, wer von euch würde als Erster sein in den Sklavenfabriken von China hergestelltes iPhone an die Revolutionsgarden abgeben und ihnen dann sein Schweizer Wertpapierkonto überschreiben?

Es gibt in Berlin-Mitte eine sehr kluge, gebildete Journalistin, die sich in Pariser Super-Boutiquen und Sterne-Restaurants besser auskennt als auf Samos und Lampedusa. Vor ein paar Monaten kaufte sie Windeln, Spielzeug und Babykleider, und weil ihr Auto gerade nicht da war, fuhr sie mit einem Taxi zu einem der Berliner Flüchtlingsheime. Der Taxifahrer wollte von ihr kein Geld, als sie ihm sagte, wohin die Fahrt ging, und das fand sie so witzig, dass sie später darüber ein paar Zeilen auf Facebook postete, und so viele Likes bekam sie noch nie. War das Pop? War das eine radikale politische

Handlung? War es blinder, verlogener Idealismus? Oder war das genau die richtige, vernünftige, erwachsene, unideologische Art, auf eine Katastrophe zu reagieren? Ich werde sie fragen, wenn wir uns das nächste Mal im Grill Royal auf einen Drink treffen.

(2016)

Ichzeit

Wir – Leser, Schriftsteller, Kritiker – leben, lesen und schreiben schon lange in einer literarischen Epoche und wissen es nicht. Vielleicht ahnen wir es, wenn wir nach der Lektüre von Tellkamps *Turm* oder Herrndorfs *Tschick* denken, das war ein schönes, komplexes Erlebnis, das war noch besser als eine Folge von *Breaking Bad* oder *Boardwalk Empire*. Und vielleicht war Jakob Arjouni selbst am meisten von der weisen Heiterkeit seines *Magic Hoffmann* überrascht oder Robert Schindel von der decameronehaften Figurenvielfalt von *Gebürtig*. Aber dass die besten Romane der letzten fünfundzwanzig Jahre mehr verbindet als ihre Qualität, kam, glaube ich, noch keinem von uns in den Sinn.

Angefangen hat es mit *Irre* von Rainald Goetz, dem Roman eines Psychiaters, der durchs Schreiben dem Wahnsinn entfliehen will, aber bloß noch viel näher kommt. Der Einzige von denen, die mit Literatur professionell zu tun haben, der damals das Buch nicht gehasst hat, war Marcel Reich-Ranicki. Er sagte, nachdem Goetz im Sommer 1982 beim Bachmann-Preis in Klagenfurt daraus vorgelesen hatte: »Selten habe ich einen Text gehört, in dem so viel Leben wäre. Ich bin dafür.« Dabei hat es ihn nicht interessiert, dass er selbst einer von denen war, die Goetz in seinem – für Klagenfurt modifizierten – Romanauszug in die Hölle schickte. Und dass Goetz sich während der Lesung selbst verletzte und ihm danach höflich mit blutüberströmtem Gesicht zuhörte, kommentierte er nur, indem er ebenso höflich sagte: »Mit diesem Protest gegen das literarische Leben entlarvt sich Rainald Goetz als ein typischer Literat.«

Marcel Reich-Ranicki hatte recht. Allerdings war dieser Literat anders als die anderen vor ihm. Er erklärte zwar auch – wie es immer wieder passiert und passieren muss –, dass die Bücher, Sätze und Gedanken seiner Vorgänger schlecht und leer seien. Aber gleichzeitig wagte er etwas unerhört Neues. Er stellte seine ganze verletzende und verletzliche Person stolz ins grelle öffentliche Licht. Er zeigte, wie ein irrer Aktionskünstler oder verzweifelter Popstar, dass es für ihn keinen Unterschied gibt zwischen seinem Leben und seinem Werk. Er bedeutete allen, die Bücher brauchen, durch einen kleinen Klingenschnitt: Ihr müsst und könnt glauben, was ich schreibe, denn ich bürge mit meinem Körper, mit meiner Seele, mit meinem Leben dafür. Und darum vergesst die lahmen und moralisierenden Phrasen der Gruppe 47, verliert keine Zeit mehr mit der nichtssagenden postmodernen Ironie. Die Literatur braucht wieder ein starkes, glaubhaftes, mitreißendes, suggestives Erzähler-Ich, das stärkste, das es je gab – sonst hört ihr uns, die tief empfindenden Dichter und Denker, im immer lauter werdenden Medienlärm nicht mehr.

Kurz nach Goetz' Roman, der auch darum so gut und modern ist, weil man nie weiß, ist das jetzt Prosa, Reflexion oder Poesie, erschien Jörg Fausers *Rohstoff*, die deprimierende Roadmovie-Geschichte eines jungen Deutschen, der als Junkie im 60er-Jahre-Istanbul praktisch jeden Tag einmal stirbt. Dann geht er nach Deutschland zurück, wo ihn die linken und rechten Lügner noch mehr fertigmachen als das türkische Opium, und das Einzige, was ihn in den grauen deutschen Städten Frankfurt, Göttingen und Berlin überleben lässt, ist das Schreiben darüber, wie er überlebt. Dieser Roman tut weh, so schön und tief empfunden ist er. Und genau das ist er auch. Denn Jörg Fauser hat den 70er-Jahre-BRD-Horror, den er beschreibt, Wort für Wort, Niederlage für Niederlage, genauso selbst erlebt. Eine gute literarische Investition. »Zweiundzwanzig Jahre das Du gesucht«, schreibt Harry Gelb alias Jörg Fauser, »und dann definitiv festgestellt, dass es nur ein Ich gibt, und das trägt schmutzige Unterhosen, grüne Socken mit Löchern und mitten in der Stirn ein rotes Loch.« Toll, oder? Und verdammt blutig, auch ohne Rasierklinge. Wie schade, dass der existenzielle Trinker Fauser, der ein paar Jahre später morgens um vier betrunken auf einer bayerischen Autobahn überfahren wurde, über seinen Amy-Winehouse-Tod nicht mehr selbst schreiben konnte. Es wäre sein stärkster Text geworden.

Viele der besten, wichtigsten Bücher der letzten zweieinhalb Jahrzehnte wären ohne den extremen persönlichen Einsatz ihrer Verfasser undenkbar gewesen, und es mussten nicht immer gleich Sex, Drogen und Musik im Spiel sein. In *Die Ausgewanderten* erzählt W. G. Sebald, mehr Hypnotiseur als Schriftsteller, von jüdischen Emigranten, die vor den Nazis fliehen, aber Deutschland und seine kalten, bösen Bewohner in ihren Köpfen und Herzen mitnehmen und daran zugrunde gehen. Sebald, ein kluger, hellsichtiger, wenig gereister Nichtjude aus der fränkischen Provinz, hätte diese vier langen, unvergesslichen Erzählungen nie schreiben können, wenn er nicht selbst in den 60er Jahren in ein rätselhaftes, freiwilliges Exil gegangen wäre, nach England, nach Norwich, in eine Gegend, mit der ihn so viel verband wie Hans Sahl mit den Washington Heights oder Walter Benjamin mit den Pyrenäen. Oder Monika Maron, deren *Stille Zeile Sechs* für die kollektive Erinnerung an die bösen alten DDR-Bolschewiken genauso prägend ist wie das *Buch Ester* für die Ikonografie aller blutrünstigen orientalischen Könige. Sie musste jahrelang heftig mit dem System kokettieren und es schließlich schroff ablehnen, bis sie zu dieser literarischen Weltklasseleistung fähig war, bis sie erzählen konnte, wie es ist, wenn eine Frau, die keine Heldin ist, zur Heldin, aber auch zur Mörderin wird. Oder Christian Kracht, verwöhnt, blasiert und eine Weile fast immer wie im Rausch auf dieser Welt. Plötzlich setzt er sich hin und schreibt mit *1979* einen bösen, wunderschönen, hochkonzentrierten Antikapitalismus-Klassiker, dessen traurige Hauptfrage lautet: Wie schafft es ein dekadenter Narziss, sein Ego zu besiegen? Noch traurigere Antwort: Auch wenn er in einem chinesischen Umerziehungslager Scheiße und Maden frisst – gar nicht. Und dass ich selbst wegen eines angeblich hyperrealen Buchs Ärger mit dem Verfassungsgericht bekam, sieht in diesem Zusammenhang plötzlich wie eine Literaturkritik aus, wie gigantischer Verriss à la Klagenfurt und eine vorweggenommene Epochenzuordnung.

Ist es nicht normal, dass Autoren ihre Erfahrungen verarbeiten? Ja, aber nicht gleich alle und nicht gleich alle so intensiv. Und es gibt eine weitere Gemeinsamkeit: Fast jedes der bedeutenden deutschen Bücher der vergangenen Jahre kommt in der ersten Person Singular daher – oder zumindest ist der Protagonist dem Autor zum Verwechseln ähnlich. Das ist kein Zufall. Nur ein kräftiges Erzähler-Ich kann die faszinierende, den Leser mitreißende Illusion erzeugen, dass der Erzählende und der Schreibende ein und dieselbe Person sind. Das muss und das kann heute gar nicht anders sein. Denn erstens nimmt längst kein intelligenter Mensch mehr einem Autor einen paternalistischen 19.-Jahrhundert-Realismus ab, auch nicht einem so geschickten Handwerker wie Jonathan Franzen, an den sich in ein paar Jahren darum keiner erinnern wird. Und zweitens war noch nie eine Autorengeneration so narzisstisch wie unsere, nicht einmal die Romantiker, die Beatniks oder die Surrealisten. Denn Eigenliebe, die bei ihnen noch sehr privat war, wird heutzutage auch beim normalsten Facebook-Nutzer durch die Medienlupe bis ins Monströse vergrößert. Wir, die Schriftsteller, sind natürlich auch die Kinder von Warhol, Hollywood und Zuckerberg. Warum sollen wir aber in unseren Büchern auf Balzac machen, statt auf Britney Spears, und zwar auf die, die sich gerade für die ganze Welt eine Verzweiflungsglatze scheren lässt?

Übersteigerter Individualismus hat immer etwas Neurotisches. Das ist die schlechte Nachricht. Die gute Nachricht ist, dass publizierende Extremindividualisten automatisch jede Form von Gruppenzwang, Massenidiotie und Ideologie ablehnen. Und so ist jedes Buch dieser literarischen Superego-Epoche mehr als fantastische Prosa. Es ist immer auch eine Totalabrechnung mit einem Ismus, wie man früher gesagt hat, als man noch an Ismen glaubte, mit einem Stück Kollektivwahn, oder einfach nur mit ein paar Nervensägen, die dasselbe denken und von jedem anderen verlangen, dass er es auch tut. Wären nicht unsere Eltern und Lehrer im Stechschritt marschierende 68er gewesen, hätten wir vielleicht einen größeren Sinn fürs Kollektiv, für die Hammelherde, fürs Wir.

Und hier ein paar Beispiele für die neue, aufklärerisch unduldsame Literatur der Ichzeit, in der wir zum Glück seit einem Vierteljahrhundert leben und arbeiten dürfen. In *Die Anstalt der besseren Mädchen*, einem der besten und vergessensten Romane dieser Zeit, tritt Julia Zange mit fast schon betäubender, ultramoderner Sprache und einer erregenden pornografischen Radikalität allen Feministinnen in den Schoß, die den Feminismus nur dafür nutzen, nach der Macht in der Familie nun auch noch die Macht in der Gesellschaft zu erobern. Jakob Arjouni räumt in *Magic Hoffman*, dem einzigen echten Berlin-Roman, mit dem neuen Wilhelminismus ab, bevor es ihn richtig gab. Dietmar Dath macht in *Alles in Honig*, dem wenig bekannten, aber ebenbürtigen Zwilling von David Foster Wallace' *Infinite Jest*, auf einen Schlag mit seiner eigenen und der allgemeinen Kapitalismus- und Feuilletonismus-Trottelei Schluss. Robert Schindel erklärt in seinem genialen, pasternakhaften, Satz für Satz wie gedichteten Nachgeborenenroman *Gebürtig* jedem, der es nicht weiß und nicht wissen will, dass der Faschismus erst dann besiegt ist, wenn auch heute keiner mehr an ihn glaubt, auch nicht als an das ultimativ böseste Böse ever, schlechthin und überhaupt. Uwe Tellkamp erledigt auf tausend berauschend schön geschriebenen Seiten fünfzig Jahre DDR und auch noch fünfzig Jahre innere DDR-Emigration. Christian Kracht löst, mehr oder weniger, die Hedonismusfrage. Rainald Goetz entlarvt den Freudianismus als Therapeutendiktatur. Ralf Rothmann beschreibt in *Junges Licht* den Materialismus der 50er und 60er Jahre als das wenig wirksame Gegengift der kaputten, kranken, gemeinen Nachkriegsdeutschen gegen den inneren KZ-Aufseher in jedem von ihnen. Und Wolfgang Herrndorf schreibt einen der schönsten, menschlichsten und nur scheinbar konventionellsten deutschen Romane der letzten hundert Jahre – und beendet damit in einem einzigen herrlichen Meta-Vorbeigehen die längst hohle Herrschaft der literarischen Post- und Pseudoavantgardisten. Vielen Dank.

Natürlich gibt es noch andere große Romane, von denen ich nicht einmal weiß. Aber alle die, die ich kenne, eint einmal zart, mal hart formulierter, optimistischer Hass auf das große, gemeine, unterdrückende Ganze. Auf der Rückseite der Taschenbuchausgabe von *Junges Licht* steht: »Wenn du dich für die Freiheit entschieden hast, kann dir gar nichts passieren. Nie.« Richtig! Und als in *Stille Zeile Sechs* Rosalind Polkowski, die gar nicht so gute Kämpferin fürs Gute mal wieder wütend dem verlogenen, selbstherrlichen SED-Superfunktionär Beerenbaum gegenübersteht, denkt sie: »In dieser Minute begriff ich, dass alles von Beerenbaums Tod abhing, von seinem und dem seiner Generation.« Keine Freiheit ohne das Ende der alten Herrscher und Herrschaften? Auch richtig! Das ist natürlich sehr radikal. Das ist, vom kollektivistischen Öko-Merkel-Jetzt aus betrachtet, viel entschlossener und politischer als eine PEN-Club-Resolution oder eine Günter-Grass-Rede. Das ist der – vielen immer noch unbekannte – revolutionäre literarische Geist einer neuen, unideologischen Schule. Das ist so viel Ich und Freiheitsdrang und tolle Literatur wie lange nicht mehr.

Die Literatur der Ichzeit ist natürlich nie auf die altmodische Art realistisch. Das darf sie auch nicht sein. Sie ist mal Cut-up, mal ein Hin und Her zwischen Gedicht und Roman, sie ist mal linear, mal irre Montage, und sie ist in dem Sinne post-postmodern, dass keiner ihrer schreibfertigen Autoren so tut, als wäre er ein auktorialer Tyrann; aber gleichzeitig, im Gegensatz zu Calvino und seinen ironischen Schülern, meint er jedes Wort ernst, todernst, denn er und sein blutendes Ich sind der Star, sind der Text, und vielleicht ist es auch genau andersrum. Vor allem diese stilistische Offenheit, diese Methoden- und Perspektivenvielfalt kennzeichnet die neue Ich-Literatur als anti-ideologisch bis ins hermeneutische Mark.

Literatur ändert sich – und bleibt immer Literatur. Sogar als sie noch im ursprünglichen Sinn realistisch war, war sie nie das Leben. Literatur war und ist und bleibt immer ein Tagtraum aus Buchstaben. Literatur ist die Stimme eines tief fühlenden Menschen, der in wunderbaren Sätzen zu uns darüber spricht, wie es ihm geht, was er sieht, was er fürchtet, was er liebt. Ob er dafür eine gewisse Anna Karenina erfinden muss oder bis zur Kenntlichkeit sein eigenes Ich entblößt, ist egal. Hauptsache, er kann das, was er tut, so gut, dass die Lektüre seines Buchs in uns das gleiche vergängliche mystische Erlebnis erzeugt wie ein Lucian-Freud-Bild, ein Otto-Sander-Monolog oder ein von Barenboim dirigiertes Mahler-Konzert. Wir sind da, spüren wir dann bis in den tiefsten Winkel unserer Seele und unseres Gehirns, und eines Tages werden wir nicht mehr da sein, und mit uns verschwinden leider auch unsere Seele und unser Gehirn, verflucht.

Als vor zwei Jahren *Axolotl Roadkill* von Helene Hegemann erschien – eins der wichtigsten Bücher der Ichzeit –, hassten es die meisten Kritiker. Das war schon mal sehr gut, denn dieses Buch war seit langem wieder die erste brauchbare Abrechnung mit den alten Linken, Liberalen und früheren 68ern, die ihre

Kinder zugleich allein ließen und überforderten, und das Geschrei der Kritiker, die komischerweise bis heute immer noch fast alle links sind, war das Geschrei von Verwundeten. Aber noch besser war es, dass sie Hegemann vorwarfen, sie, die Siebzehnjährige, kenne das Leben nicht, das sie beschreibe, sie könne doch gar nicht mit dem Einsatz ihres eigenen Körpers und Daseins für die literarische Kraft ihres dunklen Nacht-Romans bürgen, denn ins Berghain und seine Darkrooms käme man erst, wenn man volljährig ist. Wirklich witzig. Über einen solchen Verriss hätte sich Rainald Goetz 1982 in Klagenfurt gefreut. Er musste damals aus dem Hotelfenster springen, damit ihn die vom besorgten Juryvorsitzenden gerufenen Irrenwärter nicht ins Irrenhaus bringen konnten. Kurzum, sogar die Kritiker beginnen langsam zu ahnen, dass Schriftsteller inzwischen etwas anders machen als in den idyllischen, risikolosen Gruppe-47-Tagen und den vielen leeren Sprachspieljahren danach – dass eine neue literarische Epoche angebrochen ist.

Warum ist es wichtig, dass wir die Bewohner einer neuen literarischen Epoche sind? Anders gefragt: Ist es Ihnen wichtig? Mir schon. Denn ich weiß immer gern, wo ich bin und warum ich dort bin – damit ich so bald wie möglich wieder verschwinden kann.

(2011)

Der Übersetzer, seine Kinder und seine Frau

Meine Mutter, meine Schwester und ich. Alle wollen wissen, wie wir es machen. Wie fing es an, wie geht es weiter. Drei Schriftsteller in einer Familie, das kann doch nicht sein.

Ich schrieb als Achtjähriger mit meiner Schwester Geschichten auf Tschechisch. Das war noch in Prag. Abends saß sie neben meinem Bett und dachte sich für mich Märchen aus. Meistens ging es um einen Papagei, der sprechen konnte. Jeder Papagei kann sprechen, so originell war das gar nicht. Aber Abend für Abend eine neue Geschichte zu erfinden, ist trotzdem kein Spaß.

Meine Eltern waren meistens nicht da. Prag, 60er Jahre, Sie wissen schon. Partys, Diskussionen im Slovanský Dům, Antonioni-Filme im Filmclub, noch ein letztes Glas im Café Viola. Einmal erzählten sie uns von einem Striptease. Jemand zog sich irgendwo aus. Eine Frau, ein Mann, keine Ahnung, wahrscheinlich waren unsere Eltern mit ihren jüdischen Freunden aus Berlin bloß in einer der Bars am Wenzelsplatz. In meiner Fantasie ist es meine Mutter, die sich betrunken auf einem Fest auf einen Tisch stellt und für meinen Vater einen Schlangentanz tanzt, noch mal zehn Jahre vorher, in Moskau, damit er sieht, wie sehr sie ihn liebt. Ich habe die Szene später in eine Geschichte eingebaut.

Meine Mutter hat schwarze Haare, blaue Augen und einen Hang zur Melancholie. Die Melancholie steht ihr besser als anderen Frauen Manolos und Kleider von Prada, sie weiß aber auch, wie man sich anzieht. Damals in Prag war sie so sexy wie die Mädchen von der Carnaby Street, Miniröcke mit Paisley, hohe, schwarze Stiefel, bunte Plastikgürtel. Und was machte sie, wenn sie nicht sexy war? Sie arbeitete im Geografischen Institut in Chuchle, kochte für uns zweimal am Tag und schrieb alle paar Monate in ihrer großen, geschwungenen

Schrift eine Geschichte. Diese Geschichten waren wie Träume, in einer ging sie, glaube ich, auf dem Kopf.

Dann sind wir plötzlich in Hamburg. Es sind die 70er Jahre, die nur von heute aus gut und verrückt aussehen. Ich fand sie fürchterlich. Wir fanden sie alle fürchterlich. Wir waren nicht mehr zu Hause. Wir saßen in einer grauen, windigen Stadt in einer riesigen Altbauwohnung, und fast jeden Abend kamen unsere deutschen Freunde, um nachzusehen, ob meine sympathische russische Mutter wieder Borschtsch gekocht hatte. Sie blieben in der Küche sitzen, bis uns die Augen zufielen, und bald waren sie wieder da, ohne vorher anzurufen. Wollten wir sie besuchen, mussten wir uns anmelden.

Stellen Sie sich einen langen, dunklen Flur vor, die Wände voll mit tschechischen Grafiken. Vorne das Wohnzimmer, daneben – große, weiße Schiebetür – das Arbeitszimmer meines Vaters, der, wie er sagt, nur Übersetzer ist. Dann das Schlafzimmer. Im Schlafzimmer steht der Sekretär, an dem meine Mutter in diesen Jahren fast nie sitzt. Hinten, am Ende des Flurs, zwei Zimmer. Rechts bin ich, ich habe zum vierzehnten Geburtstag von meinem Vater, der nur Übersetzer ist, eine Olivetti Praxis 47 geschenkt bekommen. Manchmal tippe ich etwas auf ihr, meist ist sie aus. Ich sitze lieber auf der Fensterbank, rauche, höre Cream und T. Rex oder spiele Klavier für die Besucher der Kammerspiele, die in der Pause gegenüber im Hof auf der Stahltreppe stehen.

Im Zimmer hinten links lebt meine Schwester. Ich weiß nicht, was sie dort macht. Ich glaube, sie schreibt Tagebuch, vielleicht auch Gedichte. Sie telefoniert. Sie denkt nach. Sie träumt davon, nach Israel zu gehen. Die Tür ist oft abgeschlossen, und vor dem Einschlafen erzähle ich mir meine Märchen jetzt selbst. Das macht nichts. In der Küche, im Wohnzimmer, in meinem Zimmer, wo das Klavier steht, geht es so wild und komisch zwischen uns hin und her wie immer. Aber irgendwann fange auch ich an, die Tür zu meinem Zimmer zuzumachen. Und dann geht meine Schwester nach Israel, und etwas, das schon halb zu Ende war, hört jetzt ganz auf.

Mein erstes Buch erscheint fünfzehn Jahre später. Ich bin der Erste. Meine Schwester lebt nicht mehr in Israel, sie geht nach Kanada, dann nach New York. Meine Mutter und mein Vater, der Übersetzer, sind immer noch dort, wo sie waren, in der Wohnung mit dem langen, dunklen Flur. Wenn ich in München auf meiner Olivetti Geschichten schreibe, kommt diese Wohnung manchmal in ihnen vor. Meistens nicht. Lügende Juden, leidende Juden, liebende Juden interessieren mich gerade mehr. Ein paar Mal schicke ich meiner Schwester die Geschichten; sie ist sechs Jahre älter, also bleibt von den Geschichten nicht viel übrig, wenn sie danach über sie spricht. Sie würde in dieser Zeit gern auch mehr schreiben, aber sie bekommt ein Kind nach dem andern. Am Ende sind es drei.

Warum schreibe ich? Wenn ich nicht schreibe, habe ich ein mulmiges Gefühl im Bauch. Ich bin praktisch nicht da. Ich schwanke. Meine Mutter schreibt, sagt sie, weil sie muss, weil so viel passiert, weil die Dinge, die sie sieht, nicht verschwinden dürfen. Ein Baum, ein Auto, das Studentenwohnheim gegenüber mit den vielen Menschen in den Fenstern – das Leben entsteht einmal vor unseren Augen, meint meine Mutter, einmal auf dem Papier.

Meine Schwester frage ich besser nicht. Sie wird meine Frage nicht mögen. Sie wird sagen, warum musst du das wissen? Schreibst du was über uns? Sage ich ja, bin ich geliefert, muss ihr hinterher schicken, was ich geschrieben habe, und bin schon wieder der kleine Bruder. Ich weiß doch auch so, warum sie schreibt: Sie hat zu viel Fantasie, erinnern Sie sich mal an den Papagei. Sie hat alle fünf Minuten eine neue Idee. Sie kann die Geschichten, die ihr einfallen, nicht für sich behalten.

Eine Weile bin ich der einzige schreibende Schriftsteller in der Familie. Dann geht es Schlag auf Schlag. Meine Schwester geht mit ihrem Mann einkaufen, jetzt lebt sie in London. Sie wartet vor dem Supermarkt auf ihn im Auto, und da ist ein Stift, ein Zettel, und sie fängt an, diese Geschichte zu schreiben von der Israelin in London, die ihrem Mann heimlich unkoscheres Fleisch kocht. Genial. Komisch. Schnell. Jüdisch. Ein paar Monate später ist ihr erstes Buch fertig, es heißt *Fremde Bräute* und handelt von lauter Frauen, die wegen ihrer Männer nicht mehr dort leben, wo sie zu Hause sind. Raten Sie mal, warum. Die Wohnung mit dem langen, dunklen Flur kommt darin auch vor. Irgendwie.

Dann kommt meine Mutter. Sie ist jetzt Ende Sechzig, sie hat – ein Wunder! – immer noch schwarze Haare, blaue Augen und einen Hang zur Melancholie. Jemand von einem Verlag liest ihre Geschichte von der Melonenschale, die sie in den schrecklichen 70ern geschrieben hat, und gibt ihr sofort einen Vertrag. Die Geschichte ist kurz, sie hatte damals nicht viel Zeit, sie musste ja jeden Tag Borschtsch kochen. In der Geschichte ist Krieg, Stalingrad nach der Schlacht. Meine Mutter sitzt als Mädchen auf dem Fensterbrett, unten räumen deutsche Kriegsgefangene Trümmer weg, sie isst Wassermelone – und den Rest lesen Sie, wenn Sie wollen, selber nach. Denn mit dem Vertrag in der Hand fing meine Mutter endlich an, richtig zu schreiben. Nicht eine Geschichte in sechs Monaten, hundert in einem Jahr. Das fertige Buch heißt *Melonenschale*. Auch Leute, die noch nie in Hamburg in unserer Küche saßen, verlieren sich darin.

Und jetzt noch schnell ein paar Fakten über uns drei: Meine Mutter schreibt auf Russisch, meine Schwester auf Englisch, ich auf Deutsch. Wir kennen kein Konkurrenzgefühl. Wir reden manchmal sehr viel über das Schreiben, manchmal kaum. Wir lesen die Bücher der andern nur zu Ende, wenn sie uns gefallen. Wir sind nicht beleidigt, wenn wir in ihnen vorkommen, auch mein Vater, der Übersetzer, nicht. Meine Mutter und ich arbeiten manchmal zusammen an einer Geschichte, meine Schwester und ich nie. Wir drei schreiben nicht, um uns auf die Art etwas zu sagen, das machen wir meist in der Sekunde, in der es uns einfällt, am Telefon – Hamburg, London, Berlin. Und: Es ist besser, dass wir nicht in einer Stadt leben, aber traurig ist es auch, glauben Sie mir.

Letzten Dezember waren wir – nach Jahren – mal wieder alle in Hamburg, in der Wohnung mit dem langen, dunklen Flur. Hier, wo alles begann. Hier, wo der Prager Frühling nur eine Erinnerung war und die Moskauer Nächte sowieso. Wo die Emigration noch weh tat, wo wir noch nichts von unserer schönen westlichen Zukunft wussten, von der goldenen Sonne über Tel Aviv, von den geschwätzigen Londoner Taxifahrern, von tausend aufgeregten Schumann's-Gesprächen, vom Indian Summer in Upstate New York. Hier, in Hamburg, in der Bieberstraße 7, wo wir ein paar Jahre zusammenhalten mussten wie die Mafia, und dann konnten wir nicht mehr, und statt uns gegenseitig über einem Spaghettiteller zu erschießen, wurden drei von uns lieber Schriftsteller.

Letzter Dezember also, Wind, Hamburg, mein Vater, der Übersetzer, humpelt nach einer Bandscheiben-OP durch den Flur. Meine Mutter ist in der Küche, es gibt gleich Bohnensuppe und Huhn. Ich bin hinten rechts in meinem alten Zimmer, habe Liebeskummer und spiele Klavier. Meine Schwester liegt bei meinem Vater auf dem Sofa, liest, schläft ein, liest. Meine Tochter, die für ein paar Stunden da ist, guckt zum zwölften Mal auf Tschechisch *Aschenputtel*, den alten Film mit der verrückten, romantischen Karel-Svoboda-Musik. Dann – aber wahrscheinlich bilde ich mir das nur ein – wird es für eine Sekunde still in der Wohnung. Man hört die Schritte meines Vaters nicht, ich nehme die Hände von den Tasten, der Fernsehton geht aus. Das Telefon klingelt, meine Schwester geht ran, sie schreit etwas, lacht, rennt durch die Wohnung und ruft: »Die Kinder haben aus London angerufen! Macht CNN an! Schnell!« Schon stehen wir alle, auch meine Tochter, in der Küche vor dem kleinen Fernseher, und da ist Paul Bremer, irgendwo in Bagdad, und er sagt: »Ladies and gentlemen, we got him!« Danach sieht man die ersten Bilder von dem bärtigen alten Saddam Hussein – und meine Erinnerung verschwimmt.

Sollte ich eines Tages den Roman meiner Familie schreiben, kommt diese Szene bestimmt darin vor. Ich weiß noch nicht wie und warum, das merke ich dann beim Schreiben. Meine Mutter und meine Schwester hatten vielleicht auch schon die gleiche Idee, das würde mich nicht wundern. Nur mein Vater, der Übersetzer, nicht. Klar. Und was ist mit meiner Tochter? Wird sie eines Tages den Roman unserer Familie schreiben und dort die Saddam-Szene einbauen? Es gibt schon ein paar sehr schöne Kurzgeschichten von ihr, mit Bienen und Blumen und Glühwürmchen und so. Sie ist aber erst sieben. Dass die Geschichten gut sind, kann also auch Zufall sein, und sie wird vielleicht doch nicht Schriftstellerin.

(2004)

Antisemiten sind mir egal

Nichts ist so langweilig wie Antisemitismus, jedenfalls für Juden. Ihr regiert die Welt, hören sie von den Nichtjuden seit zweitausend Jahren, auch wenn noch nie einer von ihnen ein römischer Kaiser oder US-Präsident gewesen ist. Eure Religion nervt, sagt man ihnen, weil ihr sie mit niemandem teilen wollt, und obwohl die meisten von euch nicht religiös sind, fühlen sie sich trotzdem als Juden, was zum Teufel bedeutet das? Ihr seid besser im Bett als wir und nehmt uns unsere Frauen weg. Ihr könnt mit Geld so gut umgehen, wie wir es auch gern könnten. Ihr seid so verdammt klug, weil ihr seit hundert Generationen keine Analphabeten seid, ein uneinholbarer Vorsprung. Und betrunken seid ihr auch nie – kann es sein, dass ihr deshalb immer alles unter Kontrolle habt?

Und kann es sein, denken die Juden, dass ihr Nichtjuden langsam anfangen könntet, ein anderes Lied zu pfeifen, während ihr zitternd durch den dunklen Wald des Mittelalters, der Neuzeit und Aufklärung, der europäischen Weltherrschaft und ihres Niedergangs geht und so eure Angst vor jeder technischen, moralischen und politischen Veränderung vertreiben wollt?

Nein, das können sie nicht. Nichtjuden können nicht genug kriegen von ihrer monomanen und sehr monotonen Abneigung gegen die Juden, und interessant und nichtlangweilig daran ist nur, warum ausgerechnet immer die Juden für den Abbau ihrer Urängste herhalten müssen – eine Frage, die schon lange keiner mehr stellt, was aber gerade in Zeiten von Jakob Augsteins Gaza-Kolumnen, von Kreuzberger IS-Rappern, glimmenden französischen Synagogen und Erdogans exhibitionistischem Juden-Ekel nicht unwichtig wäre. Offenbar haben sich nach dem kleinen Sechs-Millionen-Schock alle längst wieder damit abgefunden, dass Juden gefährlich leben. Die Juden auch?

Der erste und einzige Fehler der Juden war es wahrscheinlich, dass sie die Idee der Moral in die Welt gebracht haben. Bis heute nerven sie die Nichtjuden damit, dass sie vor allen anderen auf dem lebensbejahenden und ziemlich anstrengenden Gegensatz zwischen Gut und Böse, menschlich und unmenschlich, Humor und *Heute-Show* bestanden haben. Dabei haben die Christen immer noch nicht verwunden, dass sie selbst irgendwie auch Juden sind, aber in der schlechteren, softeren und in ungezählten Gottes- und Raubkriegen korrumpierten Jesus-Heuchel-Variante. Und dass ihr Religionsstifter damals, kurz vor Ostern 33, eigentlich nur gegen die alten, satten Nomenklatura-Rabbis rebelliert hat und ein besserer Jude sein wollte als sie, was sie aber überhaupt nicht interessierte, verletzt seine Anhänger bis heute, denn welches Kind will schon von den Eltern, die es kritisiert, für immer ignoriert werden. Ja, und die Muslime? Die hatten die Idee mit dem einen einzigen *Good cop, bad cop*-Gott erst eineinhalb tausend Jahre später als die Juden, darum können sie einfach nicht aufhören, sauer auf sie zu sein.

Und wie kam der Antisemitismus nach Deutschland zurück, in das Land, das wie kein anderes seine Pogrom-Geschichte durchleuchtet hatte, um für immer aus ihr zu lernen? Er ist, in seiner neuesten, antizionistischen Verpackung, natürlich ein Geschenk der 68er. Die Erklärung dafür ist ganz leicht, wird aber logischerweise verschwiegen. Viele, sehr viele von ihnen hatten als junge Wehrmachtssoldaten, Waffen-SS-Novizen und Hitlerjungen, als Journalisten, Künstler und Akademiker die schönsten, schrecklichsten, prägendsten Jahre ihres Lebens gehabt. Wie sollten sie auf einmal keine Halb- oder Ganz-Nazis mehr sein? Sie kämpften dennoch aufrichtig gegen ihre nationalsozialistische Erziehung, sie wurden Pazifisten, sie forderten von der autoritären Adenauer-CDU mehr Demokratie, sie lasen Eugen Kogon, Hannah Arendt und Primo Levi, und sie wollten, dass nicht nur in ihrem Land, sondern auf der ganzen Welt ab sofort das totale Paradies ausbricht. Doch die Metaphysik der blut- und geldgierigen jüdischen Intelligenzbestien, die ihnen tausend Jahre lang eingetrichtert wurde und an die ihre Eltern und Verwandten auch ohne Hitlers Einflüsterungen geglaubt hatten, saß zu tief in ihren Herzen und Köpfen. Man musste viele der SDSler, KBWler und älteren *Stern*-Redakteure bloß einmal betrunken erleben. Je länger der Abend dauerte, desto mehr klangen sie wie die Gäste der Baronesse Batthyány, kurz bevor sie ihre kleine Rechnitzer Schlossparty unterbrachen, um zu ihrer Zerstreuung 180 jüdische Zwangsarbeiter wie Kaninchen zu erschießen.

Was sollten aber die armen 68er und ihre 78er-Apostel mit diesem schönen, hässlichen, metaphysischen Hassgefühl anfangen, wenn sie nüchtern waren? Juden gab es, Eichmann sei Dank, nach dem Krieg kaum noch in Deutschland, und als guter, formvollendeter Antifaschist durfte man ohnehin nicht gegen sie sein. Zum Glück gab es Israel. Es gab den Sechstagekrieg, den alte, aufrechte Nazis und Wehrmachtsoffiziere als Hommage an alle deutschen Blitzkriege seit 1870/71 feierten, was offenbar automatisch bewies, dass alle Israelis ebenfalls Militaristen, Imperialisten und totalitäre Herrenmenschen waren. Und es gab palästinensische Araber, denen es in den Augen der neuesten deutschen Weltenretter wegen Israel mindestens so schlecht ging wie den Vietnamesen und Lateinamerikanern wegen der Yankees, die Papa in der Normandie den Arsch versohlt hatten. Und plötzlich – Überraschung! – hatten also auch die 68er ihren Juden gefunden, Israel, was erst mal keine große Neuigkeit wäre, denn über diesen witzigen Twist der Geschichte sprechen und schreiben Dan Diner, Henryk M. Broder und andere Linksrenegaten, seit sie mit ihren Genossen Schluss gemacht haben, oder die mit ihnen. Neu und gar nicht langweilig ist eher die Erkenntnis, dass sich die Vereinheitlichungsmaschine Deutschland von der fast sadistisch autoritären 68er-Bewegung nicht nur zu so guten, selbstverständlichen Sachen wie Gleichberechtigung der Frauen, Abschaffung des antihomosexuellen Paragrafen 175, Umweltschutz oder behindertengerechten Straßenbahnen inspirieren ließ, sondern auch zum Antisemitismus-Surrogat »Israelkritik«.

Was vor dreißig Jahren nur von Linken behauptet wurde – dass Israel ein aggressiver, übermächtiger, quasi-faschistischer Staat mit einer Blut-und-Boden-Ideologie von gestern sei –, ist heute pseudoliberaler Mainstream, und je weiter die CDU unter Angela Merkel nach links rutschen wird, desto schneller werden auch die Schwarzen die triebbefreienden Wonnen des Israel-Bashings genießen dürfen. Bevor es so weit ist, bevor sich dieser modernisierte antijüdische Mythos in wilhelminischem Maßstab durchsetzt, kann man sich bereits anschauen, was die *Süddeutsche Zeitung*, das hunderttausendfach gelesene Zentralorgan des narzisstischen deutschen Linksreaktionärs, zu diesem Thema seit Jahren druckt: Antisemitische Karikaturen von Israel als messerschwingendem Monster und Mark Zuckerberg als allmächtiger Krake, Günter Grass' ungereimte Wandschmierereien, in denen er Israel beschuldigt, den Weltfrieden (darunter macht es der doppelzüngige Waffen-SS-Veteran nicht) zu bedrohen, Gastbeiträge offener oder verdeckter Hamas-Sympathisanten und vor allem Dutzende Israel-ist-an-allem-Schuld-Kommentare aus der eigenen Redaktion. Nachdem sich im September fünftausend zumeist alte, erschöpfte russische Juden vor dem Brandenburger Tor getroffen und ein paar traurige Wir-sind-Deutschland-Schilder hochgehalten hatten, um zu zeigen, dass sie gern den Rest ihres Diaspora-Lebens in Frieden zu Ende führen würden, schrieb die SZ-Korrespondentin Constanze von Bouillon triumphierend, es gäbe doch sowieso fast keine Juden mehr in Deutschland, warum die Aufregung. Statt mit ihnen herumzudemonstrieren, solle man lieber darüber nachdenken und diskutieren, warum ausgerechnet die armen, vom Leid der Gaza-Kinder geschüttelten deutschen Moslems den Juden den Zyklon-B-Tod wünschen. Sie weiß, als ahnungslose, aber nicht naive 68er-Epigonin, natürlich am besten, warum: weil »sie selbst am Rand stehen«. Da sind sie wieder, die Araber als Opfer und die Judenisraelis als verlogene, kalkulierende Opfer-Darsteller. Und da ist er auch, mein alter Verdacht, dass die herzliche Allianz der Nazis mit dem Großmufti von Jerusalem, dem ersten Palästinenserführer und fanatischen Hitlerverehrer, mehr Spuren in der deutschen Kollektiv-DNA hinterlassen hat, als sie es selbst vielleicht wissen.

Hatte ich schon gesagt, dass mir Antisemiten egal sind? Ja – aber die Juden nicht. Und die tun gerade etwas, das ich wahnsinnig komisch finde, weil es mich daran erinnert, dass bis heute in jeder Berliner und Londoner Synagoge am Schabbat für den deutschen Präsidenten und die Queen gebetet wird, keine Ahnung, was das bringen soll. Viele, sehr viele Juden betonen neuerdings – offenbar schwer beeindruckt von der seit dem Gaza-Krieg zunehmenden Gettoisierung Israels durch die nichtjüdischen Staaten, inklusive einer verräterischen Kauft-nicht-bei-Zionisten-Politik –, dass die Diaspora, dass das fremde, nichtjüdische Land, in dem sie leben, ihr Zuhause ist, also auf keinen Fall Israel, und dass sie sich ihr Deutschland, ihr England, ihr Amerika nicht wegnehmen lassen. Dieter Graumann, der gar nicht so unwitzige, unkluge Chefimpressario der deutschen Juden, hat bei der tristen, dadaistischen Anti-Antisemitismus-Demo vor dem Brandenburger Tor dieselbe Mimikry-Pose eingenommen. Da stand er, unterstützt von der noch fest zu den Juden stehenden deutschen Staatsspitze, und sagte tapfer, wie unangenehm ihm die Hep-hep-Rufe der Radikal-Moslems von Essen und Berlin seien. Und dann fügte er ganz im Ernst hinzu, die Juden würden sich trotzdem nicht einschüchtern und von ihrem Vorhaben abhalten lassen, ein neues, blühendes Gemeindeleben in Deutschland aufzubauen. Solche Reden haben jüdische Funktionäre seit dem Babylonischen Exil schon tausendmal gehalten, aber genützt hat es ihnen auf Dauer trotzdem nie.

Das mit Deutschland war der komische Teil von Graumanns Adam-Czerniaków-Monolog. Traurig und absurd wurde es, als er über Israel sprach. Er sagte: »Wir Juden stehen zu Israel.« Er fuhr fort, die Juden würden sich nicht von Israel distanzieren, damit man sie weniger hasse, obwohl er nicht verstehe, was Gaza und der neueste antisemitische Fieberschub miteinander zu tun hätten. Und er fasste zusammen: »Wenn wir das Gefühl haben, dass Israel ungerecht behandelt wird, dann erwacht sofort unser Beschützerinstinkt.« Politisch geschickter und unauffälliger kann man sich gar nicht von Israel abwenden! Wer sagt, dass er sich nicht von Israel distanziert und dass er zu Israel steht, sagt zugleich, dass er selbst nicht Israel (und Israeli) ist und damit bloß nicht verwechselt werden will. Und wer dann auch noch als Jude meint, er müsse Israel wie einen armen, schwachen Verwandten beschützen, hat entweder etwas nicht verstanden – oder er hofft, dass die begriffsstutzigen Gojim auf diesen Trick hereinfallen, was ich ja noch am besten finden würde. Denn in Wahrheit ist es genau andersherum: Israel beschützt die Juden, alle Juden, und zwar vor allem und gerade die, die nicht in Israel leben, also auch Dieter Graumann – und mich.

Ich war das erste Mal als halbinteressierter Zwölfjähriger in Israel, mit meiner Mutter und meinem Vater, und obwohl wir damals kaum Geld hatten, machten wir sogar eine Flugzeugtour nach Eilat und in den Sinai. Seitdem war ich fast jedes Jahr dort, so machen es fast alle Juden, aber inzwischen hänge ich immer nur in Tel Aviv herum, dem wahren New York. Mit fünfzehn fuhr ich ohne meine Eltern hin. Es war eine von der

Zionistischen Jugend Deutschlands organisierte Reise, ich wurde zu meinem Schrecken als bester Teilnehmer ausgezeichnet, bekam einen Israel-Führer geschenkt und wollte danach ein paar Jahre lang Alijah machen und Offizier in der israelischen Armee werden. Daraus wurde nichts. Stattdessen wurde ich, weil das Leben oft das Drehbuch zu einem Film schreibt, den man gar nicht sehen wollte, jüdischer Journalist und Schriftsteller in Deutschland.

Würde ich anders denken und schreiben, wenn es Israel nicht gäbe? Ja, natürlich, und vielleicht würde ich gar nicht schreiben. Denn ohne Israel, ohne das Wissen, dass ich jederzeit ins Flugzeug steigen, mir am Ben-Gurion-Flughafen einen israelischen Pass holen und mit dem wahnsinnig stressigen Rattenrennen des israelischen Alltags beginnen kann, wäre ich als Autor nie so risikobereit, wie ich finde, dass ich es sein muss, damit der Leser wissen will, was ich zu erzählen habe.

Ich kann es noch genauer sagen: Ich betrachte und beschreibe die Welt zuerst immer als Jude, als selbstsicherer, netter, aggressiver, gut angezogener und noch besser gelaunter Jude, so wie Uwe Tellkamp die Welt als Deutscher betrachtet, Miranda July als Amerikanerin, Karl Ove Knausgård als Norweger, denen man das aber nie vorwerfen würde, und dass meine autobiografische Besessenheit so viele Deutsche – ob 68er oder nicht – nervt, bringt mich auf immer neue Ideen.

Und noch etwas genauer gesagt: Ich muss mich, weil israelische Soldaten wochenlang Hamas-Tunnel zuschütten und dabei ihr Leben riskieren, aber auch, weil sie beim Beschuss von Gaza Zivilisten töten, beim Schreiben keine Sekunde lang verstellen – so wie es früher die meisten jüdischen Autoren in Deutschland taten, Franz Kafka natürlich ausgenommen, darum war er ja auch so gut. Sie gaben, aus Angst und Berechnung, entweder ihr Judentum ganz auf, wie Rudolf Borchardt oder zeitweise Heine. Oder sie blieben irgendwie Juden, aber wollten irgendwie auch Deutsche sein, so wie der ewig berlinernde Kurt Tucholsky, dessen Selbstmord ein Eingeständnis dieser verfehlten Anpassungsstrategie war. Oder sie schrieben zwar viel und gern und offen über Juden, aber im falschen, hohen, süßlichen, pathetischen, erlösungsheischenden Ton des Neuen Testaments, so wie Joseph Roth, der am Ende sicherheitshalber auch noch zum Katholizismus übertrat, aber das hat später im Himmel sowieso keiner gemerkt. Sein *Hiob*, finde ich, hat mit Judentum so viel zu tun wie ein Schinkenbrot.

Und weil ich also nur wegen Israel genau der sein kann, der ich bin, verstehe ich mich als Zionist. Urzionist, Neozionist, Salonzionist, Zionist mit menschlichem Antlitz, wie immer man dazu sagen will. Ich, ein deutscher Staatsbürger und Steuerzahler, bin darum auch gar nicht beleidigt, wenn man mich fragt, warum mein Premierminister so ein Idiot ist und Benjamin Netanjahu meint, obwohl diese Frage eigentlich nur ein Antisemit stellen würde, aber manche Sachen sind eben widersprüchlich und kompliziert, und diese hier gehört noch zu den durchschaubareren. Denn natürlich ist der ferngesteuerte Ehemann von Sara Netanjahu für mich und meine Sicherheit verantwortlich, in einem viel existenzielleren, praktischeren, aber auch ideelleren Sinn als Angela Merkel, natürlich haben der fast hundertjährige Nahostkrieg und ich sehr viel miteinander zu tun. Und natürlich bin ich der Meinung, dass man mit mir, dem in Deutschland lebenden und schreibenden Juden, über Israel sprechen können muss, darf, soll, als wäre ich auch Israeli, denn ich sitze bei diesem Krieg, seit ich zwölf Jahre alt bin, auf der israelischen Seite des Schützengrabens und hoffe, im Gegensatz zu den meisten deutschen Friedenskämpfern, aufrichtig, dass er endlich einmal zu Ende geht.

Gibt es aber überhaupt eine vernünftige Art, über den arabisch-jüdischen Konflikt zu sprechen? Wenn man als Nichtjude nach dem Antisemiten-Methadon »Israelkritik« süchtig ist, natürlich nicht. Als Jude und Israeli kann man bei dem Thema ebenfalls ziemlich versagen, womit ich nicht nur amoklaufende jüdische Westbank-Siedler oder den diplomatischen Herrn Graumann meine. Ich meine auch Männer wie Assaf Gavron, den jungen israelischen Romancier, oder Sam Harris, den amerikanischen Neurologen, Religionskritiker und Publizisten. Gavron fleht tatsächlich die böse Boykottiert-Israel-Fraktion an, ihn und andere linke Israelis beim Kampf gegen die gewalttätige israelische Gesellschaft zu unterstützen, das ist das typische Kapitulations- und Stress-Syndrom. Harris – er ist nicht der einzige US-Jude, der so denkt – will Israel am liebsten als jüdischen Staat abschaffen. Und noch besser fände er es, wenn sich alle Juden gleich ganz für Amerika entscheiden würden, wo es ihnen, wie er meint, doch schon immer so gut gegangen sei. Das, sagt er, sei eine »glaubwürdigere Alternative, als irgendwo einzumarschieren und anderen Leuten ihr Land wegzunehmen«.

Ja, stimmt, richtig, genau – die Juden haben Palästina erobert. Sie haben dort seit dem Ende des 19. Jahrhunderts Land gekauft und annektiert. Sie haben aus Staub und Schlamm Felder und Plantagen gemacht. Sie haben Banken gegründet und eine eigene Armee, die bis heute umsichtiger ist als jede andere Armee, die ich kenne, aber nie umsichtig genug. Sie haben Dörfer und Städte gebaut, wo früher keine waren, sie haben genau gewusst, dass dort, wo sie endlich Ruhe vor den Gojim haben wollten, auch wieder welche waren, sie haben die Araber Palästinas ignoriert, respektiert und manchmal auch misshandelt und davongejagt – und trotzdem hatten sie nach den zweitausend endlosen Jahren zwischen ihrer eigenen Vertreibung aus Palästina durch die Römer und dem Holocaust keine andere Wahl. Wer nicht mehr von den Soldaten und Polizisten seiner Feinde herumgestoßen und umgebracht werden will, braucht seine eigenen. Das sage ich – sorry, wegen der Wiederholung –, weil sie auch auf mich aufpassen, während ich gerade in Berlin-Mitte sitze und diesen Text schreibe.

Welches Volk im friedlichen, freien Europa oder Nordamerika lebt heute auf einem Gebiet, das immer schon seins war? Ich weiß keins. Alle, aber wirklich alle Staaten wurden auf den Knochen von Menschen errichtet, die vorher da waren, und so gesehen, finde ich, haben sich die jüdischen Eroberer in Palästina mindestens so anständig verhalten wie die Sachsen in England, die Amerikaner in Kalifornien, die Deutschen östlich der Elbe. Und sie haben zum Glück seit dem Unabhängigkeitskrieg 1948 militärisch fast nie etwas falsch gemacht, darum sind sie immer noch dort. Aber jetzt ist es langsam genug mit der Töten-um-nicht-zu-Sterben-Strategie der frühen Zionisten und späteren Staatsgründer und Armee-Wunderkinder. Was seit 1948 jedes Mal funktioniert hat – ein paar Juden setzen sich immer wieder gegen eine schier unüberschaubare, hundertmillionenfache arabische Übermacht durch –, hat zwei Nachteile. Erstens: Es korrumpiert die israelische Gesellschaft, es macht sie nervöser, größenwahnsinniger, ängstlicher und lässt allmählich jeden einzelnen Israeli zu einem typischen Diaspora-Juden ohne Diaspora werden, was eigentlich nicht der Sinn des ganzen zionistischen Projekts war. Und zweitens: Es funktioniert militärisch auf Dauer nicht.

Aber was könnte der Trick sein, um mit dem ewigen Kämpfen, Töten und Besatzen endlich aufhören zu können? Verhandeln mit den Dschihadisten? Natürlich nicht, denn der geliebte, kalkulierte Selbstmord ist deren Spezialität. Alle Araber abschieben? Entschuldigung, wir sind hier nicht in der Tschechoslowakei 1946, als über zwei Millionen Deutsche gehen mussten, damit sie nie wieder Ärger machen. Oder vielleicht einfach nur wie ein zerstrittenes Paar nach vierzig Jahren Ehe gemeinsam zum Therapeuten gehen? Ich habe noch nie gehört, dass das etwas gebracht hätte.

Israel hatte in seiner Geschichte Dutzende, Hunderte Frauen und Männer, die so visionär und pragmatisch waren, um zu wissen, wie man sich – als zweite verspätete Nation der postnapoleonischen Zeit nach Deutschland – aus dem Nichts einen eigenen, starken, hochzivilisierten Staat erschafft. Aber leider ist bis jetzt noch kein einziger israelischer Politiker, General, Schriftsteller oder Philosoph aufgetaucht, der gewusst hätte, wie man diese Wirklichkeit gewordene politische Phantasmagorie nun vor dem gar nicht so unmöglichen Verschwinden wieder bewahrt.

Einmal dachte ich kurz, Schimon Peres könnte so jemand sein. Er wollte in den 80er Jahren den Nahen Osten zusammen mit den Palästinensern in eine verrückte, kreative New-Economy-Zone verwandeln, in eine kleine EU, denn er kam zu dem einzigen richtigen Schluss, nur Geld und Wohlstand würde alle in der Gegend friedlich und lieb machen, und dass während des letzten Gaza-Kriegs im Westjordanland keine Intifada ausbrach, hatte vor allem damit zu tun, dass seine Bewohner inzwischen genug Geld verdienen, um Angst zu haben, es durch jahrelange Unruhen wieder zu verlieren. Wohlstand macht aus fast jedem einen Pazifisten, genau.

Leider wurde nichts aus dem Schimon-Peres-Plan. Leider war das Ganze offenbar nur das Gerede eines alten, verbrauchten Parteipolitikers, dessen große Zeit schon immer vorbei war, noch bevor sie begonnen hatte, und ich und alle anderen pragmatischen Israelis und Juden müssen darum weiter auf einen neuen Ben-Gurion oder eine neue Golda Meir warten, die die Europäer und Amerikaner dazu überreden werden, ein so gigantisches und kluges Wirtschaftsaufbauprogramm für Gaza zu entwickeln, dass einem der Marshallplan wie der Mittagessenszuschuss in der Berliner TU-Mensa vorkommen wird.

Taucht eine solche Frau, ein solcher Mann noch rechtzeitig auf? Bestimmt. Und wenn dann Juden und Palästinenser wie

Lamm und Wolf zusammenliegen, wenn kein Krieg mehr Israel bedroht, wenn die Antisemiten ihr wichtigstes Thema verloren haben, dann wenden sie sich, um sich nicht zu langweilen, bestimmt wieder den Diaspora-Juden zu. Kein Problem – denn Israel gibt es dann immer noch.

(2014)

Geschichte schreiben

Jedes Mal, wenn ein deutscher Schriftsteller von mir wissen will, wieso ich immer nur von Juden erzähle, frage ich ihn, statt ihm eine Antwort zu geben, warum sich in seinen Büchern ständig alles um Deutsche dreht. Was er darauf entgegnet? Nicht viel, oder eigentlich gar nichts, es gibt einen überraschten Blick, eine beleidigte Grimasse, und dann ist das Gespräch meistens genauso schnell zu Ende, wie es begonnen hat. Die Frage aber bleibt. Denn so blöd und hinterhältig sie gestellt ist, so berechtigt ist sie auch, es kommt nur darauf an, ob man sie aus Neugier an mich richtet oder aus Unduldsamkeit.

Ich selbst, um ehrlich zu sein, würde manchmal ebenfalls gerne wissen, warum es vor allem die Juden sind, denen mein ganzes poetisches Interesse gilt. Meistens verschwende ich an dieses Thema aber bloß ein paar flüchtige, abwesende Gedanken, zu stark sind die Geschichten, die ich zu Hause höre, von meinen Eltern, von nahen Freunden und fernen Verwandten, zu stark und zu geheimnisvoll, als dass ich mir allzu lange überlegen müsste, warum ich ausgerechnet diese Geschichten auf meine Art neu erfinden und weitererzählen will – und viel zu mächtig und aufregend ist der ewige Widerstreit zwischen Juden und Deutschen, als dass ich nur eine Sekunde dabei zögern würde, ihn so zur Literatur machen zu wollen, damit zuerst die jüdischen Leser sagen können, er erzählt von uns.

Zögere ich dann aber einmal doch, um mich zu fragen, warum ich von den Juden nicht lassen kann, scheint mir die Erklärung dafür ganz einfach zu sein. Sie kenne ich am besten, sie sind wie ich und ich bin wie sie, und deshalb ist das, was es für mich über Liebe und Leben und Sterben zu sagen gibt, zunächst nur eine Sache unter uns. Doch dabei bleibt es natürlich nicht, ein Glück sogar, dass es dabei nicht bleibt, denn gleich mein erster nichtjüdischer Leser zerstört die für das Schreiben so notwendige Intimität, und auf ihn habe ich in Wahrheit von Anfang an gewartet. Schließlich weiß ich, wie jeder andere auch, dass man als Schriftsteller nur deshalb so unschuldig und absichtslos wie möglich von seiner eigenen Welt erzählen sollte, damit auf diese Weise jene Dichte und Authentizität entstehen kann, die es jedem, der nicht in ihr lebt, ermöglicht zu erkennen: In meiner Welt sieht es genauso aus.

Meine jüdischen Freunde würden mich für das, was ich da sage, hassen. Sie würden sich über mich lustig machen, und sie würden mich aufziehen damit, dass ich so dumm bin, den Gojim die selbstverständlichsten Dinge erklären zu wollen. Die Witze, die sie dann auf meine Kosten reißen würden, da bin ich mir sicher, hätten viel mit Stolz zu tun, aber noch sehr viel mehr mit dem alten jüdischen Widerwillen gegenüber der selbstgewählten gesellschaftlichen Abgeschlossenheit, die immer wieder vor sich selbst zu begründen eine Menge Kraft kostet, vor den Nichtjuden aber einfach nur gute Nerven. »Warum versprichst du ihnen nicht gleich, dass du nie mehr einen Brunnen vergiften wirst?«, würden mir meine jüdischen Freunde zurufen. »Wieso entschuldigst du dich nicht dafür, dass du Jesus umgebracht hast? Und weshalb sagst du ihnen nicht einfach, dass du als Jude über Juden schreibst, weil in diesem Geschäft die deutsche Konkurrenz besonders schwach ist?«

Das mit der fehlenden Konkurrenz wäre übrigens gar nicht so falsch, man müsste es nur präzisieren: Heute von Juden zu erzählen, heißt für einen jüdischen Autor nämlich immer auch vom Holocaust zu erzählen, und das bestimmt nicht bloß deshalb, weil der missglückte Versuch der Nazis, die europäische Judenheit zu vernichten, mindestens so viele Menschen das Leben gekostet hat wie er dramatische Begebenheiten und unglaubliche Abenteuer hervorbrachte – und somit also ungezählte literarische Vorlagen, deren dramaturgische Kraft darin liegt, dass in ihnen die Bösen immer als besonders böse auftreten, die Guten als besonders gut, und wenn nicht, die Konflikte, von denen es zu berichten gibt, erst recht spannend und bestürzend sind.

Doch es ist wirklich nicht allein eine Frage der Dramaturgie, warum einer wie ich beim Schreiben immer wieder fast intuitiv auf den Holocaust zusteuert, und eigentlich ist es nicht der Holocaust selbst, der mich interessiert und bewegt, sondern vielmehr das, was er mit den Menschen, egal ob Täter oder Opfer, gemacht hat und weiterhin macht, vor allem aber mit ihren Nachkommen. Ja, richtig, mit ihren Nachkommen. Es kann meine Generation nämlich noch so sehr nerven und anöden, es kann uns noch so lästig sein – und doch ist es so, dass alles, was wir heute schreiben und denken und tun, dass also alles, was uns politisch und intellektuell beschäftigt, ein Echo auf die schrecklichste aller schrecklichen Zeiten ist. Unsere Mütter und Väter sind aus ihr hervorgegangen, klar, und darum sind auch wir die Kinder jener Zeit.

Seit wir denken können, schlagen wir uns mit den Ängsten und Lügen, mit den Schmerzen und Ausflüchten unserer Eltern und Großeltern herum. Wir sind als Juden neurotisch, arrogant, moralisierend, wir sind als Deutsche betroffen, skrupulös, abwehrend, und alle zusammen sind wir ständig damit beschäftigt, uns auf die eine oder andere Art von diesem übermächtigen, alles prägenden Gründungsmythos der Nachkriegszeit zu befreien. »Du denkst also an Auschwitz, wenn du auf der Straße einer schönen deutschen Frau hinterherschaust?«, würden mir meine jüdischen Freunde an dieser Stelle laut lachend zurufen, worauf ich laut lachend zurückgeben würde: »Ihr etwa nicht?« Und ich würde natürlich lügen dabei, denn was tut man nicht alles, wenn man einen guten Witz noch besser parieren will.

Aber im Ernst: Selbstverständlich meine ich nicht, dass die Nazis und ihre Taten und Ideen uns bis heute vierundzwanzig

Stunden am Tag bedrängen und beschäftigen – das wäre nämlich nicht nur falsch, sondern auch ganz schön unangenehm. Aber ein paar Stunden können es manchmal schon werden. Da muss nur ein revisionistischer Professor in einer Talkshow sitzen und grimmig sein; da muss nur ein jüdischer Vater seinem Sohn zum ersten Mal von den Lagern erzählen und zugeben, dass er deshalb so lange geschwiegen hat, weil er damals seinen eigenen Vater sterben sah und sich seitdem schuldig fühlte, überlebt zu haben; da muss nur ein junger Deutscher seinem jungen jüdischen Freund gestehen, dass er vor seiner ersten Israelreise mehr Angst hat als vor einer komplizierten Gehirnoperation, um ihm im nächsten Atemzug vorzuwerfen, dass er sein Judentum immer so heraushängen lasse; und da muss nur ein altlinker Adorno-Schüler nach zwanzig sisyphushaften Jahren vor der unsühnbaren Schuld seiner Vorväter die Waffen strecken und in aller Öffentlichkeit verzweifelt zur zweiten konservativen Revolution aufrufen – und schon durchdringen sich Vergangenheit und Gegenwart so wild, so manisch, so unwiderruflich, dass sofort und ganz automatisch eine neue, andere Gegenwart entsteht.

Und genau davon, wie unsere Gegenwart in immer neuen Schüben, Wellen zu sich kommt, wie sie ist und wie sie besser nicht sein sollte, will ich erzählen. Als jüdischer Autor? Offenbar schon. Denn meine nichtjüdischen Kollegen scheinen, wenn man ihre Bücher liest, kein allzu großes Interesse an unserer gemeinsamen Geschichte zu haben und auch nicht an den Geschichten, die sie bis auf den Tag schreibt. Ob das eher daran liegt, dass sie als Angehörige des Tätervolkes von ihren Tätereltern kaum etwas Echtes, Authentisches über deren Taten und Schicksale erfahren haben, oder ob sie auf diese Weise einfach nur selbst, als besinnungslose Lemminge einer guten alten nationalen Gewohnheit folgend, den legendären Schlussstrich zu ziehen versuchen, weiß ich nicht. Ich weiß nur, dass genau das der Grund dafür ist, wieso man in meiner Generation als Jude bei einer bestimmten Sorte von Literatur ziemlich allein zu sein scheint, in anderen Worten, warum in diesem Geschäft die deutsche Konkurrenz besonders schwach ist.

Da ich schon mal dabei bin, mehr oder weniger niederträchtig Vergleiche zu ziehen, will ich nicht gleich wieder damit aufhören, wobei es eigentlich in diesem Zusammenhang nur noch eines zu sagen gibt: Dass die unsägliche Blässe und Reizlosigkeit der von Deutschen geschriebenen deutschen Gegenwartsliteratur einzig und allein damit zusammenhängt, dass in ihr die Vergangenheit – als Fundus von Fabeln ebenso wie als gehasst-geliebter moralischer Zeigefinger – kaum vorkommt, höchstens mal bei dem einen oder andern als ein allgewaltiger Schlag auf den Kopf, als eine pseudometaphysische Benommenheit, als ein sehr rauschhaftes, sehr unverbindliches Herumfantasieren in romantisch-euphemistischen Großbegriffen. Die meisten meiner nichtjüdischen Kollegen aber ignorieren, im Gegensatz zu den jüdischen Schriftstellern deutscher Sprache, die kollektive Erinnerung ihres eigenen Volkes vollkommen. Sie erzählen – mal besser, mal schlechter – von öden Partys und schönen Büchern, von langweiligen Universitätsstädten und aufregenden Popdekaden und tun dabei ständig so, als würde das, was die Menschen in diesem Land heute machen und denken, absolut nichts damit zu tun haben, was sie hier vor über fünfzig Jahren gemacht und gedacht haben. Das aber führt erstens dazu, dass sie eine Menge prächtiger Storys verschenken, und zweitens, dass ihre Figuren so viel Leidenschaft und Leben in sich tragen wie japanische Origami-Männchen.

Bei ihnen kann man nichts über die junge Schauspielerin lesen, die ihr Baby hasst und nicht begreift, warum, bis sie endlich herausfindet, dass ihre Mutter in einem Lebensborn-Heim gezeugt wurde und sie darum so kalt und wütend erzog. Bei ihnen erfährt man nichts von dem rechtsradikalen Historiker, der als junger Mann wegen seiner verkrüppelten Hand nicht zur Wehrmacht durfte und nun mit großdeutschen Tiraden sein schlechtes Gewissen über den Fronttod der meisten seiner damaligen Klassenkameraden zu kompensieren versucht. Und es steht bei ihnen auch kein Wort über den aufrechten 68er, der nach dem Tod seines Vaters in dessen Jägernotizbuch – worin dieser sein Leben lang erlegte Rehe und Wildgänse und Kaninchen auflistete – unter dem 12. November 1943 die Eintragung »Heute nichts, nur drei Russen« entdeckt und trotzdem nicht aufhören kann, um den Vater zu trauern. Wie ich auf diese Geschichten komme? Sie sind alle passiert, ich habe sie gehört, und wenn ich ein deutscher Schriftsteller wäre, würde ich sofort darangehen, sie zu Literatur zu machen.

Ende des niederträchtigen Vergleichs. Oder nein, nicht ganz. Dass Deutsche von Deutschen genauso erzählen wie Juden von Juden, habe ich am Anfang gesagt, aber ich habe es natürlich nicht so gemeint. Schließlich wusste ich da auch schon, dass die geschichts- und geschichtenlosen Bücher der meisten deutschen Autoren unserer Zeit nichts mit den Büchern ihrer jüdischen Kollegen gemeinsam haben. Jetzt aber weiß ich noch etwas ganz anderes: Ich habe begriffen, dass man als deutscher Schriftsteller Geschichte und Geschichtsbewusstsein ja ohnehin nicht unbedingt braucht, jedenfalls nicht, um sich selbst zu definieren und zu begreifen als ein ganz besonderes, zugleich in etwas ganz Allgemeinem aufgehobenes Individuum. Zu wissen, dass man eines Tages garantiert in der Erde begraben werden wird, auf der man ein Leben lang ging, sich also einer festen Heimat immer ganz sicher zu sein, ist nämlich für den intellektuellen Seelenfrieden schon mehr als genug – wenn es denn einem reicht.

Für einen Juden aber, der mit dem Bewusstsein lebt, an keinen Ort der Welt wirklich gebunden zu sein – und zwar aus Not genauso wie aus Spaß –, ist die Geschichte seiner Leute die einzige feste Heimat, die er hat. Und das heißt, dass man als jüdischer Autor nicht nur ununterbrochen auf der Suche nach sich selbst durch diese Geschichte flaniert und stolpert und hetzt, sondern dass man sich zugleich die Heimat durch das Schildern dieser Suche immer wieder von Neuem zu erschreiben versucht. Und genau das ist dann, ich gebe es zu, in Wahrheit der einzige Grund dafür, warum es vor allem die Juden sind, denen mein ganzes poetisches Interesse gilt.

Ich weiß, was meine jüdischen Freunde jetzt sagen würden. »Schon in Ordnung, wie du das machst«, würden sie sagen, »aber du gehst mit ihnen noch viel zu versöhnlerisch um.« »Versöhnlerisch«, würde ich darauf entgegnen, »ist das falsche Wort, Freunde, denn ich glaube und hoffe, es hat den Deutschen bis heute noch keiner so klar zu verstehen gegeben, dass die deutsche Literatur nie mehr zum Synonym für jüdische Literatur werden wird. Wir leben mit ihnen, wir arbeiten mit ihnen, wir lachen mit ihnen – aber wir werden auf immer geschiedene Leute sein.« »Und das gefällt dir?«, würden meine jüdischen Freunde mich dann fragen, und ich würde sagen: »Euch vielleicht nicht?«

(1994)

Unschuld mit Grünspan

Als die Soldaten zu Schriftstellern wurden, waren ihre Opfer längst tot und verfault – oder unterwegs in ein neues, friedliches Leben, in dem Literatur nur Nebensache war. Als die Soldaten nach Worten zu ringen begannen, nach Worten für das, was ihnen in Schützengräben, Wachstuben und Bordellen widerfahren war, versuchten ihre Opfer – wenn sie überhaupt noch bei Bewusstsein waren und alle ihre Sinne und Glieder beisammenhatten –, den Krieg, mit dem die Soldaten sie überzogen hatten, für immer zu vergessen. Als dann aber die Soldaten ihre ersten Bücher herausbrachten, waren plötzlich die Opfer der Soldaten wie vergessen, und die einzigen Opfer, die in diesen Büchern vorkamen, waren die Soldaten selbst.

Ich hasse die deutsche Weltkriegsprosa. Ich hasse den in ihr ewig wiederkehrenden Typus des jammernden, feinfühligen Landsers, der unter der Nazi-Maschine in Wahrheit mehr leidet als jeder andere Mensch, der von sadistischen Offizieren und fanatischen Parteileuten immer weiter vom geliebten Zuhause und von dem noch geliebteren Ich fortgetrieben wird, in fremde Gegenden und ausweglose Situationen, und der von seinem Elend so besessen ist, dass er das Elend, das er Polen und Russen, Holländern und Griechen bringt, kaum wahrnimmt, geschweige denn, dass er sich ihm einmal mit derselben Emphase widmen würde wie seinem eigenen.

Aber es ist mehr als nur ihre egozentrische Wehleidigkeit, was mir die Figuren Heinrich Bölls, Hans Werner Richters oder Wolfgang Borcherts so unsympathisch macht. Es ist ihr angebliches Unbeteiligt- und Unschuldigsein an dem Massaker, das deutsche Männer, egal ob freiwillig oder nicht, sechs Jahre lang unter den Soldaten und Partisanen und Frauen und Kindern Europas anrichteten, wobei sie natürlich auch, wenn sie nicht direkt Hand und Gewehr anlegten, das Projekt Holocaust realisieren halfen, weil SD- und SS-Männer schließlich nur dort Juden umbringen konnten, wo vorher die feinfühligen, leidenden Landser einmarschiert waren.

Ich kann mich wirklich an keine einzige Romanpassage erinnern, in der ein deutscher Soldat als unmittelbar Handelnder, als Täter, als Mörder beschrieben worden wäre. Ich habe bei keinem der Nachkriegs-Kriegs-Autoren das klare und unmissverständliche Eingeständnis gelesen: Ja, ich habe andere getötet, ja, ich habe geholfen, andere zu töten, ja, ich habe lachend einem Juden den Bart abgeschnitten, ja, ich habe Widerstandskämpfer exekutiert, in fremden Betten geschlafen! Sie stehen immer mittendrin und dennoch ganz weit daneben, diese Krieger wider Willen; so wie etwa Eugen Rapp, der autobiografisch-literarische Eins-zu-eins-Held von Hermann Lenz in dessen Roman *Neue Zeit*, auch er die Unschuld in Person, auch er ein hochsensibler, introvertierter Jüngling, der natürlich kein Nazi ist und trotzdem natürlich für Hitler in den Krieg zieht. Er symbolisiert wie keine andere Romanfigur die heuchlerische Selbststilisierung der Schriftstellersoldaten der jungen Bundesrepublik, denn er, der beste und geschickteste Schütze weit und breit, gibt in allen Schlachten und Kämpfen keinen einzigen Schuss ab, und als er dann von den Amerikanern gefangen genommen wird, sind die Patronen in seinem Gurt mit Grünspan überzogen, dem Grünspan seiner vermeintlichen Unberührtheit von Mord und Tat. Poetischer kann man sich kaum aus der Affäre ziehen – verlogener aber auch nicht.

Mit dem Krieg kam also die Lüge in unsere Literatur, und wer heute darüber streitet, ob die deutschen Autoren damals zu viel von ihren Fronterfahrungen berichteten und zu wenig von den Leiden der deutschen Zivilbevölkerung, der streitet am wirklichen Problem vorbei. Denn es spielt für einen echten, ehrlichen Schriftsteller keine Rolle, welchen Ausschnitt eines großen weltpolitischen Menschendramas er als Sujet für seinen Roman, für sein Stück wählt, um das große weltpolitische Menschendrama für immer in der Erinnerung und den Herzen seiner Leser zu verdichten. Wichtig ist nur, dass er beim Erzählen die Wahrheit und nichts als die Wahrheit sagt, die Wahrheit über die Guten und die Schlechten, über die Eigenen und die Fremden – und dadurch auch über seine persönliche Rolle in dem ganzen Scheißspiel.

So gesehen muss der ultimative, der alles erklärende und alles klärende Weltkrieg-II-Roman nicht unbedingt in den Schluchten der Ardennen, an den Öfen von Birkenau oder unter einer Horde endkampfbereiter, hitlerverliebter HJ-Jungen spielen. Er kann genauso die Geschichte der Verbrannten von Dresden, der Verjagten von Leitmeritz erzählen – wenn er nur stimmt, wenn die Gefühle und Handlungen seiner Figuren so rein, so widersprüchlich, so wertfrei geschildert werden, wie sie gewesen sind, wenn sein Verfasser nicht, ob nun aus echter Scham oder falscher Selbstentlastungsstrategie, um das, was wirklich war, einen riesigen Bogen macht.

Wie gesagt: Ich glaube nicht, dass es auch nur ein einziges solches ehrliches deutsches Kriegsbuch gibt, denn wenn es das gäbe, dann wäre es ganz automatisch Weltliteratur, und ich würde es kennen. Aber eigentlich könnte mir, der dies hier ein halbes Jahrhundert nach Hitlers Ende schreibt und der ohnehin die ganze schrecklich-schöne Wahrheit über den Zweiten Weltkrieg von Giorgio Bassani, Wassilij Grossman und Josef Škvorecký erfahren hat – eigentlich könnte mir das Fehlen eines solchen Buchs völlig egal sein, wenn ich nicht glauben würde, dass die wahre Katastrophe für die deutsche Nachkriegsliteratur gar nicht so sehr in den Lügen und dem Schweigen der seinerzeit ewig danebenstehenden Väter besteht, sondern darin, dass die Söhne schon bald von den Vätern das Lügen, das Schweigen und Danebenstehen gelernt haben.

Wer immer nämlich die deutsche Gegenwartsliteratur dafür kritisiert, dass die Wirklichkeit in ihr lauter blasse, farblose Schatten wirft, wer immer sich darüber beschwert, dass die Schriftsteller von heute vor lauter feinsinnigem, intellektuellem Weltekel und unaufrichtigem Selbstmitleid das Leben so verschlüsselt und gefühllos und ungenau beschreiben, dass man ihnen in ihre künstlichen Welten nicht folgen mag, wer immer erklärt, dass bei dieser Methode die Wahrheit auf der Strecke bleiben muss und damit auch die Literatur, hat natürlich recht – und vergisst zu sagen, dass die Autoren der Gegenwart diese unehrliche, unpersönliche, unliterarische Art des Schreibens selbst gar nicht erfunden haben. Denn das Versteckspiel mit der unverstellten Realität, das Heinrich Böll und seine Gruppe-47-Kameraden einst spielten, ist, wie sich rückblickend herausstellt, nichts anderes gewesen als das ästhetische Vorspiel zu dem romantischen Hakenschlagen, das Peter Handke, Botho Strauß, Thomas Hettche, Elfriede Jelinek und all die anderen Großeuphemisten dieser Jahre und Tage betreiben, wenn es darum geht, mehr zu tun, als die Eisblumen ihrer gewalttätigen Tagträume und verheulten Alpnächte auf die Fenstergläser der modernen Prosa zu hauchen.

Man muss sie ja fast schon dafür bewundern, weil sie es immer wieder schaffen, sich mit bedeutungsleeren Wortneuschöpfungen, weltabgewandten Akademismen und schwammigen Pauschalgefühlen aus der Gegenwart und somit auch aus ihrer eigenen, unmittelbaren Teilhabe an ihr herauszustehlen. Und man muss gleichzeitig sehen, dass es neben ihnen eine viel größere Gruppe ganz anderer, wohl noch verdrucksterer, verlogenerer Dichter in diesem Land gibt: Es sind jene, die zwar so tun, als würden sie mit klaren Worten Klarheit in das Leben ihrer Figuren und Leser bringen wollen, aber am Ende ebenfalls bloß danebenstehen und sich aus ihrer Wirklichkeit auf ihre Art genauso zu flüchten suchen wie ihre Soldatenväter.

Manche von ihnen tun es, indem sie, ohne jedes Risiko, für sie völlig fremde literarische Identitäten annehmen, wie Ingo Schulze zum Beispiel, der in einem falschen, aufgesetzten Mütterchen-Russland-Ton von Russen in Russland erzählt, wie Thomas Brussig, der Philip Roth so hilflos nacheifert wie Stefan Raab New Yorker Stand-up-Komikern, wie W. G. Sebald, dessen Worte nur dann halbwegs zu sich finden, wenn sie von jüdischen Emigranten geliehen sind. Andere wiederum tun es, indem sie, so wie Helmut Krausser, Patrick Süskind oder Christoph Ransmayr, vor der Gegenwart in eine Vergangenheit davonlaufen, die mal besser, mal schlechter erfunden ist, ihnen aber auf jeden Fall Schutz vor den Konflikten und Anwürfen der Zeit bietet, in der sie hier und jetzt mit ihren Freunden und Feinden leben. Und dann gibt es noch solche wie Thomas Meinecke, Benjamin von Stuckrad-Barre oder Andreas Neumeister: Sie glauben, dass der, der in der Schönen Neuen Welt des angelsächsischen Pop um Asyl nachgesucht hat, mit dem Deutschland von heute – und gestern – nichts mehr zu tun haben muss und deshalb für deutsche Fehler, deutsche Steifheit, deutsche Geschichtslosigkeit nicht verfolgt und haftbar gemacht werden kann.

Lüge, alles nur Lüge, und wer lügen will, sollte Wunderpillen auf Jahrmärkten verkaufen, aber nicht Schriftsteller sein. Doch habe ich das nicht schon gesagt? Ja, und ich habe auch gesagt, wie sicher ich mir bin, dass die Handkes, die Ransmayrs und die Meineckes sich zu ihrem bewusst kalkulierten Rückzug aus der Wirklichkeit – die nur ein anderes Wort für Wahrheit ist – von ihren literarischen Vätern inspirieren ließen. Was ich allerdings noch nicht gesagt habe, ist, warum sie es taten, und so genau weiß ich das auch gar nicht. Ich weiß nur, dass gute Literatur die Menschen besser macht, gerade solche, die eines Tages selbst Romane schreiben werden, und wer als Schüler, als Student in den Lügenbüchern seiner Väter liest, wird später garantiert kein guter Mensch und erst recht kein guter Schriftsteller sein.

Und genau darum also wird er es dann nicht schaffen, das alles erklärende, alles klärende Buch über APO, über RAF, über Stasi, über alte Bonner Nazis und neue Berliner Chauvinisten hinzuzaubern, denn er wird es immer vermeiden, die Wahrheit über seine eigene Verstrickung in diese Dinge, über die er nur deshalb schreibt, weil er sie kennt und sie ihn beschäftigen, preiszugeben, so wie einst die Schriftstellersoldaten, als sie Abertausende Seiten um ihre eigenen Taten herumschrieben. Und er wird auch sonst in seinen Formulierungen, seinen Beschreibungen, seiner Erzählstrategie ganz vage und unbestimmt bleiben, denn wer vage und unbestimmt ist, den kann man weder moralisch noch literarisch zur Rechenschaft ziehen. Vielleicht sind ja darum alle 68er-Romane, die ich kenne, lauter banale, unverbindliche Liebesgeschichten, vielleicht ist deshalb die DDR-Bewältigungsprosa so wabrig und flüchtig wie die Wolke, die gerade vor meinem Fenster über den Himmel zieht.

Schlechte Menschen haben keine Bücher. Schlechte Menschen führen immer nur Krieg – gegen andere Menschen oder gegen die Literatur.

(1998)

Die unfriedliche Revolution

Wenn wir nicht aufpassen, wird Ostdeutschland noch unser Gaza, unser Afghanistan, unser Vietnam! Wenn wir Westdeutschen uns nicht so schnell wie möglich von dort wieder zurückziehen, werden wir zwischen Schwedt und Chemnitz ganz umsonst noch sehr viel mehr Geld und Nerven verlieren als bisher – und vor allem unsere moralische Integrität. Denn die Ossis wollen uns schon lange nicht mehr haben, zumindest nicht zu unseren Bedingungen. Sie hassen uns so abgrundtief, wie nur ein besetztes Volk den Okkupanten hasst. Und so sehr sie sich von uns kurz nach ihrer geschenkten Revolution die Lösung all ihrer Probleme erhofft hatten, so sehr halten sie uns jetzt für ihr einziges Problem. Warum? Weil wir sie in zehn Jahren mit so viel Geld zugeschissen haben, wie sie auch in tausend Jahren DDR in volkseigenen Betrieben nicht zusammengestohlen hätten? Weil wir uns bei ihnen tatsächlich oft genug so aufführen wie Kaiser Wilhelms Afrikafahrer in Deutsch-Südwest? Weil der ganze ORB-MDR-*Superillu*-Mediendreck, den wir explizit für sie produzieren, denselben Verblödungsfaktor hat wie der böse, alte DDR-Agitprop? Oder einfach nur, weil wir uns bis heute besser anziehen als sie?

Warum auch immer. Jedenfalls formiert sich schon seit Jahren ein ostdeutscher Widerstand gegen alles, was aus dem Westen kommt und nicht für Geld zu haben ist, eine wütende, guerillahafte Résistance, die vom Westen noch gar nicht wirklich wahrgenommen worden ist – was vielleicht damit zusammenhängt, dass es ein bisschen wie beim Malen nach Zahlen ist: Nur wenn man alle Punkte verbindet, erkennt man das ganze Bild.

Plumpe, bescheuerte DDR-Nostalgie ist einer dieser Punkte, also Partys mit Club-Cola, FDJ-Uniformen und Ingo-Dubinski-Doppelgängern sowie ein mantramäßig heruntergebetetes

Lob einer Zeit, als es im Osten angeblich noch keine Kriminalität gab (wahrscheinlich, weil die ganze DDR sowieso ein einziger Knast war) und man nicht arbeitslos werden konnte (wie auch, es hat ja ohnehin keiner gearbeitet). Ein weiterer Punkt des diffusen Ostkampf-Bildes ist die ewig beleidigte, mürrische, dünnlippige Art, mit der Ossis Westdeutschen im Alltag begegnen, eine verletzende psychologische Waffe, geführt von Leuten, deren Gespräche untereinander – fühlen sie sich mal von uns nicht beobachtet – immer ein einziges verliebtes Geschmuse und Gegurre sind.

Jüngere, hitzigere Ossi-Partisanen setzen dagegen eher auf körperliche Gewalt und demolieren inzwischen immer häufiger die Autos und Häuser zugezogener Westdeutscher oder noch lieber auf dem Pausenhof deren Kinder. Es sind in der Regel dieselben Jung-Ossis, deren rasierte Köpfe eine Art Uniform der ostdeutschen Befreiungsarmee darstellen – und die logischerweise ein ganz explizites Verhältnis zu Ausländern, Schwulen, Obdachlosen und anderen Juden haben. Auch das muss man erst einmal den meisten Westdeutschen klarmachen, damit sie es sehen: Wenn die Nazis von Rostock und Sebnitz auf Ausländer einprügeln, meinen sie gar nicht so sehr die Ausländer, sie meinen uns Westdeutsche, sie meinen unser westlich-liberales, kosmopolitisches Weltbild. Sie schlagen da rein, wo sie glauben, dass es uns am meisten weh tut, sie terrorisieren und töten die Schwächsten unseres Systems und hoffen, uns auf diese Weise so lange mürbe zu machen, bis sie uns los sind. Es ist praktisch dasselbe, wie wenn man Bomben vor Tel Aviver Clubs zündet oder katholische Schulkinder in Belfast mir Brandsätzen bewirft.

Das Bild rundet sich, richtig? Nein, noch nicht ganz. Letzter, zentraler Punkt, der in unserem Politmalheft eingezeichnet werden muss, damit die allegorische Figur des hasserfüllten Ossi-Partisanen vor den Augen auch der blindesten, wohlmeinendsten Westdeutschen offen zu Tage tritt, ist natürlich die PDS, der unbewaffnete Arm der ostdeutschen Separatistenbewegung, die offenbar von einer einzigen Idee zusammengehalten wird: Abgrenzung gegen alles, was Westen ist. Sie ist dabei keinesfalls die Partei der Ewiggestrigen, wie die meisten unserer ewiggestrigen Politkommentatoren meinen. Sie ist die Partei einer ostdeutschen Zukunft, in der Ossiland wieder den Ossis allein gehört und von ihnen allein regiert wird. Wäre es nicht so, würde sie wohl kaum Wahl für Wahl immer mehr Stimmen bekommen. Sie würde im Gegenteil im selben Tempo an Bedeutung verlieren wie nach dem Krieg die Parteien und Gruppierungen der alten Nazis und Vertriebenen. Ins Umfragen-Latein übersetzt, heißt das: Die Hälfte der Abspalt-Ossis hält in strammer SED-Tradition die scheinsozialistische PDS für eine kraftvolle Partei mit einer großen politischen Perspektive, zwei Drittel von ihnen sagen, nur mit der PDS könnten sie ihre Interessen durchsetzen. Spricht und denkt man so über einen dahinsiechenden Veteranenverein?

Aber was haben die Ossis nun wirklich gegen uns? Will man diese Frage ernsthaft beantworten, muss man zuerst bestimmen, wer und wie die Ossis überhaupt sind. Sie sind, das gleich vorweg, die einzigen klassischen Deutschen, die es noch gibt, abgesehen von ein paar vergessenen, harmlosen Amish-Leuten vielleicht oder den Banater Schwaben. Das hat viele Gründe, und einer davon lautet, dass dort, wo sie leben, immer nur – mit Ausnahme von ein paar chaotischen Weimarer Jahren – der autoritäre preußische Terror regiert hat, von der Kaiserzeit über das Dritte Reich bis zu Honeckers Ende. Die Jetzt-Ossis und ihre Vorfahren kannten also bis vor kurzem nichts anderes als bedingungsloses Gehorchen, Dienen und Herumkriechen vor der Obrigkeit. Sie lebten in dem Bewusstsein, dass der Einzelne gar nichts ist, die Masse aber, in der er brav und kommentarlos aufzugehen hat, alles. Und sie dankten der Obrigkeit, die seit jeher ihr Leben organisierte, normierte und pulverisierte, mit Passivität und Duckmäusertum und Ordnungswahn, den höchsten aller preußischen Untugenden.

Aber auch sonst war der Staat, in dem die Ossis groß wurden, ein sehr deutscher Staat: Alte Nazis wurden schneller in neue Kommunisten verwandelt, als alte Genossen weggesäubert wurden; mit der NDPD wurde nicht mehr und nicht weniger als eine Nachfolgepartei der NSDAP gegründet, so was wie die braune Schwester der heutigen PDS; den Holocaust leugnete man, indem man ihn schlichtweg den Westdeutschen in die Schuhe schob; und Zionismus war laut SED-Übereinkunft nur ein anderes Wort für jüdische Weltverschwörung.

Am deutschesten war die DDR aber dort, wo es sie gar nicht gab: In den Köpfen ihrer Bewohner, in ihren Träumen. All ihrem Duckmäusertum zum Trotz sehnten sie sich nach einem Leben in der totalen Konsumfreiheit, diesem Leben, das die Deutschen auf der anderen Seite der Mauer so selbstverständlich hatten. Darum wollten sie die Wiedervereinigung, darum ganz allein, und ihre Gier nach Westjeans und D-Mark machte sie so sehr zu glühenden Patrioten, dass sie am Ende wirklich glaubten, ihr Heil liege in der Lösung der nationalen Frage und nicht im Erkennen und Verinnerlichen der entrückten Schönheit westdeutscher Verfassungsprosa.

1989 wurde darum auch das Jahr der Wahrheit. 1989 sahen die Ossis uns Westdeutschen ins Gesicht, und was sie da sahen, gefiel ihnen nicht. Davon abgesehen, dass wir menschlich genau solche Arschlöcher waren wie sie und nicht gerade in Jubel darüber ausbrachen, unser Geld und Glück mit ihnen teilen zu müssen, war etwas an uns, das sie vollkommen irritierte: Wir waren so undeutsch. Alliierte Presseoffiziere, 1968 und der ewige Pop-Wahnsinn haben aus uns für deutsche Verhältnisse verdammt selbstsichere Menschen gemacht, die Demokratie lieben, Autoritäten hassen, das Kollektiv – früher

Volksgemeinschaft genannt – verachten, dafür aber das Individuum anbeten und die so undeutsche Verantwortung für sich selbst.

Das konnte den letzten Echtdeutschen dieses Planeten natürlich nicht gefallen. Es hat sie, ohne dass sie es zuerst selbst gemerkt hätten, immer wütender gemacht, und weil es ihnen wegen des Beitritt-Arschtritts sowieso ziemlich dreckig ging, waren sie schon bald wie alle Menschen froh, sich in Zeiten der eigenen Krise mit ein bisschen Rassismus bei Stimmung zu halten. Inzwischen hassen sie uns aber nicht einfach nur so vor sich hin. Wir sind längst ihre Juden und Neger geworden. Wir sind an all ihrem Unglück schuld, sie aber, mal wieder, nur die Opfer irgendeiner bösen, kapitalistischen, westlichen Konspiration. So denken sie, so fühlen sie, egal ob als junge Skins oder alte PDS-Tanten, sie träumen wieder oder immer noch von einem starken Staat, der alles für sie bestimmt und regelt, einem sehr deutschen, sozial-nationalistischen Gleichmacher-Staat, der das Gegenteil von diesem freiheitsfixierten Berliner Multikulti-Debattierpuff hier wäre. Und darum sind sie auch davon überzeugt, sie müssten zunächst uns undeutsches Wessipack loswerden, zusammen mit unseren ganzen Hippies und Schwulen und Ausländern, dann käme für sie die Rettung ganz von selbst.

Wenn nicht für sie – für uns auf jeden Fall. Denn natürlich müssen wir so schnell wie möglich aus Ossiland verschwinden. Wir dürfen nicht so lange warten wie die Amerikaner in Vietnam oder die Russen in Afghanistan, denn so ein langer, zermürbender Krieg gegen eine fast unsichtbare Guerilla-Armee lässt sich nicht gewinnen. Außerdem aber, und das ist viel schlimmer, demoralisiert eine solche aussichtslose Endlos-Auseinandersetzung die eigenen Truppen, das eigene Hinterland. Ganz im Ernst: Je länger wir uns mit den klassisch deutschen Ansichten, Forderungen und Zumutungen der Ossis herumschlagen werden, desto mehr werden – wie das immer so ist zwischen Feinden – ihre Ideen auf uns abfärben. Der Vergiftungsprozess ist doch längst im Gange! Oder ist Ihnen noch nicht aufgefallen, wie sich die einst so mutige, auf Selbstbestimmung versessene westdeutsche Zivilgesellschaft im Laufe der letzten zehn, zwölf Jahre immer mehr von echtdeutscher Untertanenfeigheit, von temperamentlosem Opportunismus und wütendem Gleichmacherterror beherrschen lässt? Haben Sie nicht gemerkt, wie unser geistiges Leben in einer Art unsichtbarem Gleichschaltungsprozess neuerdings zusehends uniformer, konformer, chloroformer wird? Wundert es Sie nicht, dass – seit die Deutsch-Ossis unter uns sind – die lächerliche und vergessene Frage, was deutsch ist und warum einem deshalb einer abgehen sollte, wieder zum festen Repertoire eines lauen Bundespräsidenten ebenso gehört wie dem eines altersstarren *Spiegel*-Herausgebers oder eines durchschnittlich halbdebilen *ran*-Moderators?

Zeit zu handeln also, Zeit zu gehen. Denn wer zu spät geht, den kriegen die Deutschen.

(2001)

Deutsche deprimierende Republik

Nie werden wir wissen, wie das Deutschland der Westdeutschen ohne das große, kalte Jahr 1989 geworden wäre. Wir wissen aber, wie es ist. Es ist, von damals aus betrachtet, ein Land, in dem es die seltsamsten Dinge gibt. Zum Beispiel die respektierte Moderatorin Maybrit Illner, früher SED, heute ZDF, die sagt: »Ich bin Exilantin eines Landes, das nicht mehr existiert.« Es gibt die erfolgreichen Volksbühnen-Inszenierungen von Frank Castorf, deren verrätselter, sinnfreier Kassiberstil aus der Zeit stammt, als Castorf DDR-Regisseur in Anklam war und nur dann Theater machen konnte, wenn der Zensor, und mit ihm das Publikum, nichts verstand. Es gibt alle paar Wochen eine Folge *Polizeiruf 110*, noch bedrückender und biederer als jeder *Tatort*, von der SED Anfang der 70er in Auftrag gegeben, um die Westkrimisucht der Ostdeutschen zu heilen. Und es gibt eine ewig zögernde, ängstliche, immer nur auf die Schwächen ihrer Feinde und Freunde lauernde Kanzlerin, die in den alten DDR-Angsttagen FDJ-Sekretärin für Propaganda und Agitation war und heute sagt: »Es ist eine Illusion zu glauben, dass die Bevölkerung sich eine moralisch erhabene politische Klasse wünscht, die völlig anders als sie selbst ist.«

Wenn Angela Merkel damit recht hat, dann hat sich bei uns seit dem großen, kalten Jahr 1989 etwas geändert. Früher, als »wir« und »sie« noch in getrennten Staaten lebten, erwarteten wir Westdeutschen sehr viel von den Politikern – und wann immer wir von deren Lügen, Machtsucht und Durchschnittlichkeit enttäuscht wurden, versuchten wir, unsere Wut auf sie in langwierigen Politikverdrossenheitsdebatten wegzudiskutieren. »Sie«, die Ostdeutschen, waren aber schon immer der Meinung, dass alle Politiker Gangster sind und bleiben, und da sie seit 1933 nur von Leuten wie Hitler, Dönitz, Ulbricht und Honecker regiert wurden, kann man das fast verstehen. Was man nicht verstehen kann, ist die tatsächlich ziemlich gangstermäßige Lässigkeit, mit der unsere Politiker seit 1989 dafür gesorgt haben, dass der Osten Osten bleiben und unsere einst so libertäre, offene, unnationalistische Gesellschaft mit seiner Osthaftigkeit vergiften durfte.

Das neueste deutsche Malheur fing damit an, dass die Revolution von 1989 keine war. Die Gegner des Westens und der Demokratie, die SED-Ober-, Mittel- und Unter-Chefs, die Staatssicherheits-Berijas und ihre willigen Helfer landeten, bis auf lächerlich wenige Ausnahmen, nicht vor Richtern und in Gefängnissen. Stattdessen saßen sie mit Schäubles grauen Aktentaschenmännern, den wahren Gestaltern der deutschen Einigung, an runden Tischen, und einer von ihnen, der unsaubere Herr Modrow, blieb bis 1990 Ministerpräsident der DDR. Ein anderer wurde Landesvater von Brandenburg und später einer von Schröders Ministern. So kamen das Gift, die Lüge, die Heuchelei und die Linkspartei in die deutsche Politik, und wer sagt, man muss die Sache pragmatisch sehen, ist nicht pragmatisch genug. Denn Menschen, die Einfluss haben, hinterlassen Spuren – in Akten, in Gesetzentwürfen, in den Köpfen und Handlungen anderer Menschen.

Es müssen natürlich nicht immer nur die Postbolschewiken sein. Helmut Kohl, der Second-Hand-Bismarck, hatte nichts dagegen, dass die Mitglieder der SED-gesteuerten Ost-CDU die West-CDU verstärkten und ihm die schnelle Macht im Osten sicherten. Darum wiederholte er jahrelang, ohne auf die stilbildenden Folgen seiner Sätze zu achten, er sei, wäre er in der DDR aufgewachsen, genauso ein Mitläufer und Mitmacher geworden. Und genau deshalb wollte er alle, wirklich alle Stasi-Akten vernichten lassen, was nur nicht gelang, weil ein paar lang- und grauhaarige Ex-Dissidenten im richtigen CNN-Moment die Stasi-Zentrale besetzten, und sie zu verjagen, wäre schon sehr SED gewesen. Und noch 1994 bereute er, vom allgemeinen

Amnesie- und Amnestierausch ergriffen, dass den alten NVA-Soldaten ihre Dienstgrade aberkannt wurden.

Helmut Kohls Mitläufer- und Verzeihmelodie verfolgt mich seit fast zwanzig Jahren – und die Frage, was sie mit Leuten macht, die sie hören. Sie singen sie mit. Als Rudolf Scharping, der Second-Hand-Kohl, 1994 versuchte, Bundeskanzler zu werden, sagte er, er wisse absolut nicht, wie er sich in der DDR verhalten hätte, kurzum, er wäre wohl auch ein schweigender, duldender, privatisierender Hasenfuß geworden. Egon Bahr – der liebe Ostverträge-Bahr – verlangte gleich einen großen, dicken, schwarzen Schlussstrich, »wie in Spanien nach der Franco-Diktatur«, und den haben er und das neue Deutschland spätestens 2006 bekommen, als mit jedem Sieg der deutschen Mannschaft während der Fußball-WM die Erinnerung an jeden SED-Gesetzesbruch und jede Stasi-Daumenschraube vom Tsunami eines nationalen Orgasmus weggeschwemmt wurde.

Das alles wiederum machte der stalinhaft-klammheimlichen Kohl-Killerin Merkel Mut, und sie erklärte plötzlich immer öfter, immer lauter, immer schamloser: »Ich war keine Heldin. Ich habe mich angepasst.« In einer Rezension von Jana Hensels Buch *Zonenkinder*, der traurigen Geschichte der lustigen Ostdeutschen im neuesten Deutschland, ging Angela Merkel sogar noch weiter. Sie machte aus ihrer Vergangenheit ihre und unsere Gegenwart. Sie schrieb, die stilbildenden Folgen dieses Satzes genau einkalkulierend, sie »halte die Regeln, die sich die Zonenkinder auferlegten, für absolut praktikabel: Nichts sagen, Mund halten, alles andere führt zu Chaos.« Eine solche Extrem-Untertanin darf jetzt also das Drehbuch von sechzig Millionen westdeutschen Leben umschreiben.

Mitläufertum und Vergesslichkeit stecken an, gerade in Deutschland, gerade im neuen Deutschland. Damit meine ich nicht nur, dass es nie eine ostdeutsche Vergangenheitsbewältigungsdebatte gab, in ihrer Radikalität vergleichbar mit der

Aufräumaktion, die die West-68er unter ihren Nazi-Eltern veranstalteten – aber auch. Scham, Hass, Wut auf das gute alte Untertanenspiel? Nein, eher das Gegenteil. Plötzlich singen sie alle Kohls Lied, Ost- und Westdeutsche, immer lauter und immer fröhlicher, und sie sind dabei so stolz wie polnische Solidarność-Veteranen und israelische Hagana-Kämpfer.

Florian Henckel von Donnersmarck, der Regisseur von *Das Leben der Anderen*, dieser süßlichen Story eines lieben Stasi-Mannes, bewundert den Idealismus der Stasi-Profis und kann sich »gut vorstellen«, dass er ebenfalls einer geworden wäre. Auch Bernd Runge, länger als zehn Jahre der Gordon Gekko von Condé Nast Deutschland und vorher ostdeutscher Karriere-Journalist, lobt die Vertreter der Staatssicherheit, die ihn als Mitarbeiter anwarben, als »gereifte, kluge Männer«, und meint, er könne sich nach wie vor »im Spiegel ohne große Gewissensbisse anschauen« – wahrscheinlich deshalb, weil von den seit 1989 lediglich 234 Stasi-Angeklagten nur ein Einziger in den Knast musste. Und Uwe Tellkamp, alles andere als ein Stasi-Sympathisant, dessen *One Hit Wonder*-Roman *Der Turm* davon handelt, wie die Überreste des wilhelminischen Bildungsbürgertums in der DDR so taten, als gebe es Goethe, Stützkorsette für Männer und den Kaiser noch, wofür es dann natürlich sofort den Deutschen Buchpreis gab – Tellkamp summt zuerst in einem Interview mit einer Westzeitung Kohls und Runges Melodie mit: »Wer weiß, wie wir gewesen wären …« Und als er dann von einer Ostzeitung gefragt wird, wie viel Opportunismus er seinem Sohn empfehlen werde, flüstert er den sowjetzonalen Refrain: »Druck ist manchmal nötig und das Setzen von Grenzen auch.«

Warum, Mama, erinnert mich das alles immerzu an das Gerede und Geraune der Halb-, Ganz- und Fast-Nazis eine Stunde nach der Stunde null? Warum, Papa, sind wir nicht 1968 nach dem Einmarsch der Russen in Prag nach Amerika emigriert?

Weil die Bonner Republik damals das so ziemlich coolste, freieste Land der Welt war, Sohn.

Was ist in Ur-Deutschland genauso ansteckend wie Opportunismus? Übersteigerter, komplexbeladener, unrepublikanischer Nationalismus, genau. Zur Erinnerung: Bei den Leipziger Montagsdemonstrationen im Herbst 1989 skandierten die Demonstranten monatelang: »Wir sind das Volk!« Damit wollten sie sagen, dass sie und nicht mehr die SED-Bosse bestimmen sollten, wie das Leben zu sein habe. Kaum waren die SED-Bosse von diesem Satz überzeugt, so überzeugt, dass sie nach Jahrzehnten das Gefängnis DDR aufsperrten, brüllten die Leipziger: »Wir sind ein Volk!« Und was wollten sie damit sagen? Dass sie »unser« Geld, »unsere« Freiheit, »unsere« Bücher wollten – aber sie wollten sie zu »ihren« chauvinistischen Bedingungen, Stichwort: fünfzig Jahre Hitler-Nationalismus und Honecker-Preußentum. Sie haben dann alles gekriegt, alles was sie wollten, weil unsere Bosse ihnen das aus machiavellistischer Berechnung zustanden und wir sie bei diesem durchsichtigen Wählerstimmen-Monopoly nicht aufhielten, also das Geld, die Bücher und ein Deutschland, das gar nicht mehr cool ist. Und das im Zentrum seiner neuen Hauptstadt das Hohenzollernhorrorschloss originalgetreu nachbauen wird, die steingewordene Peitsche, mit der deutsche Aristokraten und Offiziere einst ihre Pferde und Untertanen auspeitschten. Warum nicht gleich Albert Speers Germaniakuppel mit einer überlebensgroßen Statue von Rosa Luxemburg davor?

Das Vierte Reich ist es natürlich nicht geworden. Aber es ist ein Land, in dem ein SPD-Vorsitzender amerikanische Banker mit Heuschrecken gleichsetzt, wie einst die NS-Propaganda Juden mit Ratten, ohne dass er geteert und gefedert wird. Intellektuelle, Halbintellektuelle und Wir-sind-ein-Volk-Normalos erklären Gaza zum neuen Auschwitz, und kein Staatsanwalt jagt sie wegen Volksverhetzung. Der ehemalige Sozialdemokrat Grass macht aus seiner ewig verschwiegenen Waffen-SS-Mitgliedschaft eine merkelhafte Ich-musste-mitmachen-Opfernummer, der ewige Antisemit Thomas Mann ist der neue Goethe, vergessen sind die tollen, klugen, idealistischen Geschwister Scholl. Die neuen deutschen Helden sind jetzt die Aristokraten-Nazis vom 20. Juli, denen Hitler nicht rechts genug war. Dass die Berliner Nomenklatura gleichzeitig mit dummem, leerem Agitprop Geschichtskult betreibt, macht die Sache nicht besser, sondern schlechter: Die Jungen hören bei diesem SED-mäßig ritualisierten Holocaust-Rap schon lange nicht mehr zu. Sie haben eigene Lieder. In denen kommen oft Deutsche sehr gut und Türken und Juden sehr schlecht weg.

Nein, man kann nicht alles, was heute an Deutschland nervt, auf den lähmenden Einfluss der xenophoben, deutschnationalen, provinziellen, für immer bolschewisierten Duckmäuser-Ossis zurückführen. Aber vieles, sehr vieles. Dass inzwischen bei uns wieder der Kapitalismus nicht das kluge Gesicht von Karl Schiller trägt, sondern angeblich die Fratze des Yankees mit der großen jüdischen Nase, ist auf die Propaganda einer einzigen Partei zurückzuführen, die sich Die Linke nennt. Davor hieß sie übrigens PDS, davor SED, davor KPD, und die wollte die echten Lenin-Bolschewiken in Deutschland an die Macht bringen. Der aktuelle Chef-Linke Lafontaine war übrigens in nicht ganz wiedervereinigten Zeiten SPD-Kanzlerkandidat und kämpfte bis zur Erschöpfung gegen die Wiedervereinigung und die damit verbundene wirtschaftliche und moralische Ossifizierung Westdeutschlands. Heute findet er, dass die anderen Parteien »Menschenrechtsfragen wichtigtuerisch instrumentalisieren«, und »im Zentrum der Sozialismusdebatte« stehen für ihn »Machtkontrolle und Steigerung der Produktivität«. So redet nur einer, der kein Gehirn mehr zum Denken hat. Oder der vom Ossi-Vampir gebissen wurde.

Wer wurde noch von ihm gebissen? Die so ahnungslosen wie reichen Kunstsammler aus München und Düsseldorf, die Hunderttausende von Euro für den sozialistischen Realismus der Neuen Leipziger Schule ausgeben, deren humorlose deutsche Kälte Oskar Kokoschkas Hand für immer gefrieren ließe. Gebissen wurden die eleganten Alleswisser von Berlin-Mitte, die sich in ihren kühl renovierten Wohnungen an der Karl-Marx-Allee der menschenverkleinernden Ästhetik des Architekturstalinismus hingeben. Und einen besonders tiefen Biss bekamen die Moderatoren von Radio 1 ab, die neulich ihre Hörer fragten, wie die schwarze amerikanische Ehrenbürgerin von Magdeburg heiße, die im bösen Amerika wegen ihrer Kommunismustreue ins Gefängnis musste. Dann bedankte sich auch schon Angela Davis im O-Ton bei der Jugend der DDR, dann sangen irgendwelche FDJ-Spatzen einen Pro-Angela-Davis-Gitarren-Lagerfeuerdreck, und dann kam *Divine* von Sébastien Tellier.

»In Ost und West gibt es eine neue Mentalität bis weit in die Mittelschicht hinein, dass man staatliche Leistungen mitnimmt, wo man sie kriegen kann.« Das sagt der Ex-Kanzler Gerhard Schröder, und er, der Aufsteiger aus der untersten sozialen Schicht, weiß, dass es früher bei »uns« nicht so war. Ist das Allesnehmen und Ständigjammern aber schon der übelste Aspekt der Ossifizierung? Noch unappetitlicher und folgenreicher ist das langsame, alles vergiftende Verschwinden des Ich, des Individuums und seiner Schönheit aus dem gesellschaftlichen Diskurs.

Der Einzelne, der in Deutschland nie besonders viel zählte, aber in der coolen BRD noch am meisten, was die zu jenem einmaligen deutschen Staat in der langen Geschichte der deutschen Staaten machte, zählt fast nichts mehr. Gut gehen soll es nur noch der Gemeinschaft, die in der DDR Kollektiv hieß, diesem grauen, amorphen Konstrukt, das von der Obrigkeit besonders einfach gesteuert werden kann. Wer er selbst ist und bleiben will, wer in einer Partei, einem Verlag, einer Bank eine eigene Idee entwickeln und verfolgen will, wer nicht jeden Tag mit den Kollegen zum Mittagessen geht, wer in seinen Leitartikeln grundsätzlich die Welt der anderen in Frage stellt, wer nicht für das Sparen von Energie, für Urlaub in Thailand und für die deutsche Fußball-, Handball- und Eishockeymannschaft ist, gehört nicht dazu, der steht außerhalb, der wird nicht angehört, der bekommt Depressionen oder Fernweh. Und wer mir das nicht glaubt, soll einfach mal wieder aufmerksamer ins Zeugnis seines Kindes schauen. Dort steht in der Rubrik Betragen, was dort lange nicht mehr stand: Ob sein Kind gut oder schlecht in der Gemeinschaft funktioniert, ob es sich anständig anpasst, ob sein Verhalten gut für den Rest der Truppe ist, und nicht, ob es klug oder witzig oder eine Nervensäge oder was auch immer ist. »Du glaubst wohl, du bist was Besseres!« Dieses protestantische, preußische, sozialistische Unterdrückungsmotto ist das neue, alte Leitmotiv der ganzdeutschen Pädagogen geworden. Wo kommt es her? Wieso haben »wir« Westdeutschen es vor '89 nie gehört? Und was für Erwachsene werden aus Kindern gemacht, die sich das ständig anhören müssen? Solche, denen man sagen kann, was sie tun sollen – und sie tun es.

Als im Mai 1991 Jürgen Habermas in einem großen, klugen, traurigen *Zeit*-Essay den sechzig Millionen Westdeutschen zu erklären versuchte, warum sie wissen sollten, was mit ihnen passieren wird, wenn sie sich auf siebzehn Millionen Ostdeutsche und deren Ideen, Taten, Erinnerungen, Lebenstechniken einlassen, als er sie vor all dem warnte, was ich gerade zu beschreiben versuchte, wurde er ausgelacht und beschimpft. Inzwischen wird ein aufgeklärter Republikaner wie Habermas nicht einmal mehr gehasst, er ist so vergessen wie alle Jahrgänge des *Kursbuchs*, und die, deren Ikone er lange war, beten jetzt George, Heidegger, Jünger oder schon wieder Marx an.

Im Mai 1991 schrieb der verschwundene, wie von einer nationalbolschewistischen Todesschwadron entführte Habermas unter anderem: »Die politische Kultur besteht aus einem verletzbaren Geflecht von Mentalitäten und Überzeugungen, die nicht durch administrative Maßnahmen erzeugt oder auch nur gesteuert werden können.« Und: »Das Selbstverständnis, das politische Selbstbewusstsein einer Nation von Staatsbürgern bildet sich nur im Medium öffentlicher Kommunikation.« Er hatte vollkommen recht.

Zeit, die Kommunikation wieder so zu bestimmen, dass aus den verosteten Wessis die vernünftigen, unnationalistischen Leute werden, die sie mal waren. Und wenn »wir« dann wieder okay sind, machen wir »sie«, die Ossis, bestimmt auch zu besseren Menschen. Denn sie selbst schaffen es aus eigener Kraft nicht. Oder kann sich hier wirklich jemand ein ostdeutsches '68 vorstellen?

(2009)

Letzte Ausfahrt Uckermark

Seit der Vertreibung der Juden aus der deutschen Literatur durch die Nationalsozialisten waren die deutschen Schriftsteller, Kritiker und Verleger jahrzehntelang fast nur noch unter sich. Natürlich konnte man nach 1945 Echos der intellektuell und literarisch fruchtbaren Vorkriegszeit hören, die bis ins 19. Jahrhundert zurückreichte. Emigranten und Verfolgte wie Peter Weiss, Elias Canetti und Marcel Reich-Ranicki schrieben Romane und Kritiken, die vom deutschen Publikum gelesen und oft auch ernst genommen wurden. Aber nur solange diese Autoren lebten und aktiv waren, spielte ihre – sehr jüdische – Art, scharf zu denken, präzise zu fühlen und kosmopolitisch zu leben, in unserer geistigen Welt eine Rolle. Als Reich-Ranicki im September 2013 starb, endete endgültig das Experiment »deutsch-jüdische Symbiose«, dieser hundert Jahre währende Versuch, im romantischen Krähwinkel Deutschland eine neue Tradition des Realismus – literarisch und politisch – zu etablieren. »Einen wie ihn werden wir nicht wiedersehen«, stand in einem der ersten Nachrufe auf ihn, und das klang nicht nur traurig.

Die Abwesenheit der jüdischen Ruhestörer tut unserer Literatur nicht gut, sie wird immer selbstbezogener, dadurch kraftloser und provinzieller. Eine Weile sah es so aus, als hätten die Frauen und Männer der Gruppe 47 diese dramatische Lücke schließen können. Aber wer will heute auch nur einen ihrer früher so berühmten Romane lesen? Nach Johnson und den anderen kam die müde Innerlichkeitsprosa von Handke und Strauß, danach verstopften die irrelevanten Sprachexperimente der Retro-Avantgardisten die Feuilletonspalten und Bücherregale. Und seit mehr als einem Jahrzehnt prägt der sozrealistische Formalismus des Leipziger Literaturinstituts den narzisstischen und literarisch völlig folgenlosen Geschmack von

Kritikern und Germanisten, deren Urteilen kein Leser oder Buchhändler noch glaubt. In anderen Worten: die deutsche Literatur ist wie der todkranke Patient, der aufgehört hat, zum Arzt zu gehen, aber allen erzählt, dass es ihm gut geht.

Während unsere Literatur stirbt, erneuert sich die Gesellschaft so radikal, als lebten wir in den Tagen der Völkerwanderung. Über sieben Millionen Menschen mit einem ausländischen Pass wohnen inzwischen in Deutschland, weitere zwölf Millionen stammen aus Familien von Einwanderern. In der Öffentlichkeit begegnen sie uns bis jetzt meist als domestizierte SPD-Politiker oder Gewerkschaftsfunktionäre, als verzweifelte und trotzige Hip-Hop-Millionäre oder als exaltierte Reality-Schauspieler im Privatfernsehen – als selbstbewusste Intellektuelle und Schriftsteller treten sie immer noch viel zu selten in Erscheinung. Wie kommt das? An ihrer Zahl kann es nicht liegen, denn es werden jedes Jahr immer mehr Bücher deutschsprachiger Autoren veröffentlicht, deren Eltern nicht in Deutschland geboren sind, ja, manche von ihnen sind sogar erst als Kinder und Jugendliche hierhergekommen. Und trotzdem kann man bis heute nicht von einer neuen literarischen Bewegung sprechen, was nur den überrascht, der glaubt, Deutschland sei kulturell ein genauso offenes Land wie die USA, England oder Israel.

Bis heute trudeln Romane und Erzählungen von Jasmin Ramadan, Navid Kermani oder Ann Cotten durch das Meer der Frühjahrs- und Herbstneuerscheinungen wie alle anderen Bücher. Sie werden ebenfalls manchmal kurz nach oben gespült, wahrgenommen und verschwinden danach für immer. Das liegt unter anderem daran, dass diese Schriftsteller sich sehr früh – oft schon in ihrem Debüt, das normalerweise das weit offene Fenster zur Biografie eines jeden Autors ist – der herrschenden Ästhetik und Themenwahl anpassen. Auch sie entscheiden sich wie ihre deutschen Kollegen sprachlich meist für den kalten, leeren Suhrkamp-Ton oder für den reservierten Präsensstil eines ARD-Fernsehspiel-Drehbuchs. Und auch ihre Helden sind relativ unglückliche, gesichtslose Großstadtbewohner mit nichtssagenden Nullerjahre-Vornamen, mit Liebes- und Arbeitsproblemen, ohne Selbstbewusstsein und festes Einkommen, dafür fest im Griff von Facebook, Clubwahn und HBO. Aber dass sie – die Autoren – selbst in einer Umgebung leben, die ihren Eltern und ihnen bei aller alltäglichen Gewohnheit ein Leben lang fremd bleiben wird; dass sie hier mal verhöhnt, mal verhätschelt, jedoch nie als Gleichberechtigte und willkommene Veränderer behandelt werden; dass das hormoniesüchtige, postnazistische und vereinte Deutschland von ihnen noch mehr als von jedem seiner indigenen Künstler und Bürger erwartet, dass er sich an den deprimierenden, pseudoliberalen Angela-Merkel-Konsens anpasst – von all dem steht kaum etwas in ihren Büchern. Und sogar wenn sie – wie zum Beispiel Marjana Gaponenko oder Zsuzsa Bánk – ihre Immigrantenbiografien in ihren Texten durchscheinen lassen, sind die nie der Ausgangspunkt eines Konflikts der handelnden Figuren ihrer Romane, sondern fast immer nur Folklore oder szenische Beilage.

Viele – sehr viele – der Autoren, von denen ich spreche, haben für genau diese Art von Onkel-Tom-Literatur den Adelbert-von-Chamisso-Preis bekommen. Dieser Preis, der anfangs vor allem für schreibende Gastarbeiter gedacht war, ist eine große Gemeinheit. Er wird ausdrücklich solchen Schriftstellern verliehen, die früher kein Deutsch konnten, es jetzt aber so gut beherrschen, dass sie es – während Hölderlin ihnen die Sinne vernebelt und Thomas Mann die Hand führt – schaffen, ein ganzes Buch oder auch zwei oder drei in dieser für sie neuen Sprache zu schreiben. Statt Zensuren wie im Deutschunterricht gibt es hier ein paar Tausend Euro, aber sonst ist alles mehr oder weniger wie in der Schule – in der Integrationsschule. Die Noten kriegt man nicht bloß für Grammatik und Stil, man bekommt sie auch fürs Betragen. »Die Chamisso-Preisträger sind nicht nur hervorragende Vertreter der deutschsprachigen Gegenwartsliteratur«, erklärt die Robert Bosch Stiftung, die den Preis vergibt, »sondern haben auch eine wichtige Vorbild- und Vermittlungsfunktion.« Vorbildfunktion bei was? Beim Anpassen? Beim Selbstverleugnen? Beim Liebsein? Jeder zweite türkische oder kurdische Rapper ohne Realschulabschluss beschreibt die Realität von Nichtdeutschen in dem dunklen, einfachen Land hinter dem Limes direkter, wahrer und damit poetischer als die Jungen und Mädchen aus der Chamisso-Besserungsanstalt. Aber ein Rapper will ja auch nicht in Klagenfurt lesen, er will nicht im Literarischen Colloquium am Wannsee Durs Grünbein spielen oder auf die Buchpreis-Shortlist kommen. Er will erstens Geld verdienen, zweitens die ihn nervenden Deutschen zurücknerven und drittens vor allem der bleiben, der er ist: kein Ausländer mehr, aber auch noch kein Deutscher.

Der Druck, dem deutsche Schriftsteller mit nichtdeutschen Wurzeln ausgesetzt sind, ist nichts für Schwächlinge. Als Saša Stanišić' erster grandioser, weil universell verständlicher Roman über das Lieben, Leben und Töten im Bosnien der 90er Jahre erschien, musste sich Stanišić von vielen unserer Kritiker anhören, das alles sei zu verspielt, zu kitschig, na ja, eben irgendwie zu orientalisch. Wenn er über den Krieg schreiben wolle, solle er sich etwas anderes einfallen lassen als Ironie und einen Ich-Erzähler, der auf Oskar Matzerath mache, das – so stand es irgendwo nicht besonders unauffällig zwischen den Zeilen – könne und dürfe nur der Größte Günter Grass aller Zeiten. Inzwischen ist *Wie der Soldat das Grammofon repariert* aus dem Deutschen in 27 Sprachen übersetzt, Stanišić ist in den USA und England einer der Stars der neuen Weltliteratur wie Junot Díaz oder Jhumpa Lahiri – doch sein neuer Roman spielt in einem Dorf in der Uckermark, unter ehemaligen Ossis, von denen Stanišić so viel versteht wie seine Kritiker vom jugoslawischen Bürgerkrieg, vor dem er mit vierzehn Jahren nach Deutschland fliehen musste. Ist dieser radikale, antibiografische Themenwechsel nur Zufall? Hat den ehemaligen Leipziger Literaturstudenten Saša Stanišić der Mut verlassen? Ist es ihm wichtiger, als Neudeutscher über Urdeutsche zu schreiben als über Leute wie sich selbst?

Wer – umgekehrt – genau das macht, was man von einem braven Neubürger erwartet, wird von der Rezensions-Nomenklatura auf Händen getragen. Wie sehr wurde Feridun Zaimoglu für seinen bekanntesten Roman *Leyla* gelobt – und wie vergiftet waren die schönen Worte! Die Geschichte einer jungen Türkin, die dem Terror ihres bösartigen, heuchlerischen, frauenfeindlichen Vaters ausgerechnet nach Deutschland entkommt, war ein Genuss für jeden Deutschen, der seinen Rassismus hinter einer scheinlinken Islamkritik versteckt. Einer von ihnen warnte in einer großen *Leyla*-Hymne zuerst vor den Gefahren, die »von diesen Leuten« für unsere Gesellschaft ausgehen, vor »ihrer Kultur und den Geboten ihrer Religion«. Dann redete er ein bisschen über den Roman. Dann sagte er, der Roman beschreibe nur das, wovor Botho Strauß uns schon immer gewarnt habe – und nannte Feridun Zaimoglu vor lauter nationaler Begeisterung gleich zweimal ein gelungenes Beispiel für Integration. Hat sich Zaimoglu, als er das damals gelesen hat, wie ein Kollaborateur gefühlt? Ich bin sicher.

Noch mal: Warum hat sich bis heute der Chor der vielen nichtdeutschen Schriftsteller nicht zu einer einzigen lauten Stimme vereinigt? Wo bleibt die große Welle, die alles Bestehende kurz einmal wegspült und die Sicht auf etwas Neues freigibt? Warum fällt meiner Lieblingsbuchhändlerin zuerst gar kein Autor ein, wenn ich sie nach Immigrantenliteratur frage, und dann ausgerechnet Zaimoglu? Natürlich liegt das daran, dass die – wenn man so will – gesellschaftlichen und intellektuellen Produktionsmittel nach wie vor in den Händen der Autochthonen liegen. Kritiker, aber auch Verleger, Lektoren und Buchhändler sind zu 90 Prozent Deutsche. Sie, als echte oder habituelle Christen, als Kinder der Suhrkamp-Kultur und Enkel von halbwegs umerzogenen Nazisoldaten, bestimmen, was gedruckt wird und wie. Sie sagen, was bei Hugendubel, Thalia und Dussmann auf die alles entscheidenden Verkaufstische kommt, sie zahlen die Vorschüsse, sie verleihen die Preise, sie laden als Verleger zum Abendessen ein. Und da muss man dann, wie gesagt, schon sehr stark sein, um sich dieser stillen, raffinierten Machtmaschine mit ihrer repressiven Toleranz zu widersetzen – und um das zu schreiben, was man wirklich schreiben kann und will. Aber was sonst sollte man auch als Schriftsteller tun?

Der Filmregisseur Fatih Akin ist sehr stark. Wenn er einen Film dreht, denkt er nicht darüber nach, was die Deutschen dazu sagen könnten. Aber auch die Meinung der ganz normalen Türken, Griechen oder Serben ist ihm egal. Er beschreibt das Leben von Ausländern der ersten und zweiten Generation, wie es wirklich ist – als hart, wild, gemein, kritisch, verlogen, sexy und unwiderstehlich. Sie sind bei ihm, dem deutschen Scorsese, keine Engel – aber sie taugen auch nie als Beweis dafür, dass der Islam böse ist und alle Südländer ungebildete Untermenschen sind. War sein berühmtester Film *Gegen die Wand* eine Liebesstory, eine Migrantengeschichte oder ein Psychodrama? Alles zusammen – und vor allem das Porträt von Leuten, die deshalb so traurig und durcheinander sind, weil sie nicht wissen, wo ihr Zuhause ist: in dem Land, wo sie geboren wurden und aufwuchsen, oder in der falschen und bösen Märchenwelt der Eltern. Als Fatih Akin für *Gegen die Wand* den Goldenen Bären bekam, schrieben einige unserer Filmkritiker mit der rechten Hand, wie toll sie das fänden, die

Linke ballten sie dabei aber in der Tasche vor Wut, weil kein richtiger deutscher Deutscher die Berlinale gewonnen hatte. Großartig! Etwas Besseres kann man sich als Künstler nicht wünschen, denn ohne Widerstand, egal ob offen oder versteckt, kann man gar nicht mit der nächsten großen und hoffentlich noch besseren Arbeit beginnen.

Ich kenne keinen Roman wie *Gegen die Wand.* Natürlich erscheinen ab und zu auch Bücher nichtdeutscher Autoren, in denen das Fremde und Andere die Hauptrolle spielt. Aber das sind, wie bei Jagoda Marinić, Melinda Nadj Abonji oder Selim Özdoğan meist nur süße, naive Gastarbeitergeschichten. Da ist eine große Familie, das sind die Alten, die noch nicht richtig Deutsch können, und die leicht verwilderten Jungen, die sie auf die gute alte Art respektieren. Es riecht nach fremden Gewürzen und zu starkem Parfum, und meistens fährt einer der Jungen am Ende des Romans für ein paar Tage ins Dorf seiner Eltern, dort irrt er ein bisschen herum, und danach ist alles wie vorher. Mit solchen Geschichten bringt man nicht das literarische Leben Deutschlands in Bewegung und durcheinander. Es sind freundliche, manchmal leicht traurige Postkarten ihrer Absender an sich selbst, vorne ist ein Bild der Hagia Sophia oder der Strandpromenade von Dubrovnik, und hinten steht: »Viele Grüße aus dem Urlaub in der alten Heimat. Das Wetter ist gut, aber die Züge fahren leider nicht pünktlich.«

Und was heißt es für mich, auf Deutsch zu schreiben? Ich selbst bin mit zwei Sprachen aufgewachsen, mit Russisch und Tschechisch, die ich bis heute spreche. Deutsch lernte ich erst als Zehnjähriger – wir kamen 1970 aus der ČSSR nach Deutschland –, und ich hatte zu dieser Sprache von Anfang an ein viel kühleres und pragmatischeres Verhältnis als zu meinen beiden Muttersprachen. Auf Deutsch will ich immer nur das sagen, was ich will, nicht weniger, aber auch nicht mehr, und das ist natürlich wahnsinnig viel. Darum habe ich, so ähnlich wie die alten Prager Deutschen, keine Zeit für Floskeln und Redewendungen. Ich mag hübsche Worte nicht, die keinen Sinn haben, außer eine unreflektierte Kultur- und Nationalzugehörigkeit zu signalisieren. Ich will mich nicht damit aufhalten, an eine mir fremde stilistische Tradition anzuknüpfen oder gegen sie zu rebellieren, ich kenne Schiller, Novalis oder Kleist nur vom Hörensagen. Wenn ich sagen will, dass ein Mann in eine Bar geht, dann sage ich das, nicht weniger und nicht mehr. Wenn das Meer blau ist, ist es blau, wenn eine Frau hässlich ist, ist sie hässlich, und wenn ein KZ-Überlebender andere KZ-Überlebende um ihre Wiedergutmachung betrügt, muss ich ehrlich und unverschlüsselt davon erzählen – so wie ich nicht verschweigen kann, dass für mich und meine literarischen Figuren, die fast nie Deutsche sind, dieses Land jedes Jahr weniger auszuhalten ist mit seinem depressiven *Tatort*-Kult, seinem Kinderhass, seinem schlechten Theater, mit seinem freundlichen Pass-dich-lieber-an-Rassismus, seinen ambivalenten Weltmachtreden und dem allgegenwärtigen Gesicht Hitlers, das man jeden Abend, aber wirklich jeden Abend irgendwo im Fernsehen sieht, und wer glaubt, das wäre Zufall, hat keine Ahnung von den Widersprüchen der deutschen Volkspsychologie. Hier, wo der Gemeinschaftswille alles bedeutet und das exzentrische Ich unter dauerndem Pathologieverdacht steht, hier, wo dieselbe stumme, repressive und aggressive Stille herrscht wie in Michael Hanekes Jahrhundertfilm *Das weiße Band*, ist längst wieder wie zu Kaisers Zeiten jeder Gedanke eine Uniform, jeder Satz klingt wie der andere, und etwas, das seit der Abwesenheit der Juden den Namen Diskurs ohnehin nicht wirklich verdient, regt sich nur, wenn jemand diese Große Koalition der sich gegenseitig belauernden Hausmeister, Sozialarbeiter und Blogger attackiert, also fast nie – oder wenn einer der Heuchler von den anderen Heuchlern mit einem Schweizer Konto erwischt wird.

Worauf ich hinauswill? Dass wir nichtdeutschen Schriftsteller deutscher Sprache endlich anfangen sollten, die Freiheit unserer Multilingualität und Fremdperspektive zu nutzen. Wir müssen aufhören, darüber nachzudenken, was wir tun und schreiben sollten, damit wir Applaus kriegen. Wir dürfen nie wieder den Shitstorm der deutschen Kulturvolksfront fürchten, wir müssen immer nur in den einfachsten Worten, die wir kennen, über die Menschen sprechen, wie sie wirklich sind, egal ob ihre Großeltern aus Antalya, Moskau oder Pforzheim kommen – und wenn wir eine gute Idee haben, wie wir erzählerisch und essayistisch den trüben deutschen Bloß-nicht-auffallen-Konsens attackieren könnten, kann das auch nicht schaden. Denn Wahrheit ist ein anderes Wort für Poesie, und der Schmerz, den sie beim Autor und bei den Lesern auslöst, verwandelt überhaupt erst die Worte in Literatur. Manche machen das natürlich längst, so wie Saša Stanišić in seinem ersten Roman, dessen ganz und gar unnaiver Subtext lautet: ohne Auschwitz keine Pogrome von Višegrad. Oder Sherko Fatah, der Sohn eines Kurden, geboren in Ostberlin. Er erzählt in seinem großartigen Roman *Weißes Land* die unglaubliche, böse, aber völlig authentische Geschichte eines jungen Irakers, der in den 30er Jahren als Leibwächter des antisemitischen Mufti von Jerusalem nach Berlin kommt, zur Waffen-SS geht und in die Schoah-Verbrechen verwickelt wird wie kaum ein Deutscher. Ist das ein Buch über damals oder über heute, über Araber, Juden oder Deutsche? Und auf ganz andere Art stark und unvergesslich ist Abbas Khiders trauriger, brutaler Roman *Die Orangen der Präsidenten*. Er handelt von einem jungen Mann, der – natürlich ohne Grund – in Saddam Husseins Gefängnissen landet, von den Wächtern monatelang gefoltert und ausgelacht wird und danach nie wieder er selbst wird. Khider, dem das Gleiche passiert ist, kam mit fast dreißig Jahren nach Deutschland, und wer einmal die schöne, brutale, ehrliche Welt seiner – deutschen! – Sätze betreten hat, will sie nie wieder verlassen, der klappt einen pseudoironischen Mosebach, eine eiskalte Kronauer oder einen vergeistigten Klein nach drei Seiten wieder gelangweilt zu.

Nein, es muss nicht jedes Mal eine Gastarbeiterkind-dreht-durch-Geschichte oder etwas mit Nazis sein. Es sollte aber immer eine Story sein, die voller Leben und Widersprüche ist – und die nicht die tausend anderen leblosen, unehrlichen, indirekten, in tyrannischer Deutschunterricht-Tradition erstarrten Geschichten imitiert, die in diesem Land seit Jahrzehnten gedruckt und rezensiert, aber nicht gelesen werden. Je mehr solcher wilder, ehrlicher, bis ins Mark ethnischer und authentischer Texte geschrieben und veröffentlicht werden würden, desto größer wäre das Publikum, das sie verstehen, lieben und sich mit ihnen beschäftigen würde. Bald gäbe es endlich Kritiker, die selbst nichtdeutscher Herkunft wären, Lektoren und Verleger, und langsam würden auch die deutschen Autoren anfangen, die Arbeit der Einwandererkinder ernst zu nehmen und sich von ihr – ästhetisch, dramaturgisch, inhaltlich – inspirieren zu lassen, so wie früher von den Juden. Und plötzlich wäre unsere Literatur kein sterbender Patient mehr, sondern so am Leben wie zuletzt in den 20er Jahren.

Die fast schon chronische Vitalität der amerikanischen Literatur hat ja genau damit zu tun, dass seit einer halben Ewigkeit immer wieder neue Immigranten das bestehende literarische Leben umgestürzt und neu errichtet hatten. Henry Roth stammte aus einer russisch-jüdischen Familie. Maeve Brennan war Irin. Und Junot Diaz' Eltern kamen aus der Dominikanischen Republik nach New York. Allein ohne diese drei und ihre ethnische Dickköpfigkeit, ihre ganz andere Sicht auf die neue Welt und die alten Lügen ihrer Eltern wäre die Literatur der USA eine andere – und die USA wären ohne sie ein ganz anderes, langweiligeres, weißeres Land.

Deutschland war bis jetzt immer sehr erfolgreich, wenn es darum ging, Einwanderer und Fremde bis zur Unkenntlichkeit ihrer eigenen Identität zu integrieren, so wie die Hugenotten und die Polen im Ruhrgebiet, oder sie zu bestehlen, zu verjagen und zu vernichten, so wie die Juden. Es wird Zeit, daran etwas zu ändern – warum also nicht mit Romanen, Stücken und Rezensionen? Ich kann mir weniger unterhaltsame Revolutionen vorstellen.

(2014)

Goodbye, Columbus

Als ich neulich im *Jerusalem Report* las, in Amerika sei seit einer halben Ewigkeit kein einziger anständiger jüdischer Roman mehr geschrieben worden, wurde ich für einen Moment schrecklich melancholisch, und ich lachte erst wieder, nachdem ich entdeckt hatte, dass die Autorin, die so fundiert und fanatisch diese Meinung vertrat, natürlich eine jüdisch-amerikanische Autorin war. Melancholisch blieb ich aber trotzdem. Ich blieb es, weil die Bücher, die ich seit Jahren so selbstverständlich und selbstvergessen lese, als wären sie keine Bücher, sondern Briefe von Freunden, natürlich von Saul Bellow stammen, von Mordecai Richler und Philip Roth.

Ihre Epoche soll nun also vorbei sein, denn der Konflikt, der für Jahrzehnte der Vater ihrer Geschichten war, ist bis auf weiteres gelöst: Dieser Konflikt von jüdischen Einwandererkindern, die sich auf ihrer Reise zu den Bildungs- und Finanzgipfeln der amerikanischen Gesellschaft immer wieder mit viel Humor und mit genauso viel Schmerz fragen mussten, ob sie noch Juden sind oder bereits Amerikaner, ob ihre Eltern sich in ihnen noch wiedererkennen oder ob ihnen das ohnehin längst egal ist – und ob sie vor allem bereit sind, die jahrtausendealten Erinnerungen und Gefühle ihres Volkes gegen die immer neuen Instant-Träume Amerikas einzutauschen. Für sie ist die Zeit der Fragen offenbar zu Ende, der Aufstieg geschafft, und die Schriftsteller, die heute den Amerikanern vom alles erklärenden Leben am Rand der Gewohnheiten erzählen, von kultureller Selbstaufgabe und sozialer Selbstsucht, sind die Söhne und Töchter von Schwarzen, von Chinesen und Kubanern. Nur wer nicht im Zentrum steht, wird von ihm sprechen können, und die Juden Amerikas sind längst Amerikas Mittelpunkt.

Genauso stand es im *Jerusalem Report* und genauso leuchtete es mir auch ein, und dass die junge Frau, die das schrieb, bislang selbst noch keinen einzigen Roman zustande gebracht hatte, der so stark, so vielsagend gewesen wäre, dass er mich im fernen Deutschland erreicht hätte, bestätigte ihre eigene These nur. Aber, um ehrlich zu sein, ich kenne auch sonst keine jungen jüdischen Schriftsteller aus den USA, über die es sich zu sprechen lohnen würde, und wenn es sie doch gibt, dann sind sie bestenfalls die Chronisten einer sehr weißen, sehr neurotischen, sehr konsumistischen Vorortgesellschaft, also einer ziemlich beliebigen Gruppe von Leuten, an denen einzig ihre Nachnamen noch jüdisch sind.

Juden, die schreiben, gibt es, so gesehen, natürlich überall auf der Welt, in Russland, in Argentinien, in Frankreich. Aber wo sind die jüdischen Schriftsteller? Wo leben, wo arbeiten sie noch? In Deutschland, wo sonst – genau dort also, wo es sie am allerwenigsten geben dürfte, wäre es einst nach dem Willen der Nazis gegangen und würde es heute nach dem Willen der meisten Juden auf der ganzen Welt gehen, denen ein Jude in Deutschland genauso deplatziert vorkommt wie ein Rabbiner im Bordell. Ich meine natürlich ein Pfarrer.

Dass man als Jude in Deutschland nicht leben und schreiben sollte, ist logischerweise gleich der erste und triftigste Grund dafür, warum man ausgerechnet als Jude in Deutschland besonders bewusst jüdisch lebt und schreibt. Doch der dadurch entstehende Rechtfertigungsdruck vor sich selbst und vor allen andern ist nicht der einzige Konflikt, aus dem sich die so kräftige, erinnerungssüchtige und sehr, sehr jüdische Literatur von Autoren wie Barbara Honigmann und Leo Sucharewicz, von Robert Menasse und Doron Rabinovici nahezu zwangsläufig ergibt, der ihre Kreativität herausfordert und antreibt. Da ist noch etwas anderes – da ist eine gesellschaftliche und kulturelle Bewegung im Bewusstsein und Handeln der deutschen und österreichischen Juden, die jener der amerikanischen Juden genau entgegenläuft. Denn bereits am Ende des 19. Jahrhunderts, wenn man es ganz genau nimmt, als die ersten und damals noch sehr wenigen Juden zu begreifen begannen, dass es nichts werden würde mit ihrer totalen Anpassung an die Deutschen, setzte die allmähliche, sich anfangs vor allem in zionistischen Kreisen manifestierende Absonderung der Juden von der deutschen Gesellschaft ein. Diese Absonderung wurde jedes Mal noch etwas heftiger und eindeutiger, wenn ein weiterer antisemitischer Nackenschlag ein paar mehr von ihnen daran erinnerte, dass Anpassung das falsche Rezept war zum Glücklichsein. Deutlicher als Hitler hat es ihnen dann keiner gesagt, und darum ist spätestens seit Birkenau jedem Juden, der in Deutschland lebt, klar, dass er nicht im Zentrum, nicht im Mittelpunkt und schon gar nicht auf einem der Gipfel der deutschen Gesellschaft etwas verloren hat, sondern bestenfalls an ihrem Rand. Dass man von dort aus als Schriftsteller am hellsichtigsten aufs Leben sieht und davon erzählt, habe ich vorhin schon gesagt, und ich wiederhole es nur, damit jeder amerikanisch-jüdische Autor, der diese Zeilen liest, zum ersten Mal in seinem Leben auf uns Juden in Deutschland ein bisschen neidisch wird.

Früher war es genau andersherum. Früher hat einer wie ich die Amerikaner beneidet. Damals, ich war Anfang zwanzig und hatte gerade erst ein paar Erzählungen geschrieben, von denen einige niemals fertig geworden waren, dafür aber alle von Figuren bevölkert wurden, die immer nur die literarisch toten Ideenträger meiner grafomanen Sehnsüchte blieben, weshalb sie mich selbst am allermeisten langweilten – damals fiel mir zum ersten Mal das Buch eines amerikanischen Juden in die Hand. Es war *Goodbye, Columbus* von Philip Roth, und als ich damit fertig war, hatte ich begriffen, dass jeder darüber schreiben muss, was ihm am nächsten ist, damit sich gerade jene, die ihm am fremdesten sind, voller Neugier seinen Geschichten zuwenden.

So kam ich also zu den Juden in meiner Literatur – und vor allem zu der Illusion, dass die Absonderung von den Nichtjuden ausgerechnet dadurch, dass ich sie als Schriftsteller besonders klar und selbstbewusst beschreiben würde, für mich als Menschen sofort alles Stickige und Erstickende verlieren würde. Wie ich darauf kam? Ich schätze, weil in Philip Roths Vorwort zu *Goodbye, Columbus*, das er im April 1962 explizit für die deutsche Ausgabe schrieb, auch dieser Satz stand: »Wäre ich 1933 als Jude in Deutschland zur Welt gekommen und bis zum heutigen Tag am Leben geblieben, so würde ich die böswilligen unter meinen Lesern mehr fürchten, als ich es tue; aber ich wurde 1933 in Newark, New Jersey, geboren, und aus der Zuversicht heraus, die ich diesem Umstand verdanke, schrieb ich meine Erzählungen.«

Ich wollte die Zuversicht von Philip Roth haben. Auch ich wollte über meine eigenen Leute so schreiben, wie es mir gefiel, zornig und liebevoll, hasserfüllt und ergeben. Ich wollte nicht mehr der ewige Insasse einer pseudomoralischen Quarantäne sein, die nach dem Krieg in Deutschland von Tätern und Opfern in der seltsamsten Allianz, die es je gegeben hatte, gemeinsam errichtet wurde. Aber ich hatte natürlich etwas verwechselt. Ich hatte nicht daran gedacht, dass ich für mich fälschlicherweise jene Normalität voraussetzte, in die einer wie Philip Roth bereits mehr oder weniger hineingeboren worden war – ein Emigrantenkind und Jude zwar so wie ich, dessen Lebensweg aber nicht, was er selbst genau wusste, vom nahen und ständigen Echo tosender Kriegs- und Mordgeschichten begleitet wurde wie der eines jeden jungen deutschen Juden, sondern eher von der fast naiven Frage, in wie vielen Jahren wohl der erste jüdische Präsident die Vereinigten Staaten regieren wird. Während er sich ganz automatisch immer weiter auf die amerikanische Gesellschaft zubewegen konnte, musste ich mich von der deutschen Gesellschaft ebenso automatisch entfernen.

Jetzt, natürlich, weiß ich: Mein Irrtum war das Beste, was mir hätte passieren können, und nicht viel anders wird es Robert Menasse, Doron Rabinovici oder Barbara Honigmann gegangen sein. Die Freiheit, wirklich ehrlich mit sich selbst umzugehen, haben wir nicht wie die amerikanisch-jüdischen Autoren mit einer schleichenden, stumm machenden kulturellen Assimilation bezahlen müssen, nicht mit literarischer Auszehrung. Im Gegenteil sogar: Die Offenheit und Besessenheit, mit der wir, anders als sie, so direkt und aufdringlich wie möglich von Juden und Jüdischem sprechen können und müssen, von jüdischer Gegenwart und deutscher Vergangenheit, beschenkt uns nämlich zum einen ständig mit neuen Ideen und Plots – und ist zum anderen ein Hinweis darauf, dass der so unglaublich kreative Prozess der Absonderung der Juden von den Deutschen noch lange nicht abgeschlossen ist, dass es also ein Land auf diesem Globus gibt, in dem noch eine ganze Weile eine originäre, selbstbestimmte jüdische Literatur entstehen wird. Das andere Land, übrigens, in dem die jüdische Literatur ebenfalls gerade zu Kräften kommt, heißt nicht zufällig Israel, das ja, ähnlich wie Deutschland, auch ein Ort jüdischer Trotzigkeit, Enttäuschung und Eigenheit ist.

Eine Frage noch? Bitte. Warum ich glaube, dass es eine jüdische Literatur überhaupt geben muss? Das ist doch ganz einfach: Weil ich meine Mutter und meinen Vater liebe, genauso wie sie sind, und weil ich will, dass die Welt sich an sie auch genauso für immer erinnert.

(1995)

Der Gott Holocaust und seine falschen Jünger

Wann immer ein deutscher Intellektueller eine scharfe Rechtsthese hinlegt oder einem Politiker ein Satz herausrutscht, der so nicht in seinem Redemanuskript stand, klingelt bei mir danach wochenlang das Telefon. Lieber Biller, säuselt es mir unentwegt aus dem Hörer entgegen, wollen Sie nicht etwas zur allerneuesten Großdebatte sagen? Was fühlen Sie, wenn Rudolf Kalkstein behauptet, die Juden seien am Holocaust selber schuld? Darf man Ariel Reich-Scharonicki mit seinen eigenen Büchern erschlagen? Ist Guido Möllemann der neue Mussolini – und ist das wirklich so schlimm?

Natürlich gebe ich auf solche Fragen nie Antworten. Nicht nur, weil unsere Redaktionen zurzeit so schlecht zahlen – sondern auch, weil die Fragen mir als Juden gestellt werden. Und ich als Jude bin der Meinung, die Deutschen haben wie alle anderen Menschen Köpfe zum Denken. Die sollen sie sich selbst darüber zerbrechen, wenn sie herausfinden möchten, ob Israel ein Nachfolgestaat des Dritten Reichs ist oder Frank Schirrmacher das Recht gehabt hätte, Martin Walser vor allen Augen zu vierteilen, statt ihn bloß zu kreuzigen. Wenn etwas richtig ist, ist es richtig; und wenn etwas falsch ist, ist es falsch. Das können Deutsche auch ohne jüdische Hilfestellung erkennen, da bin ich mir sicher. Man muss schließlich nicht überfahren worden sein, um zu wissen, wie ein Auto funktioniert.

Aber da ist noch etwas anderes, was mich an dem Ritual »Deutsche fragen, Juden antworten« so nervt. Ich will nämlich in Deutschland kein Jude sein. Ich, ausgerechnet ich. Ich, der stolzeste Jude weit und breit, der schon als Kind gedacht hatte, was scheren mich die Antisemiten, die glauben doch an Gespenster, und soweit ich weiß, ist kein einziger Jude, den ich kenne, eins. Trotzdem spiele ich auf meine Art mit den Deutschen das klassische Judenspiel. Ich reagiere mit meinen Gedanken und Gefühlen automatisch auf ihre Gedanken und Gefühle, wenn es um den jüdisch-historischen Komplex geht. Ich tue so, als sei es das Problem der Deutschen, dass ich Jude bin, nicht meins, mache Witze über sie, beschimpfe sie, ignoriere grinsend Rabbi-Biller-Anfragen ihrer Redaktionen – aber tief drin denke ich ernst, nehmt mich doch endlich als Menschen wahr, nicht als Juden. Womit ich, nicht anders als Heine, Tucholsky oder Kreisky, der Gefangene der selten nachlassenden deutschen Judenobsession bin.

Ich habe das noch nie zugegeben, nicht einmal vor mir selbst. Und ich habe mich auch noch nie gefragt, warum ich in Deutschland kein Jude sein will. Wenn ich aber jetzt, während des großen Walser-Möllemann-Festivals, endlich einmal darüber nachdenke, weiß ich sofort, woher das kommt – und wann es angefangen hat. Das war nämlich nicht immer so. Natürlich, damals in den 70ern, als ich sechzehn, siebzehn war und lauter linke Scheißfreunde hatte, die jedes einzelne Kernkraftwerk genauso gern aus der Welt gebombt hätten wie Franz Josef Strauß, die ZDF-Hitparade und den Staat Israel, hätte ich auch schon ein blödes Gefühl haben können. Doch das hatte ich nicht, und zwar zu Recht. Zu der Zeit war ganz Deutschland – bis auf ein paar zittrige Altnazis und einige junge, dialektikversessene K-Grüppler – froh, nach Jahrzehnten der kollektiven Grübelei endlich begriffen zu haben, dass die Deutschen mit den Juden auch ein wenig sich selbst ermordet hatten. Das war eine gute und kluge Einsicht, denn sie befreite vom echten und vom eingebildeten Schuldgefühl; sie schärfte den eigenen Sinn für Menschenrechte und Demokratie; sie ließ die Zukunft, bliebe sie schuldfrei, licht und fröhlich erscheinen; sie machte Deutschland angenehm.

Was aber wird oft aus klugen, allgemeingültigen, sinnstiftenden Gedanken? Sinnentleerte und herrschsüchtige Ideologie. Der neue Deutsche war schon bald allein dann ein guter

Deutscher, wenn er sich rituell zu der großen Schuld bekannte. Gewerkschafter, Schauspieler, Politiker, Autoren – sie alle mussten und wollten regelmäßig den Gott Holocaust anrufen, denn nur das gab ihnen die Kraft, in allen anderen politischen und moralischen Fragen stark und standfest und anständig zu sein. Das wiederum war sehr schwach und sehr dumm von ihnen – und leider merkten es fast nur die Halunken.

Der Marsch der Halunken begann Mitte der 80er Jahre, und jeder, der den Rest dieses Textes verstehen will, muss jetzt die Geduld aufbringen für einen kleinen Geschichtsexkurs. Der erste Halunke hieß Günther Rühle und war Intendant des Frankfurter Schauspiels. Er beschloss, Fassbinders Stück *Der Müll, die Stadt und der Tod* – das sich übrigens gegen Shakespeares ekligen *Kaufmann von Venedig* als zweiter *Nathan der Weise* ausnimmt – der Öffentlichkeit gleichzeitig als antisemitisch und als inszenierungswürdig zu verkaufen. Schon bebte das Vergangenheitsbewältigungs-Establishment, forderte reflexhaft die Absage der Uraufführung – und das demokratische Nachkriegsdeutschland lief zum ersten Mal in die Falle der kalkulierten Groß- und Rechtsdebatte. Die geht so: Irgendjemand sagt irgendwas, das irgendwie gegen die Grundsätze der Staatsreligion Holocaust verstößt, alle regen sich furchtbar aufgeregt auf, und wenn das vorbei ist, meinen wieder ein paar mehr, man habe sich lange genug von den Juden und ihren amerikanisierten Demokratenfreunden in den falschen Tempel locken lassen. Als Erkenntnis für jeden der neuen, befreiten Rechten natürlich sehr aufregend.

Nach diesem Muster ging es seit dem Fassbinder-Theater immer weiter. Nach Rühle kam 1986 der Historiker Ernst Nolte, der in der FAZ schrieb, Hitlers Schoah sei nur die konsequente Reaktion auf den roten Terror der Bolschewiken gewesen und darum halb so schlimm. Wieder Erdbeben, wieder Totaldiskurs, wieder Risse im *Political Correctness*-System.

Dann war Botho Strauß dran, 1993 im *Spiegel.* Dort erklärte er – so pompös layoutet wie sonst nur Augstein – in georgeschem Gestus und noltehafter Argumentation, das ritualhafte Anzünden von Türken und Vietnamesen durch Neonazis hätten in Wahrheit die alten Linken mit ihren hohlen Anti-Nazi-Ritualen und ihrer undeutschen Geschichtslosigkeit zu verantworten. Erneut machte es rums im Holocaust-Karton.

Als Nächstes gab Martin Walser – der damals schon gegenüber jüdischer Kritik nur eliminatorische Verachtung übrighatte – 1998 in der Frankfurter Paulskirche die Halunkenrolle. Juden und Demokraten, brüllte er, Finger weg vom Holocaust-Gedenken, das gehört nur uns, den wahrhaft empfindenden und gedenkenden Gemütsdeutschen. Worauf die Juden und Demokraten genauso laut zurückbrüllten, und am Ende gab es wieder ein paar weniger von ihnen, ich meine natürlich von den Demokraten.

Im Sommer 2000 schließlich beschenkte der hysterische amerikanische Jude Norman Finkelstein die Halunken mit seiner These vom Weltjudentum, das sich am schlechten Gewissen der Deutschen bereichere, und erweiterte den Halunken-Wortschatz um den Begriff »Holocaust-Industrie«. Zwei Jahre später beweinte der Schriftsteller Günter Grass, der, glaube ich, mal den Nobelpreis bekommen hat, das Leid der deutschen Kriegsvertriebenen, so als ob sie es nicht verdient hätten. Und dann kamen auch schon Möllemanns rhetorisches Friedman-Attentat und Walsers literarischer Reich-Ranicki-Mordversuch.

Dazwischen gab es noch die eine oder andere kleine Großdebatte: Der Alt-Grüne Hans-Christian Ströbele meinte, die Israelis würden Saddam Husseins Giftgasraketen verdienen; der CDU-Präsidentschaftskandidat Steffen Heitmann empfahl einen lockeren Umgang mit der deutschen Geschichte, als wäre sie eine Frau; dem blassen Friedrich Merz rutschte zur eigenen Überraschung das kräftige Wort von der deutschen Leitkultur aus; CDU-Generalsekretär Laurenz Meyer erklärte in Skin-Deutsch, er sei stolz, ein Deutscher zu sein. Und jedes Mal – Ende der Geschichtsstunde – drehten wieder alle genauso durch, aber nur die rechten Halunken durchschauten das Prinzip der von ihnen angezettelten Großdebatte.

Denn das eigentliche Ziel rechter intellektueller Diskursangriffe sind nicht so sehr die Juden oder der anständige Umgang der guten Deutschen mit ihrer schlechten Geschichte. Das Ziel der Halunken ist das demokratische, aufgeklärte, sozialkapitalistische System an sich, entstanden irgendwann zwischen der ersten Kabinettssitzung Konrad Adenauers und dem letzten SDS-Kongress. Und weil dieses längst zur Ideologie erstarrte System inzwischen sein ganzes Selbstverständnis und Selbstbewusstsein nur noch aus einem mantramäßigen Holocaust-Schuldbekenntnis bezieht, haben die Halunken erkannt, dass sie eben doch die Juden, egal ob tot oder lebendig, schlagen müssen, damit sie die Demokraten treffen. Da passt es genau ins Bild, dass sich einerseits die Demokraten mit dem Holocaust-Denkmal ins Herz ihrer Hauptstadt den monumentalen Tempel ihrer Staatsreligion hinbauen – und die Halunken andererseits dagegen mit einer Hysterie ankämpfen, als stünden hinter der Donau schon wieder die Türken.

Begreifen Sie jetzt, warum ich in Deutschland kein Jude sein will? Können Sie nachvollziehen, wie wenig Lust ich habe, dass auf meinem jüdischen Rücken deutsche Links-Rechts-Kämpfe ausgetragen werden? Und sagen Sie jetzt bloß nicht, ich könnte mich auf die Seite der Linken und Echt-Liberalen stellen, die seien doch schließlich auf meiner Seite. Denn das sind sie ja eben nicht, weil auch für sie ihr Verhältnis zu Juden bloß Mittel zum Zweck ist – und ich sie dafür genauso hasse und verachte wie die rechten Halunken. Außerdem haben die linken Halunken – und damit betrete ich für ein paar Absätze einen Argumentationsweg, auf dem auch die Rechtsmilizen Möllemann, Westerwelle und Walser marschieren – tatsächlich eine Gesellschaft errichtet, die zuweilen einer Orwell-Diktatur mehr ähnelt als einer aufgeklärten und sich darum stets erneuernden Demokratie.

Es ist natürlich eine sehr unauffällige Diktatur, und sie ist insofern modern und schon wieder beinahe demokratisch, weil in ihr jeder ein bisschen selbst Diktator sein darf. Also jeder, um genau zu sein, der purer Durchschnitt ist: der nur ein bisschen Talent hat und bloß nicht zu viel; der nie seinen Job, seine Position oder eine Freundschaft für einen neuen, klugen, radikalen Gedanken opfern würde; der nichts mehr hasst als Individualismus. All diese kleinen unmoralischen Moralisten und Leistungsroboter überwachen einander effektiver und verbissener, als es je eine Gestapo oder Stasi vermocht hätte, denn sie persönlich wollen ja auf keinen Fall, dass jemand den Konformisten-Konsens ihrer Scheindemokratie durchbricht und eventuell durch eine innovative und darum auch immer riskante Idee ihre Gedanken oder – schlimmer noch – ihre Bankkonten durcheinanderbringt. Diese selbst eingesetzten Politkommissare sitzen überall, in Universitäten, IT-Firmen, Parteien und Zeitungsredaktionen, und verhindern – ohne dass sie sich je abgesprochen hätten – durch aggressive Apathie und klammheimliche Hierarchen-Entscheidungen jede Neuerung. Man erkennt sie leicht daran, dass sie, wenn man ihnen genau das vorwirft, so tun, als wüssten sie nicht, wovon man spricht. Oder einem erklären, man habe Wahnvorstellungen.

Wer aber nicht glaubt, dass man Wahnvorstellungen hat, wer sich also mit mir wundert, warum in Deutschland die Wirtschaft ähnlich vital ist wie die in Albanien vor Enver Hodschas Abgang; wer nicht versteht, wieso unsere Wissenschaftler ihre Hirnzellen im Schneckentempo in Gang bringen; wer erstaunt jeden Tag unsere Zeitungen liest und sich fragt, wo seit Jahren die elektrisierenden Artikel bleiben, die die Welt nicht beschreiben, sondern verändern wollen; wer fassungslos den identischen Reden der Politiker zuhört und in ihre wie geklonten Gesichter blickt – der sollte endlich begreifen, dass das ewige bundesrepublikanische Holocaust-Mantra wahrscheinlich die Mutter aller deutschen Gedankenträgheit und Charakterschwäche ist. So wie 1968 Deutschland aus dem offenen, historischen Schuldeingeständnis die Energie zum Aufbruch in ein neues, aufregendes, fortschrittliches Leben bezog, versteckt es sich heute dahinter wie ein kommunistischer Mitläufer hinter einem Rosa-Luxemburg-Plakat.

Von der Schuld-Routine lernen heißt verlieren lernen, das ist das Lebensmotto der reaktionären deutschen Mitte von heute, und das freut keinen so sehr wie die rechten Halunken. Sie sehen genau, dass die Konsensdiktatur davon lebt und daran siecht, dass alle ständig das Gleiche denken, ohne auch nur einen ihrer Gedanken begründen zu können. Juden bringt man nicht um, Schwarze hasst man nicht, Schuhe kauft man nur bei Prada und Todd's, guten Urlaub macht man nur in Thailand oder auf Mallorca, die absolute Wahrheit erfährt man nur von Enzensberger und Reich-Ranicki, Vorgesetzten widerspricht man nicht, alle Opas sind Nazis und Frauenhäuser super. So denkt es Tag und Nacht in dem linken Halunken, und der rechte Halunke muss dann nur von Zeit zu Zeit ausrufen: Du bist dumm, deine Gedanken sind hohl, dein ganzes System ist nichts wert – und darum hol mir jetzt noch mehr Protestwähler!

Zeit, den Argumentationspfad der Walserianer und Möllemannisten wieder zu verlassen – und sich Guido Westerwelle zuzuwenden, dem größten aller rechten Halunken. Gegen ihn ist sogar ein rhetorischer Amokwestfale wie Jürgen W. Möllemann ein Ehrenmann, denn der glaubt, was er sagt, und folgt schon seit Jahrzehnten seiner heimlichen Araberliebe, die ja vielleicht etwas mit seinen Firmenumsätzen zu tun hat, vielleicht aber auch nur einen schönen Busen und einen kräftigen orientalischen Arsch besitzt. Westerwelle dagegen hat gar keine Ideale. Er ist mehr als jeder andere deutsche Politiker von heute ein Kind des Ancien Régime, auf seiner moralischen Werteskala ist alles gleich wichtig, Auftritt im *Big Brother*-Container, Tränen vergießen in Yad Vashem, das richtige Jackett. So gesehen wäre Westerwelle prädestiniert für eine große Karriere im bestehenden System, aber leider hat er irgendwann einmal die falsche Karriere-Entscheidung getroffen und trat ausgerechnet der FDP bei, der ultimativen Verliererpartei. Die soll nun aber trotzdem gewinnen, damit auch er gewinnt, und darum macht Westerwelle – und nicht so sehr Möllemann – den Neo-Mussolini. Nein, eher den Zweit-Milošević. Denn so, wie der serbische Diktator seinerzeit mit der scheinheiligen Miene eines unbeteiligten Moderators die jugoslawischen Völker mit verdeckten nationalistischen Parolen gegeneinander aufhetzte, um seine Macht zu vergrößern, so macht es Slobodan Westerwelle nun auch. Mal schickt er Möllemann mit einer antisemitischen Invektive vor, um ihn dann zurückzupfeifen. Mal schreibt er einen Artikel mit dem Titel *I'm proud to be a German*, um kurz darauf zu sagen, er liebe Deutschland wegen seiner ethnischen Vielfalt. Mal erklärt er die rechtsextreme holländische VVD und die national-chauvinistische dänische Venstre-Gruppierung zu »liberalen Parteien, die für uns vorbildlich sind«, um gleich wieder zu säuseln, er wolle deshalb ehemalige DVU-Wähler für die FDP gewinnen, damit bei uns kein Le Pen oder Haider groß werden kann. Genauso machen es auch die Sittenstrolche, die eine junge Tramperin mitnehmen und dann, bevor sie sie vergewaltigen, fragen, ob sie nicht Angst hat so allein.

Wird Westerwelle Gewalt und Verderben über Deutschland bringen? Wahrscheinlich schon, wenn wir ihn nicht vorher aufhalten. Denn ähnlich wie Jörg Haider, Jean-Marie Le Pen oder der – leider durch eine Kugel – bereits gestoppte Pim Fortuyn kann er die ganz große Karriere nur auf den Trümmern des alten Systems machen. Also zerstört er es systematisch mit seiner Nouvelle-Droite-Taktik des frontalen rechten Angriffs und des nachfolgenden linken Lippenbekenntnisses. Das macht er so lange, bis ihm ganz Deutschland glaubt, dass die Juden und Ausländer und Geschichtsterroristen die Bundesrepublik genauso knechten wie damals die Versailler Verträge und Novemberverbrecher die Weimarer Republik. Und dann, von einer Wahl zur anderen, haben wir plötzlich ein ganz neues Deutschland, ein totales Westerwelle-Deutschland, und seine ersten Ehrenbürger heißen Ernst Nolte, Martin Walser und Botho Strauß.

Was können wir tun? Auf keinen Fall zur Waffe greifen; denn Bürgerkrieg ist genau der Zustand, in dem sich rechte Halunken am wohlsten fühlen und am schnellsten reüssieren. Ich schlage eher eine Art geistige Kulturrevolution mit leichter physischer Komponente vor, also die Erneuerung des bestehenden Systems durch Postensäuberung. Denn das demokratische und aufgeklärte Nachkriegsdeutschland ist immer noch das beste, das es je gab. Das Problem ist nur, dass die Männer und Frauen, die es intellektuell und politisch regieren, auch über dessen moralische Axiome herrschen. Und wie es sich für alle anständig verkalkten Gerontokraten gehört, tun sie es so dogmatisch, dass man ihnen als kluger, junger Antihalunke zwar kein Wort glaubt, sie aber trotzdem mit ihren machtverstärkten Wertvorstellungen das ganze System vergiften und diskreditieren können. Ich kotze, wenn ich Jürgen Habermas gegen Antisemitismus argumentieren höre. Ich bekomme Ausschlag bei jedem großliberalen Aufruf der arrogantesten Suffragette Deutschlands, Hildegard Hamm-Brücher, die als Gräfin Dönhoff II. in die Geschichtsbücher eingehen will. Ich wende mich angewidert ab, wenn Johannes Rau mal wieder zu einem seiner tödlichen Totalkompromisse ausholt. Sie nicht?

Wir müssen also endlich die alten System-Chefs aus ihren Vorstandssesseln, Leitartikelspalten und Literaturpreisgremien verjagen. Und wenn das nicht geht, dann müssen wir eben eigene Parteien und eigene Zeitungen gründen und Produktionsmittel schaffen, die uns allein gehören, damit uns kein alter Furz oder seine junge Bremsspur in irgendwas hineinreden kann. Denn dann können wir wieder mit freiem Kopf und glühendem Herzen dafür sorgen, dass in Deutschland nach Jahren ernsthaft und öffentlich darüber nachgedacht wird, warum Antisemitismus scheiße ist, weshalb Konsum mal gut und mal nicht so gut ist, und wieso, ganz utilitaristisch betrachtet, das Glück des anderen zunächst immer wichtiger ist als das eigene.

Das müsste doch zu schaffen sein, oder nicht? Ich jedenfalls fände es wunderschön, in einem Land zu leben, in dem Gedanken nicht heruntergebetet, sondern gedacht werden. Ich als Mensch, als Jude, als ich.

(2002)

Sind Sie auch ein Linksrechtsdeutscher?

Was ist ein Linksrechtsdeutscher? Ein Widerspruch in sich oder eine völlig logische Ergänzung zweier nur scheinbar entgegengesetzter politisch-kultureller Positionen und Geschichtsbetrachtungen? Und ist der Linksrechtsdeutsche, wie der Name schon sagt, wirklich eine deutsche Spezialität? Gibt es ihn überhaupt? Und ist jeder, der sagt, dass es so etwas wie den Linksrechtsdeutschen gar nicht gibt und dass ein solcher Begriff nur eine besonders perfide Form der Deutschenbeschimpfung sei, nicht in Wahrheit selbst auch einer?

Der erste Linksrechtsdeutsche, der mir einfällt, ist Frank Schirrmacher, dessen übergroßes Talent als Autor und Blattmacher heute die loben, die ihn, als er noch lebte, darum beneideten. Er, der späte Kapitalismuskritiker und frühe Internetskeptiker, verehrte aufrichtig den Ex-Kommunisten und Nazi-Überlebenden Marcel Reich-Ranicki – aber komischerweise auch den eiskalten Antidemokraten Ernst Jünger, dem die Nazis wie jedem unanständigen Anhänger der Konservativen Revolution zu modern waren. Er vernichtete in seinem Feuilleton Martin Walser nach dessen antisemitischem Reich-Ranicki-Roman *Tod eines Kritikers* – und druckte dessen Texte später trotzdem wieder genau dort. Er verantwortete als Kulturchef historisch korrekte Artikel über die Kristallnacht, über die böse Wehrmacht und die noch bösere SS – und feierte zugleich in einer mehrwöchigen Feuilleton-Propagandaschlacht die BDM-Mädchen, HJ-Jungs und Nazisoldaten aus Nico Hofmanns Landserheftchen-TV-Serie *Unsere Mütter, unsere Väter* als tragische, anständige, schuldig-unschuldige Opfer Hitlers.

Warum machte Frank Schirrmacher das? Wieso stellte er die Widersprüche seines Denkens und Fühlens so offen und ungehemmt aus? Wer das wissen will, sollte noch einmal den euphorischen Text lesen, den Schirrmacher zur Mobilisierung der Fernsehnation vor dem Start von *Unsere Mütter, unsere Väter* im März 2013 geschrieben hat. Darin schwärmte er von der sich nun endlich für die deutschen Enkel ergebenden historischen Chance, mit ihren Großeltern darüber zu sprechen, wie schmerzhaft für sie – Subtext: und nicht immer nur für die Juden, Russen, Franzosen, etc. – der letzte Krieg gewesen sei. Er nannte die Alten, die in diesem Krieg so eindeutig auf der Seite der Täter gestanden hatten, ob nun freiwillig oder nicht, im Ernst »Überlebende«, so als hätte man auch sie einst deportiert und selektiert. Und er beschwor und beweinte seine eigene »Ursehnsucht nach demjenigen oder derjenigen, die einen nicht im Stich lassen«. Er sagte und flehte also: Bitte, lieber Gott, liebes Fernsehen, gebt uns die Eltern und Großeltern zurück, die uns zuerst die brutalen Nazis und dann die hartnäckigen Vergangenheitsbewältiger weggenommen haben!

Eigentlich alles ganz logisch, nicht wahr? Denn obwohl der geradezu prototypische Frank S. wie jeder andere Deutsche seiner Generation das gelehrige und vorbildliche Kind der fleißigen deutschen Geschichtsaufarbeitung gewesen ist, war er zugleich auch der Enkel von Männern und Frauen, für die nicht der Zweite Weltkrieg die wahre Katastrophe war, sondern erst die Niederlage Deutschlands. Nach ihnen streckte er sich, je älter er selbst wurde, wie viele andere immer verzweifelter aus. Mit ihnen wollte er einen Frieden in einem Bewältigungskrieg machen, den ja nicht er selbst ihnen erklärt hatte, sondern die unerbittliche linke Moralfraktion. Und dass aus einer solchen menschlich verständlichen Sehnsucht heraus auch ein paar ziemlich unanständige, rechte, revisionistische politische Gedanken und Wünsche erwachsen mussten, ist völlig klar – wie man wiederum an Schirrmachers Begeisterung für Bernd Eichingers Adolf-Hitler-Liebesfilm und Bunker-Operette *Der Untergang* sehen konnte, die 2004 – und damit viele Jahre vor Nico Hofmanns volkserlösender Weltkriegs-Soap – in die Kinos kam.

Für den verzweifelten Altvorderen-Versteher Schirrmacher war Eichingers Film nämlich in einem fast schon revisionistischen Sinn ein »Akt der Normalisierung« gewesen und deshalb, wie er grammatikalisch etwas schief fortfuhr, nicht nur ein großes Kunstwerk, »sondern ein wichtiges Datum unserer Verarbeitungsgeschichte«. Und gleichzeitig lobte er Eichinger, der ihm bis dahin als hollywoodhöriger Box-Office-Zyniker und »Bewohner einer Schickimicki-Welt« aufgefallen war, dafür, dass er »Hitler ein zweites Mal erfunden« hätte, als den metaphorischen Stellvertreter aller deutschen Großväter sozusagen, als jemanden, der eben auch eine menschliche, liebenswürdige, brunoganzhafte Seite gehabt habe, fern der Dämonisierung durch seine alliierten, linken und jüdischen Gegner. Genauso hätte er auch sagen können: Eichinger? Wirklich? Dieser oberflächliche, amerikanisierte und irgendwie total undeutsche Filmproduzent hat uns unseren eigenen Hitler zurückgegeben? Wow! Es ist endlich wieder Licht am Ende des dunklen Nachkriegs- und Umerziehungstunnels!

Also noch mal: Was genau ist der Linksrechtsdeutsche? Ich würde sagen, es ist jemand, der einerseits ein sehr ausgeprägtes deutsches historisches Schuldbewusstsein hat, der ein sehr modernes, westliches Leben zwischen Biomarkt, Amazon Prime und Kita-Elterngruppe führt, der automatisch die Freiheit des Einzelnen über den Zwang der Gruppe und den Willen eines autoritären Herrschers stellt. Und der andererseits trotzdem ganz schirrmachermäßig seinen geliebten Großvater zurückhaben will und mit ihm auch irgendwie die reaktionäre Deutung der Geschichte der Deutschen an sich, zusammen mit der politischen, intellektuellen, emotionalen, künstlerischen Tradition und Erinnerungskultur, aus der Opa kam und von der er dem Enkel im besetzten Deutschland fünfundvierzig Jahre lang meistens nur flüsternd berichten konnte.

Warum eigentlich nur flüsternd?, hat später manch ein Nachgeborener vermutlich gedacht. Was war daran so verboten? War es nicht rührend, wie der Großvater früher immer von den pommerschen Sonnenuntergängen und den schönen Mädchen und Burschen von Eger erzählt hat? Daran konnte doch nichts verwerflich sein! Und war es nicht aufregend und interessant, wie er manchmal ein paar Takte und Strophen aus einem alten Zarah-Leander-Lied summte oder von der großen Paula Wessely schwärmte, die wie keine andere UFA-Schauspielerin eine mutige, starke deutsche Frau spielen konnte? Und wenn er dem Enkel in den 70er Jahren zum Geburtstag schon mal die Selbstbaumodelle deutscher Messerschmitt- und englischer Spitfire-Bomber schenkte und dann mit ihm die Luftschlacht um England nachspielte – wer konnte etwas dagegen haben? Das war doch nur so eine Art privater, spielerischer Geschichtsunterricht, mehr nicht.

Ja, die Geschichten der Alten fingen oft ganz harmlos an – und endeten auch nicht jedes Mal mit dem Aufruf zum Sturz der westdeutschen Nachkriegsdemokratie. Und trotzdem war es von dort nie sehr weit zu einem Weltbild, in dem alles Westliche, Liberale und Jüdische als absolut fragwürdig, falsch und undeutsch galt, das ist ganz klar. Aber klar ist auch, dass die Mädchen und Jungen, die mit solchen Großvätern aufwuchsen, oft einer unterschwelligen antizivilisatorischen, antiwestlichen Gehirnwäsche ausgesetzt waren, derer sich viele von ihnen bis heute nicht wirklich bewusst sind. Anders kann ich mir jedenfalls nicht die anachronistische und völlig unlogische Schwäche so vieler moderner, scheinbar aufgeklärter Deutscher für Ernst Jüngers eisigen Menschenhass erklären, für Carl Schmitts Freund-Feind-Theorie, für Martin Heideggers Zivilisationsparanoia, für Gottfried Benns Emigrantenverachtung, für Stefan Georges Verherrlichung tyrannischer Männlichkeit, für Oswald Spenglers Untergangsträume, für

Richard Wagners gesungene und geschmetterte Deutschlandfantasien.

Ich weiß: Es sind immer wieder dieselben Männer, die mir einfallen, wenn ich nachts an Deutschland denken muss. Aber welche sollen es sonst sein? Sie alle verband nämlich – neben ihrem oft sehr offenen, wütenden Antisemitismus, der interessanterweise heute niemanden stört, so dass man fast denken muss, er ist sogar einer der Gründe für ihre immer weiter anschwellende Popularität – die Sehnsucht nach einer mythischen, vordemokratischen, urvolkhaften Zeit, die absolut nichts mit unserer globalen Twitter-und-Foodora-Welt zu tun hat, und wahrscheinlich übt genau das auf viele der heute Dreißig- bis Fünfzigjährigen einen unwiderstehlichen Reiz aus.

Der historisch verwirrte Linksrechtsdeutsche à la Frank Schirrmacher ist inzwischen überall. Er veröffentlicht zum Beispiel in der superliberalen *Welt am Sonntag* eine Verteidigung des tourettehaften Hitlerarmreckers Jonathan Meese, dessen Instagram-Seite schon lange so aussieht, als wäre er eine Ein-Mann-Rechtsrockband, und dabei feiert er vor allem »seine mit kindlicher Fröhlichkeit betriebene Vermengung von germanischen Sagengestalten, militärischen Symbolen und Popkultur«. Oder er schreibt einen Mega-Bestseller über die vier Philosophen Heidegger, Cassirer, Benjamin und Wittgenstein und schildert darin die für den Aufklärer, Neukantianer und Juden Ernst Cassirer existenzielle Auseinandersetzung mit dem Trachtenjacken-Nazi Martin Heidegger lediglich als eine Art intellektuelles Fußballspiel, mehr nicht, voller Bewunderung für die Technik und Performance des am Ende dann doch irgendwie deutscheren, virileren, vermeintlich tiefgründigeren der beiden Spieler.

Natürlich hat der Linksrechtsdeutsche in seiner Jugend nicht nur Heaven 17 und Culture Club gehört, sondern auch DAF, und er hat damals zu Hause schon mal ganz laut ihren berühmten Mussolini-Hit aufgelegt und den Refrain »Tanz den Adolf Hitler!« mitgebrüllt. Später ließ er sich in der Berliner Volksbühne, die er allein wegen ihres vergangenheitsseligen und ziemlich frakturhaften Neo-Germanen-Schriftzugs ziemlich cool fand, von Frank Castorf durch dessen nationalbolschewistischen Fleischwolf ziehen – und dass Castorf dafür berühmt war, seine völlig rechtlosen Schauspieler wie ein sadistischer KZ-Aufseher anzubrüllen, fand der Linksrechtsdeutsche von heute auch nicht bloß schlecht, denn das diente ja angeblich der Kunst.

Das Zentralorgan der Linksrechtsdeutschen ist das Hamburger Nachrichten- und Ideologiemagazin *Der Spiegel*. Das fing – ganz im Sinn der Gründungstradition dieser einst von Ex-Wehrmachtssoldaten und Noch-Nazis durchsetzten Redaktion – schon in den 90er Jahren mit dem Abdruck des Gründungsmanifests der neuen Rechten an, mit dem *Anschwellenden Bocksgesang* von Botho Strauß, der ein einziger wütender, dunkler, beleidigter Angriff auf die Helligkeit und Liberalität unserer westlichen Lebensideen, -formen und -gebote war und den viele heutige *Spiegel*-Redakteure immer öfter und stolzer wie ein Denkmal ihrer eigenen Weitsicht präsentieren. Das ist natürlich kein Zufall, sondern eine sich vor unseren Augen erfüllende *Self-fulfilling prophecy*. Denn was damals den Naiven unter den Anständigen wie eine Ausnahme, wie ein ideologischer Unfall erschien, ist inzwischen beim angeblichen Sturmgeschütz der Demokratie, des Liberalismus und Antifaschismus beinah die Regel und der viel größere Skandal als ein paar moralinsüß erfundene Claas-Relotius-Storys, auf die der Urvater des modernen Reportage-Journalismus und Ehren-Kommunist Egon Erwin Kisch bestimmt sehr stolz gewesen wäre. Mit »inzwischen« meine ich – um genau zu sein – seit es in Deutschland nicht nur alte, sondern auch neue Rechte gibt, seit also mit der AfD eine deutschnationale, regelmäßig ins Rechtsextreme ausfransende Partei in den Parlamenten sitzt und seit neovölkische Bissiger-Hund-Intellektuelle wie Götz Kubitschek, Martin Lichtmesz oder Caroline Sommerfeld mit ihren Diskurs simulierenden Demokratie-Vernichtungs-Attacken den armen, bildungshungrigen Linksrechtsdeutschen immer wieder die Köpfe verdrehen und die Herzen in die Hosen rutschen lassen.

Seitdem also gibt es im *Spiegel* – für den natürlich auch eine Menge ideologie- und charakterfeste Leute arbeiten, die dort aber zurzeit so eine Art schweigende, staunende Mehrheit bilden – regelmäßig diese auffällig ambivalenten, manisch einfühlsamen Porträts von Kubitschek, seiner Frau, und noch mal von Kubitschek, wie sie sich sonst keiner in der bürgerlichen Presse traut, weder in der *Zeit*, noch der FAZ und schon gar nicht in der *taz*. Es gibt schon mal eine zaghaft kritische, allzu sehr auf das Menschliche fixierte Gauland- oder Höcke-Story, und eine seitenlange Geschichte über diese teuflisch schöne Sexbombe von den Identitären darf natürlich auch nicht fehlen. Oder einer der Redakteure empfiehlt für die Sachbuchliste des NDR und der SZ einen modernen antisemitischen Bestseller aus Kubitscheks Antaios-Verlag. Interessant und auch ziemlich verräterisch ist aber vor allem, dass die Autoren dieser Texte und Tipps nicht mehr, so wie ein paar Jahre vorher noch Frank Schirrmacher oder der *Spiegel*-Redakteur Dirk Kurbjuweit in seiner legendären Ernst-Nolte-Verteidigung von 2014, versuchen, Frieden mit der Nazi-Vergangenheit ihrer Großeltern zu schließen, sondern mit der Nazi-Gegenwart ihrer eigenen Generation.

Da registriert dann einer der weitsichtigen *Spiegel*-Redakteure bei Kubitschek wohlwollend eine »Kapitalismuskritik, die bei Linken anschlussfähig sein dürfte« und dessen quasi grüne »Zweifel an der Moderne und an den Segnungen des Fortschritts«. Da erregt sich ein anderer über die »Schützengräben des Meinungskampfes«, die sich durch das erodierende Deutschland ziehen, und fordert – ein Volk, eine Republik, eine Idee! –, dass »die Deutschen über die politischen Grenzlinien hinweg miteinander« sprechen sollten, und setzt dabei in perfekter Alain-de-Benoist-Manier Leute wie Gauland, Kubitschek, Diana Kinnert und Boris Palmer gleich. Und da gibt wiederum der erste den neuen Nazis den sehnsüchtigen Ratschlag, wie sie es, so wie einmal die Grünen, schaffen könnten, die Mitte zu erobern: »Eine rechte Gesellschaftskritik, die bei einer Fortschrittsmüdigkeit ansetzt, die überall in der westlichen Welt herrscht, und diese mit dem Glauben an eine starke Identität verbindet, könnte für viele gesellschaftliche Lager anschlussfähig werden.« Denn: »Die Demokratie in diesem Land hat schon immer eine große Integrationskraft gehabt.« Komisch, dass hier das Wort Demokratie genauso klingt wie das Wort Diktatur. Und das Wort Identität wie das Schnalzen einer Reiter-SS-Gerte.

Wer mit den Rechten reden will und kann, das lernt man heutzutage also beim Lesen des *Spiegel*, wer gleichzeitig keine MeToo- und Klimawandelgeschichte auslässt und in seiner Fälscher-Affäre auf vorbildlich frühsowjetische Art Selbstkritik übt, ist offenbar ein besonders wendiger und vorausschauender Linksrechtsdeutscher. Der will nicht nur Adolf Hitler und der Generation HJ verzeihen, sondern auch denen die Hand ausstrecken, die möglicherweise bald genug demokratische Macht haben werden, um die Demokratie abzuschaffen. Doch es sind natürlich nicht nur Feigheit und Opportunismus, die hinter jedem linksrechten Aufruf zum Dialog mit den Neonationalen stehen. Es ist – und darum geht es mir hier vor allem – auch tiefe gegenseitige Sympathie, es ist die gleiche Herkunft, es ist die gemeinsame autoritäre Tradition, die den Linksrechtsdeutschen dieser Tage und Wochen an den Küchentisch des Ehepaars Sommerfeld-Lethen oder in die Buchhandlung Loschwitz in Dresden treibt. Und dass Bernd Stegemann, der Chefideologe von Sahra Wagenknechts Aufstehen-Bewegung – Bewegung, genau! – im kältesten AfD-Jargon behauptet, Migration sei »doch zuerst einmal Migration in die Sozialsysteme«, ist ja auch irgendwie ziemlich klassisches Opa-Gerede – und hat außerdem natürlich damit zu tun, dass seit jeher die besonders Linken besonders nah bei den besonders Rechten stehen, denken, gehen.

Das weiß ich deshalb, weil das in vielen anderen Ländern Europas auch nicht viel anders ist, wobei in Deutschland die verflixte Holocaust-Schuld die Links-Rechts-Affäre vermutlich besonders leidenschaftlich macht. Ich weiß es aber auch, weil ich neulich *Mit Rechten reden* wiedergelesen habe, das Standardwerk des modernen Linksrechtsdeutschen, das völlig ungeniert ratgeberhaft im Untertitel »Leitfaden« heißt. Statt immer nur aufeinander zu schimpfen, raten dort die extrem gesprächsbereiten und kollaborationswilligen Autoren den Radikalen beider politischen Richtungen, es wäre besser, wenn sie sich »endlich freimütig zu einem Gefühl bekennen, das sie insgeheim schon immer gehegt haben: der Freude an den besten Vertretern der anderen Seite«. Also ich, dessen Onkel und Tanten von den Deutschen in Babi Jar zusammengetrieben und totgeschossen wurden, kann leider echt nichts mit Sieferles Tavor-Antisemitismus und Kubitscheks Ethnopluralismus genanntem Rassismus anfangen.

Und? Sind Sie auch ein Linksrechtsdeutscher? Haben Sie auch einerseits ein extrem ausgeprägtes Unrechtsbewusstsein, haben Sie Sinn und Verständnis für die Selbstermächtigungs- und Identitätsstrategien aller möglichen Ausgestoßenen und Depravierten, fühlen Sie in der Weise links, dass Sie sich immerzu auf der Seite des kritischen, das Bestehende angreifenden Teils der Gesellschaft und Politik wähnen? Und sind Sie andererseits in der Weise rechts, dass Sie aufgrund Ihrer familiären und sittlichen Sozialisation tief drin die Abschaffung von Ungleichheit, Grenzen und Differenzen im Zeitalter der sich rasend zusammenziehenden Welt als eine Gefahr empfinden, auf die man vielleicht wirklich mit einer »kulturellen« Abschottung und Einbunkerung reagieren sollte, wenigstens kurz? Und erkennen Sie, so wie der *Spiegel*-Mann Kurbjuweit, zwar »die deutsche Schuld« an, fühlen sich aber zugleich, so wie er, unfrei durch »Jahrzehnte deutscher Geschichtserziehung in Schulen, durch Medien, Bücher, durch den Historikerstreit«? Teilen Sie mit Frank Schirrmacher die »Ambivalenz, die Zerrissenheit, die die Deutschen angesichts der, wie Karl-Heinz Bohrer formulierte, ›epochal und sozial zu erklärenden politischen Defizite‹ der Verschwörer« vom 20. Juli empfinden? Sympathisieren Sie wie jeder anständige *Kulturzeit*-Kader mit den ultranationalistischen Gelbwesten-Antisemiten? Und schwärmen Sie mit dem Chef der traditionellen bürgerlichen Münchener Buchhandlung Lemkuhl von den neuen »Rechtsintellektuellen« und ihrer »Lesebegeisterung, die manchem Linken heute abgeht«? Und können Sie etwas mit diesem Satz des sonst so charakterfesten Kolumnisten Harald Martenstein anfangen: »Als ich jung war, hatte ich es in der Familie noch mit einigen echten Nazis zu tun, einige von ihnen liebte ich?« Und verstehen Sie, was ich damit meine, wenn ich den Linksrechtsdeutschen als einen Identitären der Mitte bezeichne, als die zeitgenössische Version eines uralten Modells?

Also was, ja oder nein? Oder vielleicht irgendetwas dazwischen? Bitte, überlegen Sie sich sehr genau, was Sie auf diese Fragen erwidern wollen. Denn von Ihren Antworten hängt ab, ob das Land, in dem Sie und ich leben, auch morgen noch demokratisch sein wird oder nicht. Und ob solche Texte wie der, den Sie gerade gelesen haben, dort noch erscheinen können.

(2019)

Schreiben Sie Short Storys!

Wie riecht eine gute Kurzgeschichte? Vielleicht wie der Boulevard Raspail nachmittags um fünf, Ende Mai, Anfang Juni. Die Luft ist süß von den Linden im Jardin du Luxembourg, es stinkt nach Abgasen, und eine Frau um die dreißig geht schnell vorbei. Sie hat heute mehr von ihrem Männerparfum benutzt als sonst, sie ist zu jung und zu alt für ihr Alter, ein Mensch, der nicht erwachsen werden will und darum ständig schlechte Erfahrungen macht. Wo war sie? Bei ihrem Freund. Wohin geht sie? Zu ihrem Mann. Der wird ihr gleich sagen, dass er alles weiß und dass er keine Lust mehr hat, sich zu verstellen. »Und jetzt?«, wird sie sagen. »Jetzt«, wird er antworten, »gehen wir zusammen ein bisschen spazieren. Und wenn wir wieder zu Hause sind, lese ich dir die Seiten vor, die ich heute geschrieben hab.« »Über uns?«, wird sie sagen. »Nein, über euch.«

Und wie riecht ein guter Roman? Eigentlich gar nicht, höchstens nach der Druckerei, aus der er stammt. Ein guter Roman ist bloß ein sehr dickes Buch, das im Regal steht, und irgendwann nimmt man es raus, man liest es, dann stellt man es wieder zurück und hat das meiste, was drin war, vergessen – die Gedanken, die Sätze, die Bilder, die Gerüche. Mit viel Glück weiß man später von hundert Szenen vielleicht noch eine. Im *Großen Gatsby* ist es der Ausflug, den diese Leute – wie hießen die noch? – nach New York machen, dort sitzen sie in einer Wohnung, und etwas Unangenehmes passiert. In *Das Herz ist ein einsamer Jäger* tötet ein Kind ein anderes Kind, weil es mit einem Gewehr spielt – oder schießt es bloß in die Luft? In *Die Gärten der Finzi-Contini* fährt der Erzähler am Anfang mit dem Auto irgendwohin und fängt dabei an, sich an das zu erinnern, was er uns später erzählen wird. Aber an was?

Ein Roman, sagt man, ist die ganze Welt auf fünfhundert Seiten. Wie soll das gehen? Passt ein Ozean in einen Wassertropfen? Eine Erzählung tut dagegen gar nicht erst so, als beinhalte sie alles, was gerade auf dieser Erde gedacht, getan und falsch gemacht wird. Eine Erzählung – je kürzer, desto besser – zeigt einen oder zwei Menschen, die vor dem Hintergrund eines sehr gegenwärtigen Großen-Ganzen etwas sagen oder tun. Das passiert so schnell und beiläufig, dass man beim Lesen gar nicht merkt, dass es einen Autor gibt, der das geschrieben hat, auch weil er keinen Platz hat, zu moralisieren, zu philosophieren und uns seitenweise mit Beschreibungen von Landschaften und Gemütszuständen zu langweilen.

Am besten an einer Kurzgeschichte ist aber, dass man als Leser ernst genommen wird, dass man nicht – so wie bei den Extrem-Romanciers Pynchon, Nabokov oder Musil – ständig Nachhilfeunterricht in Geschichte oder Naturwissenschaften oder was auch immer bekommt. Dafür ist gar keine Zeit. Hier tritt nicht Trotzki persönlich auf, um über Marxismus zu dozieren – sondern ist höchstens ein Foto im Portemonnaie des Kosaken in Babels *Reiterarmee*, der mit seinem Pferd auf eine Mine tritt. Als bei Hemingway am Weihnachtsabend drei Chirurgen im Krankenhaus über diesen Jungen reden, der kastriert werden will, weil er zu viel onaniert, fällt – Gott sei Dank – kein einziger lähmender Fachbegriff, und die Amputation, die sie am Ende wegen seiner Dummheit vornehmen müssen, kommt nur als schaurige Erinnerung in einem knappen Dialog vor. Und während die Juden von Ferrara in Giorgio Bassanis Geschichten langsam und unmerklich im Treibsand der Gleichgültigkeit ihrer christlichen Nachbarn versinken, wird mit keinem Wort dieser kleine, dicke Faschist aus Rom erwähnt, der ganz allein an ihrem Unglück schuld ist. Die echte Welt – zusammengesetzt aus Politik, Natur und Wissenschaft – ist wie eine Leinwand, vor der man so gelassen wie möglich eine kurze, poetische Geschichte erzählen muss, damit auf ihr das Große-Ganze vielleicht ein bisschen sichtbar wird. Dann werden manchmal sogar aus Tropfen Meere.

Paris, etwas später: Statt spazieren zu gehen, sind der Mann und die Frau an diesem Abend zu Hause geblieben. Sie haben versucht, miteinander im Wohnzimmer zu schlafen und dann noch mal im Bad, aber seit er ihr gesagt hat, dass er alles über ihre Affäre weiß, kann er nicht mehr den Geruch des anderen Mannes in ihren Kleidern ignorieren. Jetzt sitzen sie zusammen vor der offenen Balkontür und rauchen, und er sagt: »Sie haben heute noch mal geschrieben.« »Und?«, sagt sie mit einem ängstlichen Blick. »Es ist nichts zu machen«, sagt er. Plötzlich ist wieder dieser serbische Akzent in seinem kultivierten Französisch, den er sich in den letzten Jahren abgewöhnt hat. »Wann?«, sagt sie. »Gib mir noch eine Zigarette«, sagt er, und bevor sie die weiße Marlboro zwischen seine Mundwinkel steckt, macht sie sie für ihn an. »Ich könnte wegrennen«, sagt er. »Ich könnte den Rest meines Lebens von Wohnung zu Wohnung ziehen, und Leute, die ich nicht kenne, werden zuerst freundlich zu mir sein, dann werde ich ihnen von unseren Heldentaten erzählen müssen, und dann werden sie sagen, ich soll mir ein neues Versteck suchen.« »Ich will nicht, dass du weiterziehst«, sagt sie. »Aber deinen Geliebten willst du auch nicht verlassen«, sagt er leise vor Wut.

Ist das nicht aufregend? Ein paar Sätze hier, ein paar Gesten dort, und schon stellt man sich hundert Fragen: Was ist das für eine Ehe, in der einer von beiden ein Illegaler ist? Liebt diese Frau ihren Mann doch mehr als ihren Liebhaber? Darf man einen Kriegsverbrecher lieben? Und was ist das für ein Schriftsteller, der gerade noch mitten in Europa Krieg gegen seine muslimischen Nachbarn geführt hat?

Leser von Kurzgeschichten wissen, dass sie nach der Lektüre weniger wissen werden als vorher. Das genügt ihnen, sie denken selbst weiter nach und werden noch klüger. Leser von Romanen wollen aber Antworten, lange Antworten: so war der Zweite Weltkrieg, so ist es, wenn man immer nur an Sex und Juden denkt, so enden alle Fixer, so tragisch kann religiöse Verblendung sein. Und sie wollen sich in einem Roman wie in einem anderen Leben bewegen. Sie wollen, so unoriginell das sein mag, der alltäglichen Gewöhnlichkeit entfliehen und verwandeln sich mit ein bisschen Glück für Wochen und Monate – wie die Mitspieler in der Internetsimulation *Second Life* – in die Gestalten einer endlosen und komplizierten Geschichte, ohne das Risiko, dabei selbst draufzugehen oder sogar die eine große, radikale Wendung vollziehen zu müssen, die sie sonst immer scheuen.

Wie langweilig, abstrakt und männlich sind dagegen Short Storys. Und dann muss man beim Lesen auch noch ständig mit einer neuen anfangen! Die Welt ist ohnehin voll mit Millionen sich unentwegt ersetzender Bilder, Ideen, Produkte und Informationen, und wenn man abends um elf endlich im Bett liegt und all das hinter sich gelassen hat, soll man sich alle paar Seiten mit neuen Figuren, Situationen und Stimmungen beschäftigen. Nein, dann lieber in den ewiggleichen Philip-Roth-Wortstrom oder das Altersgemurmel eines weiteren Martin-Walser-Hauptwerks eintauchen – oder gleich das Licht ausmachen.

Mir geht es aber meist genau andersherum. Was weiß ich, was gestern in diesem schweren Buch passiert ist, das seit Monaten wie ein Mühlstein auf meinem Nachttisch liegt? Und was hatte es eigentlich mit mir zu tun? Aber wenn ich eine Erzählung lese – in zehn Minuten, in einer halben Stunde –, habe ich hinterher sofort den großen Verstehensflash, so wie andere Leute, nachdem sie es mit einem Gedicht zu tun hatten. Ich weiß plötzlich wieder genau, dass das Leben nur ein anderes Wort für Verzweiflung oder Glück ist, je nachdem, und dann lösche auch ich das Licht und freue mich auf den nächsten Tag –

und auf das Buch, das ich gerade lese. Mehr kann man von Literatur als Leser nicht wollen.

Und als Schriftsteller? Im April 1925 schrieb der junge und noch sehr selbstbewusste Ernest Hemingway in einem ersten Brief an seinen neuen Lektor Maxwell Perkins: »Irgendwie mache ich mir nichts daraus, einen Roman zu schreiben, ich schreibe lieber Kurzgeschichten. Ich bin also, glaube ich, ein ziemlich schlechter Kandidat für einen Verleger.« Dann schob er etwas kleinlaut nach: »Irgendwie halte ich den Roman für eine schrecklich gekünstelte und abgenutzte Form, aber da einige der Kurzgeschichten sich inzwischen auf 8000 bis 12 000 Wörter gedehnt haben, komme ich vielleicht doch noch hin.« Das war dann wahrscheinlich sein letzter Versuch, sich gegen die Erwartungen der bösen Kommerzwelt zu wehren – um am Ende zu sagen, ich will nicht, was man von mir will, weil ich es für falsch halte, aber ich werde es trotzdem tun. Armer, junger Mr. Hemingway! Er hätte sich nicht belügen und verbiegen müssen. Der Roman ist nicht gestorben, er ist populärer denn je, und wer heute an Hemingway denkt, meint meistens seine Erzählungen. Warum? Weil er wusste, wie man es macht, weil er gar nicht anders konnte, und weil der Roman für ihn nur Mittel zum Zweck war.

Nicht alle Schriftsteller sollten Short Storys schreiben – aber wer den Trick raushat, sollte nichts anderes machen. Der Trick sind, ganz einfach, viele Geschichten zu einem Thema. Das ist das offene Geheimnis, das einem keiner erzählt, wenn man zu schreiben anfängt, keine Ahnung, warum. Wenn der Roman ein großes, realistisches Gemälde ist, so muss man sich einen Short-Story-Band als eine extrem kubistische Angelegenheit vorstellen. Der Autor blickt auf dieselbe Sache aus hundert möglichen und unmöglichen Winkeln, er umkreist sie, er geht dicht heran, er schaut sie von Weitem an, er wählt Perspektiven, die keiner kennt oder die es auch gar nicht geben kann –

und das alles, damit wir klugen, selbstständigen Geschichtenleser noch besser verstehen, dass wir nichts verstehen.

Tobias Wolff – zum Beispiel – erzählt in seinen Storys immer neu von der absurden Idiotie des Kriegs in Vietnam, James Joyce spaziert ewig durch die unerklärlich dunklen Seelen der Dubliner, Isaak Babel reitet ständig mit den ahnungslosen Bolschewiken in den Untergang, der erst siebzig Jahre später kommen wird, Charles Bukowski fickt immer wieder ohne Sinn und Verstand die hässlichen Frauen so wie die Welt ihn, Giorgio Bassani zaubert mit der Besessenheit eines Entwurzelten die Parks, Häuser und Straßen eines vergangenen Ferrara zurück, das es so niemals gab, Heinrich Böll fragt in einer endlosen Reihe von Geschichten, warum deutschen Soldaten nur die Kugeln wehtaten, die sie selbst trafen. Die Bücher, von denen ich hier rede, heißen *Dubliners*, *Ferrareser Geschichten* oder *Wanderer, kommst du nach Spa...*, und ohne sie wäre das Haus der Weltliteratur genauso dunkel und leer wie ohne den *Prozess*. Und vielleicht sogar noch ein bisschen dunkler und leerer – denn der kubistische, scheinbar flüchtige Blick der Storyteller in den zerbrochenen Spiegel der Moderne ist, so schwer er es bei Lesern und Verlegern oft hat, natürlich viel mehr auf der Höhe unserer sich ständig dekonstruierenden, bröckelnden Zeit als jeder detailbesessene, tolstoihafte Jonathan-Franzen-Totschläger.

Als die Sache mit den Erzählungen das erste Mal so richtig groß wurde, war übrigens alles noch ein bisschen anders. Es gab eine Menge Zeitschriften, die sie druckten, bevor sie in Büchern erschienen, und das oft auch noch für sehr viel Geld. Das ist kein Widerspruch zum Ein-Thema-Erzählband-Konzept, man muss eben als Schriftsteller irgendwie überleben, bis man seine zehn, zwanzig Geschichten zusammenhat. Damals, so um die vorletzte Jahrhundertwende herum, transportierten die Storys vor allem Neuigkeiten. Es ging um besonders bestialische Morde, um Kriege und die tragischen Affären der Reichen und das neue New York, und die Schriftsteller, die sie schrieben, von Scott Fitzgerald über Hemingway bis Babel, waren die allerersten Gonzo-Journalisten, sie waren die lyrischsten Berichterstatter, die es je gab. Das ist natürlich vorbei, die langsame Literatur ist zu Recht aus den ständig schneller werdenden Magazinen verschwunden. Aber noch immer – und darum liebe ich sie so – sind Short Storys sowas wie die Nachrichten aus einer fremden Welt, aus unserer eigenen Welt nämlich, die wir oft so lange angucken, bis wir nichts mehr von ihr sehen. Es ist, was sonst, die Welt des Großen-Ganzen der Liebe, des Sex und der Beziehungen. Wahrscheinlich kann man in unserer goldenen Epoche des totalen wirtschaftlichen und gesellschaftlichen Glücks wirklich nur darüber aufregende Erzählungen schreiben – so lakonisch, so tragisch, so voller überraschender, falscher Wendungen wie eine Liebesgeschichte von heute eben ist.

Meine Lieblings-Lovestory heißt *Ein Mann* und ist von Charles Bukowski. Sie geht so: George sitzt unrasiert und betrunken in seinem Wohnwagen, und Constance kommt herein und sagt, sie habe ihren braven Mann verlassen, weil der nie ihre Pussy anschauen wollte und überhaupt. George ist kurz nett zu ihr, dann verprügelt er sie, dann legt er weinend den Kopf in ihren Schoß, und als er schläft, geht sie zu ihrem braven Mann zurück, und sagt: »Hab ich dir gefehlt, Baby?« Ist das überhaupt noch eine Geschichte? Oder ist das schon ein Gedicht? Oder ist die anständige Story ohnehin immer sowas wie Lyrik mit Action zusammen, wie Leben mit Musik, wie Trauer mit Schönheit? Wenn, wie bei Bukowski, jedes Wort stimmt und keins zu viel oder falsch ist, wenn die Sätze so gleichmäßig-ungleichmäßig dahinrauschen wie der East River kurz hinter der George Washington Bridge, wenn man beim Lesen von einer Gefühlswallung zur andern geschleudert wird und trotzdem eigentlich einfach nur wissen will, wie es auf der nächsten Seite weitergeht – dann ganz bestimmt.

Wer das als Autor einmal selbst ausprobieren möchte, um zu sehen, ob ihm das auch liegt, sollte es natürlich unbedingt tun. Denn wenn es beim Storyschreiben läuft, dann gibt für einen Schriftsteller nichts Besseres. Er sollte aber wissen, was der kleine, fiese, geniale Truman Capote gesagt hat: »Nimmt man sie wirklich ernst, dann wird die Kurzgeschichte zur schwierigsten aller Prosaformen, denn keine andere verlangt vom Autor so viel Disziplin.« Und zwar auch in Deutschland, wo die meisten Schriftsteller immer nur einen Erzählband herausbringen, wenn auf ihrem Schreibtisch genug verworfene Skizzen für große Projekte, gestrichene Romankapitel und Gelegenheitstexte übriggeblieben sind.

Und was ist später noch in Paris passiert? Als die Frau am nächsten Morgen aufwachte, war ihr Mann weg. Sie hatte es nicht eilig, ihn zu suchen. Sie badete lange, frühstückte lange und lackierte sich die Fingernägel. Dann machte sie den Fernseher an und sah auf dem großen, orangeblauen Bildschirm plötzlich das eingeblendete Foto von ihrem Liebhaber. Der – jünger, schöner und viel dunkler als ihr Mann – wurde jetzt also auch vom Internationalen Gerichtshof in Den Haag gesucht. Sie machte den Fernseher aus und wählte seine Nummer, aber es ging nur der Anrufbeantworter an. »Das hab ich nicht gewusst«, sagte sie ihm kaum hörbar aufs Band. »Wenn du auch nur eine Einzige von ihnen vergewaltigt hast, mache ich Schluss. Das würde ich nicht aushalten – du und eine andere.« Dann ging sie ins Bad und nahm die lange, grüngelbe Parfumflasche – und zerschmetterte sie auf dem Boden vor Wut.

(2007)

Chaos und Schönheit

Erstens: Jeder Schriftsteller, der sehr viel und sehr gern über Sex schreibt, hat entweder zu viel Sex oder zu wenig. Zweitens: Jeder Schriftsteller, der gar nicht über Sex schreibt oder nur in sehr vagen, verklemmten Andeutungen, mag Sex nicht besonders, egal ob er zu viel davon hat oder zu wenig. Drittens: Jeder Kritiker, der ein Problem mit Sex in der Literatur hat, hat garantiert noch viele andere, sehr viel größere Probleme. Und darum viertens: Gute – und schlechte – Sexstellen gehören zu Romanen und Erzählungen genauso wie gute – und schlechte – Naturschilderungen oder Dialoge, und dass immer wieder Rezensenten, Literaturwissenschaftler und oft sogar Autoren selbst sich auf kleinere und größere Kreuzzüge gegen das direkte, obszöne, pornografische Schreiben begeben, ist einer der wichtigsten Gründe, warum man damit niemals aufhören sollte.

Natürlich war die erste Geschichte, die jemand von mir gedruckt hat, eine ziemlich üble Charles-Bukowski-Persiflage, -Satire, -Hommage, was auch immer. Das Tolle an ihr war nur, wo sie erschienen ist: In einer kleinen fotokopierten Zeitschrift, die damals die Studenten des Hamburger Philosophie-Instituts gemacht haben, also die Leute, die neben mir im Kant- oder Hegel-Seminar saßen und genauso wie ich zwar kein einziges Wort verstanden haben, aber als aufstrebende Bildungsbürokraten und Moralheuchler ständig versuchten, selbst wie Hegel und Kant zu reden, zu schreiben, zu klingen. Sie wollte ich mit meiner üblen Sex- und Klo-Geschichte einfach nur aufregen, durcheinanderbringen, lächerlich machen. Dass der junge, wahnsinnig geile und bei Frauen völlig erfolglose Ich-Erzähler irgendwann in der Hälfte der Story eine Postkarte von Charles Bukowski persönlich bekommt, der ihn als verdammten Scheißstudenten beschimpft, der noch nie etwas erlebt hat und darum mit dem Schreiben von Geschichten gleich wieder aufhören sollte, war trotzdem – oder gerade deshalb — fast schon so was wie richtige Prosa. »Papa Buk hat's einfacher als so ein Unizögling wie ich, er säuft sich einen an oder pimpert eine Oma«, lautete folgerichtig der letzte Satz meiner ersten Kurzgeschichte, und natürlich musste ich mich tagelang mit den braven Redakteuren des kleinen Studenten-Magazins herumstreiten, die ihn streichen wollten.

Ist Literatur, anders ausgedrückt, wirklich immer nur Provokation? Nicht immer, aber sehr oft: Provokation durch Sex zum Beispiel – ebenso wie durch eine neue, ungewohnte Art, Worte zu benutzen oder wegzulassen. Oder durch die Wahl von Figuren, die man als dauerdepressiver Schriftsteller und gutgelaunter Romanleser normalerweise niemals in seine Wohnung reinlassen würde. Oder durch das Aussprechen von brutalen Wahrheiten. Und vor allem und ganz besonders durch eine wahrhaftige Beschreibung der Brutalität, die angeblich keiner will und die in Wahrheit unsere Gesellschaft noch viel mehr zusammenhält als die Liebe. Denn schließlich ist Literatur nicht dazu da, davon zu erzählen, wie das Leben hier oben auf der Oberfläche ist, also dort, wo wir alle so tun, als wären wir perfekt, moralisch und unverwundbar, als würden wir also immer nur an das Richtige glauben und immer nur das Richtige tun. Nein, die Aufgabe, aber auch der poetische Ur-Kern von Literatur ist es – und ich hoffe, ich klinge jetzt nicht wie Bertolt Brecht, Georg Lukács oder der frühe Marcel Reich-Ranicki –, immer wieder die großen und kleinen verlogenen Übereinkünfte, auf die sich eine bürgerliche genauso wie eine totalitäre Gesellschaft stützt, zu benennen, zu sprengen und ad absurdum zu führen. Genau das – keine Ahnung, wie das am Ende wirklich funktioniert – macht verrückterweise überhaupt erst die Schönheit von Prosa und ihre metaphysische Strahlkraft aus, gerade für spätere Generationen, also ihre Radikalität, ihre Kompromisslosigkeit, ihre Frechheit, gemischt mit suggestiver, richtiger Sprache.

Sex ist, wie gesagt, ein besonders gutes Vehikel, um gesellschaftliches Chaos und literarische Schönheit zu stiften. Philip Roth, der in diesem Zusammenhang natürlich sofort jedem einfällt, ging es mit seinem sympathischen, pornografischen Roman *Portnoys Beschwerden* in den prinzipientreuen und wahrheitsversessenen 60er Jahren nie wirklich darum, seine Leser in Fahrt zu bringen. Er wollte zeigen, wie eng, traurig und fast schon gewalttätig damals die Welt der meisten amerikanischen Juden war, wie sehr die Kinder unter den Eltern und ihrem Leistungs- und Traditionsterror litten. Darum onaniert Portnoy in die weltberühmte Leber ausgerechnet auf dem Weg zum Bar-Mizwa-Unterricht. Und darum fleht Portnoy seinen stummen Therapeuten an: »Machen Sie mich mutig! Machen Sie mich stark! Ich war jetzt lange genug ein netter jüdischer Junge, der in der Öffentlichkeit seinen Eltern Ehre macht, während er im Geheimen daliegt und wichst!«

Auch bei Bukowski ist der Sex nie Selbstzweck. Mal geht es – so wie in der grandios zornigen Short Story *Die Stripperinnen von Burbank* – um ein paar ziemlich unangenehme, melancholische Jungs, die während der Großen Depression immer nur ans Fingern, Spannen und Prügeln denken und darüber vor allem laut reden – aber nicht nur, weil sie darauf Lust haben, sondern weil sie damit die Alten, die Erwachsenen schockieren können. Denn: »Wir hassten unsere Eltern; und weil wir sie hassten, wurden wir auch von ihnen gehasst.«

Und in *Politik*, einer von Bukowskis besten, bedrückendsten Geschichten, macht er uns mit einem jungen Mann bekannt, der ständig saufen und ficken will und gleichzeitig in den Jahren vor dem Ausbruch des Zweiten Weltkriegs alle in seinem College damit nervt, dass er den Nazi spielt. Er gewinnt sogar Anhänger unter seinen Mitschülern, er verliert sie, und kurz vor Pearl Harbour hört er mit der Hitler-Show wieder auf, denn er weiß, dass der Spaß jetzt zu Ende ist, dass bald der schrecklichste aller Kriege kommt, in den er auch ziehen muss. »Es war alles Scheiße. Es war sinnlos. Mein mittelprächtiger Schwanz und ich mussten uns auf Trouble gefasst machen.« So traurig und ergreifend endet diese Geschichte, und wer immer glaubt, dass sie allein vom Saufen und Ficken handelt, sollte unbedingt wieder mehr Bukowski lesen und weniger saufen und ficken.

Als großer deutscher Heroe der literarischen Sexfraktion muss hier natürlich auch noch Rolf Dieter Brinkmann vorkommen, unser erster echter Popdichter, der Jim Morrison der deutschen Lyrik sozusagen, neben dem Wolf Wondratschek wie ein ganz lieber, umgänglicher Paul McCartney wirkt. Brinkmann, 1940 geboren und 1975 gleich wieder gestorben, hasste die alte, staubige, pseudorealistische Vor- und Nachkriegsliteratur. Er hasste die schon damals weit verbreitete Stipendiatenprosa. Er hasste die Provinzialität der Gruppe 47. Und am meisten hasste er gespreizte Besserwisser und Quartalsideologen wie Hans Magnus Enzensberger, der – modischer und dogmatischer ging es nicht – ausgerechnet im Jahr 1968 das angebliche Ende der Literatur erklärte. Ihm entgegnete Brinkmann in seiner irren *ACID*-Anthologie knapp, trocken und literaturtrunken: »Es ist nicht einzusehen, warum nicht ein Gedanke die Attraktivität von Titten einer 19-Jährigen haben sollte, an die man gern fasst.« Viel besser kann man den Schock des Pornografischen mit der Zartheit der romantischen Liebe nicht verbinden, um das Establishment in der Person eines ihrer größten Streber zu schlagen!

Sind Roth, Bukowski und Brinkmann meine Helden? Verbündete oder Seelenverwandte trifft es noch besser. Auch ich habe immer wieder beim Schreiben tief zwischen die Beine meiner Figuren gegriffen, um davon zu erzählen, wie verlogen ausgerechnet die jüdischen Kleinbürger sind, wie antisemitisch die angeblich unantisemitischen Gojim, wie schwer es für beide Seiten ist, im ewigen Schatten ihrer echten und eingebildeten Holocaust- und Stalinismus-Traumata zu leben, und wie schön der Sex sein kann, wenn er nichts anderes als Sex ist. Und natürlich wollte ich gleichzeitig mit der einen oder anderen scharfen Szene die fast schon pathologisch sinnestauben, theoriekontrollierten Betriebsbewohner aus der Reserve locken, um so zu zeigen, dass ihr Zorn auf angebliche Obszönität nur der Zorn auf die Wahrheit und nichts als die Wahrheit ist, die in jedem gelungenen Roman oder Gedicht steckt, also auf die erschütternde Authentizität großer Kunst überhaupt. Und so gesehen könnte ich fast schon zufrieden sein, dass einer meiner eigenen Romane vom höchsten – für manche gottgleichen – deutschen Gericht vor allem wegen seiner Sexstellen verboten und damit quasi totalverrissen wurde, aber noch lieber wäre es mir natürlich, wenn die Menschen das Buch lesen könnten.

Nein, ich kann und will mir eine Literatur ohne Sex nicht vorstellen, so wie ich mir Leser ohne Sex nicht vorstellen kann und will, und dass die Schriftstellerinnen und Schriftsteller vor uns mit dem prüden, absolutistisch-absoluten Sextabu der halbgebildeten Bildungsnormalos aufgeräumt haben, erscheint mir genauso wichtig und revolutionär wie der erste Mondflug oder eine gelungene Martin-Luther-King-Rede. Genau darum nervt es mich auch unendlich, dass die wichtige englische Zeitschrift *Literary Review* seit ein paar Jahren, so als wäre nie etwas gewesen, den Bad Sex in Fiction Award vergibt, dass sie Autoren sozusagen zwecks Abschreckung dafür öffentlich teert und federt, weil sie angeblich nicht gut über Sex schreiben können, und dass dasselbe Magazin noch keinen Preis für die mieseste Großstadtbeschreibung oder den lächerlichsten inneren Monolog ausgeschrieben hat, ist schon mal sehr bezeichnend.

Es kommt mir aber auch sehr verdächtig vor, dass – kaum waren die wahrheitsversessenen 60er Jahre vorbei – Philip Roth wegen seiner oft so poetischen und zugleich witzigen Pornoprosa ganz im Ernst Frauenfeindlichkeit vorgeworfen wurde, so als ob man als Mann bereits dadurch, dass man über die komplizierteste Sache der Welt schreibt, für alle Probleme, die mit ihr verbunden sind, den Frauen die Schuld geben würde.

Und besonders unerträglich finde ich es, wenn sich völlig unmusische Literaturfunktionäre und Hobby-Romanciers wie etwa der Chef des Hamburger Literaturhauses Rainer Moritz nach den dunklen und noch ziemlich unaufgeklärten Zeiten zurücksehnen, als scheinbar alles besser war, unter anderem deshalb, weil Schriftsteller wie Kleist oder Fontane immer dann, wenn ihre Figuren miteinander schliefen, einen Gedankenstrich oder eine Leerzeile machten. Der prüde, humorlose Herr Moritz hat vor Kurzem sogar darüber ein ganzes Buch geschrieben, in dem er sich auf die Suche nach den bösen Sexpassagen machte, und ich kann nur hoffen, dass er sich nicht bald Romane und Erzählungen vornimmt, in denen zu viele Witze, Amerikaner oder Friseure vorkommen.

Sind das alles bereits die Vorboten eines schleichenden Rollbacks – der aber auch vielleicht schon längst da ist –, einer puritanischen Gegenreformation, eines hybriden Zensur-Kreuzzugs, eines im Petit-Bourgeois-Milieu der Kultur immer breiter und konsensfähiger werdenden Drangs, gedruckte Worte und Sätze zu kontrollieren und zu löschen? Ja, ich bin sicher, aber ich weiß nicht genau, warum das passiert. Es könnte so eine Art literarisches – und natürlich auch außerliterarisches – Anti-68 sein. Es könnte einfach nur das ganz normale Blockwart-Geschrei sein, das bestimmt auch schon die alten Griechen und die noch älteren Sumerer kannten. Und dass der heutige Hass auf den Sex in der Literatur etwas damit zu tun hat, dass die, die besonders laut schreien, besonders oft unter der Bettdecke tindern und für nullkommanull Cent Internetpornos gucken, ist ebenfalls sehr wahrscheinlich, denn so hat die Sache mit dem Kompensieren des eigenen schlechten Sexgewissens ja schon immer funktioniert, siehe zum Beispiel der Zorn des legendären closetschwulen CIA-Chefs Edgar J. Hoover auf alle anderen Homosexuellen.

Und jetzt? Was wollen wir klugen, mutigen, unverklemmten Schriftstellerinnen und Schriftsteller in diesen neopuritanischen Tagen und Jahren machen? Das ist doch ganz klar und logisch: Wir wollen nun erst recht über Sex schreiben – mal besser, mal schlechter –, so wie wir es auch sonst nicht zulassen werden, dass uns irgendjemand das Schreiben über unsere Kindheit, unsere Ängste, unsere Träume verdirbt oder sogar verbietet.

Denn fünftens: Wer den Sex in der Literatur verbieten will, würde am liebsten die ganze Literatur verbieten.

(2018)

Die dritte Ethnie

Als Hitler kam, gingen die Juden. Als Hitler ging, kamen sie aber nicht zurück. Nur ein paar von ihnen blieben nach dem Krieg zwischen Görlitz und Garmisch hängen, und es waren so wenige, dass die Deutschen das erste Mal nach tausend Jahren sagen konnten, sie seien unter sich. Ich glaube, sie sagten es gern.

Im judenreinen Deutschland der Nachkriegszeit war dann nicht mehr viel los. Im Radio spielten sie die Schlagercharts der Colonia Dignidad rauf und runter, Ernst Jüngers schwülstige Bildungsprosa verkaufte sich besser als Heine und Hemingway, Frauen und ihre Kleider hatten den Charme von eingewickelten Butterbroten, und der einzige Abgrund, der sich damals vor den Kinozuschauern öffnete, war das Zillertal.

Seitdem hat sich nicht viel geändert. Grönemeyer klingt trotz seiner unbändigen Pop-Sehnsucht immer noch, als singe er nicht ins Mikrophon, sondern in eine Currywurst, der Ernst Jünger von heute heißt Bodo Kirchhoff, und Filme von Schweiger, Wortmann & Co haben mit der Realität so viel zu tun wie *Der Schatz vom Silbersee*. Und nicht einmal die Amerikanisierung der arisierten Deutschen hat wirklich funktioniert: Oder hat jemals jemand einen von ihnen an der richtigen Stelle von *Friends* lachen gehört?

Ich bin kein Rassist. Ich rede bloß davon, was der real praktizierende Rassismus Hitlers aus den Deutschen gemacht hat: ein ungewöhnlich homogenes und darum langweiliges Volk, so introvertiert und provinziell wie bei inzestgezüchteten Hinterwäldlern üblich. Üblich ist bei denen natürlich auch, dass sie unter sich bleiben wollen. Aber das wird bald nicht mehr gehen – wenn die dritte Ethnie in diesem Land sich endlich zu sich selbst bekennt.

Die dritte Ethnie? Was ist das? Wenn wir die Deutschen in Deutschland die erste Ethnie nennen und die Ausländer hier die zweite, dann sind die Kinder und Enkel der Ausländer die dritte Ethnie, und manchmal haben sie auch einen deutschen Vater oder eine deutsche Mutter, aber das macht sie auch nicht deutscher.

Die Kinder der dritten Ethnie scheren sich nicht um Tradition. Sie tun zwar ihren Eltern den Gefallen und heucheln Interesse an den alten Bräuchen und Erinnerungen, aber das ist reine Höflichkeit. Was interessiert sie das kurdische Neujahrsfest, der mexikanische Machokult oder Stalins Vernichtungswahn? Sie haben längst ihre eigenen Erfahrungen, und eigentlich ist es immer nur die eine Erfahrung: als Nichtdeutscher deutscher zu sein, als man es sich eingestehen will – und trotzdem nicht zu den Deutschen dazuzugehören.

Das verbindet sie. Das lässt sie ähnlich fühlen und denken, das macht ihre Sprache frisch und emotional. Und vor allem verleiht es ihnen eine Energie, die für das wohlstandskomatöse Deutschland so belebend sein könnte wie eine Elektroschocktherapie. Es ist die Energie jener, die am Rand stehen und entweder versuchen, in die Mitte der Gesellschaft zu gelangen, oder im Gegenteil den Rand zum Zentrum ausrufen. Zwischen diesen beiden Positionen werden sie ständig hin- und hergerissen, und das macht ihr Leben und ihre Geschäfte so aufregend und erfolgreich, und wenn sie Künstler sind, ihre Kunst. Ja, genauso war das schon mal in Deutschland, vor dem Krieg. Damals waren die Kinder der Gettojuden die dritte Ethnie, und es gab kaum ein aufregenderes Land auf der Welt.

Ich bin natürlich auch einer von denen, über die ich hier schreibe. Tscheche, Russe, Jude, Armenier, Deutscher – die personifizierte dritte Ethnie. Und darum sage ich: Wir müssen endlich unsere Eigenart begreifen. Wir müssen über sie sprechen, wir müssen sie in unseren Filmen und Büchern zum Thema machen. Und wir müssen für uns Quoten in Parteien und Aufsichtsräten fordern, wir müssen unsere Zeitungen und Fernsehsender gründen, und wenn wir das alles nicht tun, auch okay, aber wir sollten zumindest ganz viel und ganz laut darüber reden, damit uns keiner mehr ignorieren kann in Hitlers zwangsgezüchtetem, langweiligem Hinterwäldlerland.

Wir sind nämlich das, was Amerikaner, Israelis, Brasilianer schon seit Generationen sind. Wir sind das Leben, das Chaos, die Zukunft. Wir sind Deutschlands letzte Chance.

(2003)

Gebrauchsanweisung für den Hass

Wussten Sie, dass der große Aufklärer und noch größere Moral-Spindoktor Émile Zola für viele seiner damaligen Gegner nur ein kleiner, dreckiger Hassjournalist und Judenfreund war? Haben Sie schon mal darüber nachgedacht, was der ewige Wort-Onanist Peter Handke bei seiner großen Gruppe-47-Anklage in Princeton gemeint hat, als er der Richter-Grass-Bande in vulgär-germanistischem Vokabular »Beschreibungsimpotenz« vorwarf? Hat er nicht in Wahrheit das gesamte deutsche Literatur-ZK seiner Zeit als einen Haufen alternder Schlappschwänze beschimpft, wofür er bis heute von allen nachfolgenden deutschen Literatur-Schlappschwänzen bewundert wird? Und können Sie sich daran erinnern, wie der romantische Ex-Kommunist und politische Dauer-Einfaltspinsel Wolf Biermann kurz nach der Wende einen der wenigen Helden der DDR-Revolution ausgerechnet in seiner Büchner-Preis-Rede als »Stasi-Spitzel Sascha Arschloch« titulierte, worauf sofort alle Mainstream-Medien vom *Spiegel* bis zu den *Tagesthemen* das sonst so verbotene Wort euphorisch zitierten – und wie schon bald durch Biermanns genialen rhetorischen Minitrick die halbe DDR-Opposition als verlogen diskreditiert war und er wieder ganz allein als großer Honecker-Bezwinger galt?

Nein, das alles haben Sie natürlich längst verdrängt und vergessen – denn heftige, obszöne, hasserfüllte intellektuelle Debatten passen nicht in das gegenwärtige linksrechte Weltbild der inzwischen so fest zusammenstehenden prüden, erzreaktionären Feuilleton-Volksgemeinschaft, der Sie angehören, diesem immer größer werdenden, grauen Heer simulationsfixierter Baudrillard-Missversteher, heimlicher Heideggerianer, genderverrückter Judith-Butler-Damen-und-Herren, strammer *Merkur*-Leser, einfallsloser Oberlehrer, karrieristischer Oberschüler und dezent tätowierter Chris-Dercon-Höflinge, für die angelesene Theorien alles sind und eigene Gedanken nichts – allein deshalb, weil man für die ja dann ganz allein verantwortlich wäre als armer, kleiner deutscher Untertan.

Wenn ich Sie jetzt aber daran erinnere, dass zum großen Denken, dass also zum prinzipiellen Infragestellen des Bestehenden nicht pseudogelehrtes Zerreden und Referieren und Nachplappern gehört, sondern oft auch das große Beleidigen à la »Ich kann nicht so viel fressen, wie ich kotzen möchte!« oder »Und sie dreht sich doch, ihr katholischen Vollidioten!«, wenn ich Ihnen sage, dass am Ende jeder wirklich neue Gedanke für die folgsamen Anhänger eines alten Gedankens eine Beleidigung bedeutet, eine schwere ideologische Erschütterung, ein unangenehmes, aber oft heilsames Denk-Attentat, dann sind Sie natürlich wahnsinnig genervt, denn erstens, dachten Sie, hatten Sie endlich für ein paar Jahre Ruhe von Hasskolumnisten wie mir und waren auf dem Friedhof Ihrer kleinen Germanen- und Gelehrtenrepublik ganz unter sich – und zweitens wissen Sie ganz genau, dass ich recht habe.

Und jetzt sage ich Ihnen, was mir zurzeit unglaublich auf die Nerven geht: Dass Leute wie Sie immer öfter so tun, als hätten die Hass- und Hetz-Atmosphäre im Internet und die radikale, aggressive, sorgfältig komponierte Polemik irgendetwas miteinander zu tun. Meinen Sie das im Ernst? Wollen Sie tatsächlich Donald Trumps nächtliche Twitter-Angebereien und antisemitische Facebook-Tsunamis, frauenfeindliche Tiraden und obszöne FSB-Propagandalügen mit den verbalen Ein- und Ausfällen eines Heinrich Heine, eines Karl Kraus oder frühen Henryk M. Broder vergleichen? Ja, genau das wollen Sie! Denn Sie hoffen und beten, dass dieser falsche, schräge, demagogische Vergleich »nachhaltig« – wie Sie sagen würden – ein Denken und Schreiben diskreditiert, das in Deutschland ohnehin nie sehr beliebt war, allen alibimäßigen Börne- und Tucholsky-Preisen zum Trotz, die inzwischen sowieso fast nur noch an solche nationalkulturellen Verunklärer und Hobby-Esoteriker wie Peter Sloterdijk oder Rüdiger Safranski verschleudert werden.

Sie wollen, anders gesagt, jeden Abend Ihre beruhigende Luhmann-, Lilla-, Eribon- oder Heidegger-Pille nehmen und dann die Nacht und vielleicht sogar noch den halben Tag ungestört durchschlafen. Und dann wollen Sie hier eine temperamentlose, geistlos abwägende Buchkritik lesen, dort eine Sozialreportage oder einen Flüchtlingsbericht, deren Hauptmerkmale billiges Moralisieren und zeitgenössische Journalistenschulen-»Beschreibungsimpotenz« sind, und wenn Sie einen Leitartikel lesen oder selbst schreiben, dann gefällt er Ihnen nur, wenn Sie hinterher genauso denken wie davor.

Ja, Sie wollen eben nicht, dass man Ihnen – nur ein Beispiel für ein mögliches Denk-Attentat auf eine Ihrer vielen kleinbürgerlichen linksrechten Selbstgewissheiten! – mit scharfen Worten und noch schärferen Gedanken erklärt, wie verrottet inzwischen Ihre neualte, deutsche Gegenwart ist. Sie wollen nicht hören und sehen und verstehen, dass nicht bloß im Bundestag neben dem neuen demokratischen Deutschland jetzt auch wieder das alte antidemokratische Deutschland sitzt, sondern genauso in jedem germanistischen Institut, in jeder Redaktion, in jeder modernen Frankfurter Bahnhofsbar, in fast jedem deutschen Gehirn. Und Sie wollen schon gar nicht, dass man die Heuchler und Arschlöcher von heute ganz direkt und biermannhaft-provokativ beim Namen nennt, egal ob sie Jakob »Walser« Augstein, Sigmar »Nazisohn und Iranfreund« Gabriel, Frank-Walter »Ich wohne in einer arisierten Dienstvilla« Steinmeier oder Alexander »Mehr Diktatur wagen!« Gauland heißen, weil die Darf-man-das-Debatte, die dann ausbrechen würde, auch Sie selbst und Ihr selbstgefälliges Selbstverständnis als historisch und politisch hin- und hergerissener Täter-Enkel wegfegen würde – denn schließlich sind

Sie es, Sie Arschloch, der diese Alt- und Jung-Siegfrieds ständig fasziniert lesen, drucken und interviewen.

Nein, es tut mir sehr leid: Aber der Internet-Hass und der Hass eines bösartigen, wahrheitsliebenden, stringent argumentierenden und maßlos schimpfenden Publizisten haben absolut nichts miteinander zu tun, und wenn jetzt Leute wie Sie plötzlich hoffen, dass das neue Netzsäuberungsgesetz des geschäftsführenden Klein-Robespierre aus dem Berliner Justizministerium Leute wie mich oder Friedrich Torberg oder Theodor Lessing abschrecken würde, dann kann ich Sie zwar sehr gut verstehen – aber ich muss Sie natürlich trotzdem enttäuschen. Denn wer immer einen mehr oder weniger obszönklugen Gedanken im Internet löscht, kommt mir genauso vor wie ein Kind, das sich die Augen zuhält und glaubt, dass man es nicht sieht. Sogar wenn Heiko Maas, Mark Zuckerberg und die chinesische KP das ganze gigantische World Wide Web orwellmäßig regieren würden, würden sie trotzdem niemals unsere Gedanken unter Kontrolle kriegen, korrekt? Und wenn sie eines Tages anfangen würden, unsere Profilfotos mit Photoshop schöner zu machen, wäre uns das ebenfalls ziemlich egal.

Klar, die guten und bösen Bösewichter von heute haben die Superrechner und Mega-Clouds und Total-Algorithmen. Aber wir haben unsere Köpfe, und wir haben die Bücher und das Papier, wo die Sätze komplizierter, die Beschimpfungen elaborierter, die Kritik am Gegner und am jeweiligen Status quo durchdachter sind, weshalb sie zwar oft sehr viel länger von dort in die reale Wirklichkeit brauchen als ein Shitstorm oder eine verunglückte arabische Facebook-Revolution – aber am Ende setzen sie sich wenigstens durch. Oder glauben Sie wirklich, dass Männer und Frauen wie Spinoza, Karl Popper oder Hannah Arendt mit 280 Zeichen, ein paar Flashmob-Posts und Facebook-Rants besonders weit gekommen wären?

Ja, ich glaube fest an die Kraft der polemischen, intellektuellen Übertreibung, obwohl es – um bei dem sehr aktuellen Beispiel von vorhin zu bleiben – im Moment gar nicht so aussieht, dass sie funktioniert; obwohl, um genau zu sein, in diesen Monaten und Jahren ein Deutschland entsteht, gegen das Leute wie ich eigentlich ja schon seit dem ersten Burschenschaftstreffen, seit dem ersten antisemitischen Essay des Oberarschlochs Richard Wagner und seit der ersten Hitlerrede anschreiben und anschimpfen. Und vor allem glaube ich deshalb so fest an den rhetorischen Totalangriff, Sie Arschloch, weil ich immer öfter den Verdacht habe, dass alle, die Hass-Aufklärern und Radikal-Polemikern wie mir erzählen, Hass sei irgendwie vorbei – wegen Trump, wegen Bushido, wegen Pegida, wegen Yoga, wegen Revenge Porn, wegen des Internets oder was weiß ich –, eigentlich nur den absolut berechtigten Hass gegen sie selbst meinen und fürchten. Richtig, ich meine den Hass gegen ihre eigene moralische und akademische Trägheit, gegen ihren so harmlos daherkommenden Provinzialismus, der auch nicht viel anders ist als die unharmlose Heimatliebe der Identitären, und somit gegen ihr heimliches und offenes, bewusstes und unbewusstes Komplizentum mit den Architekten einer Vierten Deutschen Republik, die im Vergleich zum chaotischen, aber freiheitlichen und kosmopolitischen Nach-Wende-Deutschland ein halbtotalitärer Misthaufen sein wird – wenn Leute wie ich sie nicht noch mit unserer eiskalten analytischen Wut und gottlosen Besserwisserei aufhalten, *inschallah, b'esrat haschem*, so Gott will.

Ja, Sie haben ganz richtig gelesen: Das war mal wieder eine echte Hasskolumne. Es wurde Zeit, finden Sie nicht? Mal sehen, ob ein Heiko-Maas-Algorithmus sie findet und löscht. Wahrscheinlich nicht – und wenn doch, dann wäre das auch egal. Denn gedruckt ist gedruckt.

(2018)

Die Schwierigkeiten beim Sagen der Wahrheit

Als ich zur Schule ging, gab es noch echte Feinde. Es waren nicht meine Feinde, das hatte ich schnell begriffen, es waren die Feinde meiner Freunde, aber was für Freunde konnten das schon sein, deren Hass- und Wutgefühle ich nie teilen konnte. Doch das ist ein anderes Thema, und vielleicht auch nicht, und darum sollte ich jetzt von dem Morgen im Oktober 1977 reden, als in Mogadischu ein – zugegeben leicht todesschwadronmäßig auftretendes – GSG-9-Kommando 87 verzweifelte Lufthansa-Passagiere von einem tage- und nächtelangen Horrortrip wieder herunterbrachte. Ich hatte mich für diese unseligen Mallorca-Urlauber gefreut, so wie ich mich ein Jahr vorher über die Befreiung der Entebbe-Geiseln gefreut hatte, aber meine Freunde und Mitschüler freuten sich überhaupt nicht. Als ich um acht in die Schule kam, waren, bis auf ein paar versteckt vor sich hin grinsende JU-Spießer, alle, aber wirklich alle um mich herum kaputt und zornig, und ihr Hass gegen den Bullenstaat, oder wie sie das nannten, steigerte sich proportional zu den immer neuen, sonderbaren Nachrichten von dem kollektiven RAF-Die-in in Stammheim, die am selben Vormittag allmählich in die Klassenräume des Hamburger Helene-Lange-Gymnasiums sickerten. Es war ein grauer, melancholischer, vibrierender Tag, dieser 18. Oktober 1977, und selten war in Deutschland einer ganzen Jugend so klar, wo der Feind steht.

Mir war gar nichts klar. Ich kam aus dem Osten, aus Prag, mein Vater hatte in Moskau studiert und war von der Universität geflogen, weil er, selbst ein Kommunist, seinem besten Freund anvertraut hatte, Stalins Kampagne gegen die sogenannten Kosmopoliten sei purer Antisemitismus, worauf der Freund ihn bei der Partei denunziert hat – und so weiter.

Diese Geschichte, die zu Hause oft erzählt wurde, hat mich geprägt, sie hat mich mehr geprägt als jede Geschichte von irgendwelchen verrückt gewordenen Nazimassenmördern. Denn sie hat mich gelehrt, dass das Totalitäre an einem totalitären System vor allem ist, dass es sich um den Einzelnen im Namen der Systemlüge oder – schlimmer noch – Systemwahrheit nichts scheißt und erst recht nicht um dessen im Zweifel immer wahrere, weil menschliche Wahrheit. Wie sollte ich also verstehen, dass das Leben der Mogadischu-Geiseln und das von Hanns-Martin Schleyer nichts wert war, aber jenes von Meinhof und Baader alles? Wie sollte ich Helmut Schmidt und die Polizei-SA-SS hassen, wie sollte ich allen Ernstes in einem demokratischen Staat, der gerade etwas nervös war und tatsächlich überreagierte, einen Feind sehen, den meine Freunde als so monströs und allgegenwärtig beschrieben, wie ich es vom Faschismus gehört und vom Bolschewismus sogar ein wenig selbst kannte? Und wie, vor allem, konnte ich *nicht* erkennen, dass meine Freunde fehlprogrammierte, unmenschliche, gedankenlose Dogmatiker waren, Leute also, vor denen meine Familie nach dem so lächerlich dramatischen Ende des Prager Frühlings doch eben erst angeekelt weggelaufen war?

Meine Freunde von damals hatten natürlich nicht nur Feinde. Sie hatten auch ihre Helden, und einer von ihnen hieß Bertolt Brecht. Den wiederum habe ich gehasst. Ich habe ihn gehasst, weil sie ihn wie eine Fahne vor sich hertrugen, und wo Fahnen sind, da sind auch Parolen, und wo Parolen sind, braucht man selbst nicht zu denken. Nicht, dass ich viel mehr gedacht hätte als sie, aber nur ein bisschen an intellektuellem Eigenaufwand hat schon gereicht, um zu erkennen, dass dieser Brecht der König der Dummköpfe sein musste. Einer der Dummköpfe war unser Deutschlehrer, die Sorte hysterischer, hinterhältiger Anti-Nazi-Nazi, von der es zu jener Zeit so viele gab, dass ich mich bis heute frage, wo sie alle geblieben sind. An seinen Unterricht kann ich mich nicht mehr erinnern, ich kann mich an kein einziges seiner Worte erinnern, an keinen seiner Gedanken. Ich weiß nur, dass bei ihm von Brecht so oft die Rede war wie in einer Kirche von Gott, weshalb ich ihm nie zugehört habe und in meinem Kopf bis heute eine ziemliche Brechtleere herrscht. Und ich weiß auch noch, dass in seinem Kurs die ganze bekiffte linke Oberstufen-Elite herumhing und automatisch ihre Punkte kassierte, und einmal prügelte er mich aus dem Klassenzimmer heraus, keine Ahnung, warum.

Zu Brecht selbst fällt mir doch noch etwas ein: Wie sehr mich sein falscher, schnurrender Brechtton angewidert hat, dieses taktische Fordern und Zaudern eines Volkspädagogen, diese Überheblichkeit von jemandem, der glaubt, bloß weil er ein paar Theaterstücke geschrieben hat und ich nicht, wäre ich zu blöd zu durchschauen, dass sein ewiges schmeichlerisches Moralgerede in Wahrheit reine Kommunistenpropaganda ist. Außerdem, was konnte das schon für eine Moral sein, wenn er sie nur deshalb ins Feld führte, um einer – so sah ich es damals, so sehe ich es heute – diktatorischen Gesellschaftsform wie dem Kommunismus zum Sieg zu verhelfen. Das war das eine. Das andere war, dass die Feinde von Brecht und seinen 70er-Jahre-Lemmingen ja nicht meine Feinde waren, und weil jede Moral sich entsprechend ihrer Definition von Gut und Böse konstituiert, konnte Brechts dumpf-antibürgerliche, militant-kollektivistische Moral nicht meine Moral sein. Im Gegenteil, sie war mein Feind, und ich baute mir – sprunghaft, pubertär, unbewusst, selbstgerecht – gegen sie meine eigene universelle Menschenmoral auf, von der ich viel später erfahren sollte, ganz ähnlich, aber viel klüger hätten sich das zweihundert Jahre vorher die Stars der Aufklärung auch schon gedacht. So wurde Bertolt Brecht in meinen Augen, stellvertretend für alle anderen linken Pseudomoralisten, zum Chefaushöhler des kostbarsten politischen Begriffs, den wir haben – der Moral. Und so, wie ich dafür den Guten Menschen von Ostberlin hasste,

hasste ich plötzlich alle Linken, alle meine Freunde, alle meine Feinde.

Das war natürlich gut. Das war sogar sehr gut. Denn während sich in Deutschland ab Ende der 70er Jahre mit dem Salonkommunismus leider auch der Hass auf das Falsche und die kompromisslose Ablehnung gegnerischer Positionen aus dem politischen Großdiskurs zu verflüchtigen begannen; während die politische Kategorie der Feindschaft – als der Motor und das Fundament jeder moralischen Selbstvergewisserung – fast unbemerkt durch die neue, völlig unpolitische Kategorie der Angst ersetzt wurde, kam ich hass- und moralmäßig gerade erst überhaupt in Fahrt, ein echtes Kind der 70er also und gleichzeitig ein totaler Anachronismus. Bestimmt war ich nicht der Einzige, der stur an diesem berauschenden Gut-oder-Böse-Denken festhielt, aber sehr viele waren wir nie, und mehr noch als unsere eigene etwas humorlose Einzelkämpfer-Tour killt uns heute logischerweise die vollkommene Morallosigkeit der Zeit, in der wir inzwischen leben, die nicht nur wachsweiche Politiker, feige Arbeitskollegen und nuttiges Boulevardfernsehen produziert, sondern vor allem gleichgültige Intellektuelle und schlechte Bücher. Dazu dann später.

Angst machte eines Tages plötzlich also in diesem Land politisch Karriere: Angst vor Kernkraft zum Beispiel, vor DDT, vor Tschernobyl ließ die Grünen entstehen und wachsen und später grünes Denken und Fühlen parteiübergreifend Mainstream werden. Angst vor einem Pershing-SS-20-Atomkriegsdrama brachte für einen kurzen Herbst des Aufruhrs die Friedensbewegung auf die Straßen. Angst vor Saddams Giftgas-Drohungen führte dazu, dass die Deutschen ein weiteres Mal mit einer Heftigkeit auf ihr Recht auf Frieden pochten, mit der sonst betrogene Pauschalreisende den im Reiseprospekt versprochenen Meeresblick beim Hotelmanager einklagen. Es war, man muss es so sehen, jedes Mal nur die Sorge um die eigene körperliche und seelische Unversehrtheit, die die Deutschen in kurzen, hysterischen Schüben politisch werden ließ, aber was heißt schon politisch, wenn der Gegner, den man niederringen will, irgendein abstrakter, nicht nachweisbarer radioaktiver oder chemischer Wert ist oder wenn dieser Gegner weit weg in Moskau, Washington, Bagdad sitzt und einen überhaupt nicht zur Kenntnis nimmt. Sogar die banal und fast alltäglich dahergekommene Wiedervereinigung – historisch nur deshalb, weil nie zuvor ein politisches Ereignis noch vor seinem Abschluss so oft und so verzweifelt als historisch bezeichnet wurde – war das Produkt von Angst: Der Angst der längst durchs Westfernsehen westdeutsch sozialisierten Ostdeutschen, nie etwas vom Geld ihrer westdeutschen Brüder abzubekommen. Und als es dann irgendwann darum ging, dass deutsche Kampfpiloten aus der sicheren Höhe von Tausenden von Metern ihre Bomben auf ein paar Schuschen abschießen sollten, bei denen ohnehin nie klar war, ob es nun unsere Nato-Schuschen sind oder dem Milošević seine, auch egal – als also im Kosovo der Krieg in all seiner irrationalen Logik nach Europa zurückkehrte, zitterte halb Deutschland um seine videospielenden Kampfpiloten, die andere Hälfte vor dem Dominoeffekt, und die Bundesregierung insgesamt zitterte vor Madeleine Albright und machte genau, was die wollte. Kaum war die Sache vorbei, waren alle froh, dass sie nicht mehr zittern mussten, und löschten den so unangenehmen Kosovokrieg aus der kollektiven Erinnerung.

Habe ich Helmut Kohl vergessen? Habe ich nicht. Er hat wie kein anderer davon profitiert, dass die Deutschen – egal ob rechts oder links – sich in ein Volk von selbstsüchtigen, neurotischen Feiglingen verwandelt hatten, die nun einzig von ihrer Angst um ihr Wohlfühlgefühl angetrieben wurden. Der alte romantische Soldatenstamm hatte keine Kraft mehr zu kämpfen, er hatte keine schlechten Ideale mehr und keine guten, er kannte keine Feindschaften und keine Moral, es ging ihm nur noch darum, sich gut zu fühlen und auf keinen Fall schlecht. Gut essen, gut reisen, gut raven, gut Sex haben, gut Fitness machen, gut gesund leben, gut Geld verdienen, gut Filme gucken, gut Zeitschriften blättern, gut Mode tragen, gut druff sein – niemand wollte etwas anderes, und Helmut Kohl sorgte dafür, dass es so blieb. Er, dessen einzige originelle politische Idee darin bestand, in Krisensituationen in feige Scheinlähmung zu verfallen, war der richtige Mann in der richtigen Stunde. Seine wie in Stein gemeißelte mimische und politische Reglosigkeit war ein Symbol dafür, dass sich nie etwas ändern und das goldene kapitalistische Zeitalter ewig währen würde, und dass Gerhard Schröder die Wahl gegen ihn mit dem Versprechen gewann, er wolle alles genauso machen wie Helmut Kohl, beweist, dass ich erstens absolut recht habe, und zweitens, dass Kohl immer noch an der Macht ist.

Natürlich war Helmut Kohl mehr als eine harmlose Sphinx, er war ein richtiger Machtteufel. Selbst nie wirklich so stark, wie seine Sklaven von gestern es uns nun weismachen wollen, nutzte er das prinzipienlose Memmentum seiner Umgebung ohne jede Sentimentalität aus. Die Sache mit der geistig-moralischen Wende war darum auch ernster gemeint, als alle dachten: Es ging ihm dabei um die – in Wahrheit allgemein willkommene – Diskreditierung jeder Form von Idealismus und Moral und um die Inthronisierung eines kleinbürgerlichen Pragmatismus-Begriffs, der darauf hinauslief, nicht das Gute, Wahre, Schöne, Unerreichbare sollten das Ziel allen menschlichen und politischen Handelns sein, sondern einzig der Fakt, dass wir alle kleine, berechnende, feige Menschmenschen sind. Darum machte sich Kohl dann meist kleiner als er war, darum tat er immer so, als sei er einer von denen da unten, darum erklärte er in wohlkalkulierter Mitläuferart, er wisse nicht, was aus ihm selbst geworden wäre, hätte er eine DDR-Biografie gehabt, weshalb er über niemanden richten wolle.

Das war der ideologische Dreh, den er gefunden hatte. Die Praxis ging in eine ähnliche Richtung. Kohl wusste, dass er im Kabinett, in der Partei, im Parlament von Leuten umgeben war, die alle nichts anderes wollten, außer dort zu sein, wo sie sind, und das zu haben, was sie haben. Und so konnte er mit ihnen allen – und auf gewisse Weise auch mit der unterwürfigen Opposition – sein machiavellistisches Pfründespiel spielen. Das Spiel ging ganz einfach: Wenn du den Mund hältst, wenn du tust, was ich will, kriegst du alles, was sich dein kleines Materialistenhirn erträumt. Wenn aber nicht, bist du schon morgen beruflich ein Niemand, gesellschaftlich ein Nichts, hedonistisch auf der Verliererseite. Das war das wahre System Kohl, und nach diesem System funktionierte nicht nur Bonn – die ganze Unmoralische Republik Deutschland funktionierte so, und sie funktioniert bis heute nicht anders. In jeder Autofabrik, in jeder Universität, in jedem Krankenhaus; in jedem Verlag, in jeder Zeitung, in jeder Plattenfirma; in jeder Partei, in jeder TV-Produktion, in jeder Bank hockt irgend so ein kleiner Kohl-Machtteufel herum und treibt einen Haufen ängstlicher, karrieristischer Ja-Sager vor sich her, die nie für eine neue Idee oder einen alten Traum kämpfen würden und schon gar nicht für eine bessere Welt. In der, denken sie nämlich, sind sie doch ohnehin längst angekommen, und wenn das für einen Ford-Arbeiter oder Postangestellten vielleicht wirklich gilt – für jemanden, der für die ARD Kommentare spricht, am Hamburger Schauspielhaus Stücke inszeniert oder in der Frankfurter Schirn Ausstellungen einrichtet, kann das eigentlich nie und nimmer gelten.

Leider offenbar doch. Denn die deprimierende Temperamentlosigkeit und Gleichförmigkeit unseres geistigen und künstlerischen Lebens, die nun schon fast ein Vierteljahrhundert andauert und die zu leugnen nichts anderes wäre als sie zu bestätigen und zu zementieren, diese fast schmerzhafte provinzielle Bedeutungslosigkeit eines ehemaligen Kulturvolks, das kaum mehr zustande bringt als eine Endlosserie routinierter Theaterpremieren, gesichtsloser Literaturagenten-Literatur, apologetischer Grass-Walser-Handke-Romane und flau argumentierender *Spiegel*-Artikel sowie eine kleinstädterhafte Hauptstadt-Massenpsychose – das alles ist, zunächst rein soziologisch betrachtet, die Folge von totalem Einverstandensein: dem Einverstandensein mit den Gedanken, die die anderen gerade denken, mit den Bildern, die die anderen gerade machen, mit den Melodien, die die anderen gerade pfeifen. Eine solche öde, kompromisslerische, inzestuöse Homogenität erwächst aber keinesfalls aus einer tieferen intellektuellen Einsicht oder künstlerischen Empfindung, sie hat nur damit zu tun, dass Geistesarbeiter, heute zumindest, offenbar auch nicht anders drauf sind als Fabrikarbeiter.

Ich weiß, Sie glauben mir nicht. Aber welches deutsche Buch der letzten Zeit hat Sie so durcheinandergebracht, dass Sie danach die Realität mit anderen Augen sahen? In welcher deutschen Zeitung dieser Tage und Jahre erfahren Sie, wie die Welt sein sollte und nicht bloß, wie sie ist? Wann sind Sie in einem wissenschaftlichen Aufsatz einem Gedanken begegnet, der Sie genauso überrascht und bewegt hätte wie eine neue Freundschaft oder gar Feindschaft? Wer hat Ihnen zuletzt, ohne Rücksicht auf persönliche Verluste, gesagt, was er für richtig, was er für falsch hält?

Viele Fragen, kaum eine Antwort. Eine Antwort hätte ich selbst: Nur wenn die toten Juden aus ihren Gräbern gezerrt werden oder sich von allein aus ihnen erheben, nur wenn es um die Reinigung von der bösen historischen deutschen Erbschuld geht und sich die unangenehme Frage stellt, ob Deutsche und Juden durch den Holocaust, dessen Ziel es war, sie für immer voneinander zu trennen, im Gegenteil für immer vereint wurden – nur wenn also Hitler und Anti-Hitler aufeinanderstoßen, kommt Leben in die Bude, wird ehrlich gestritten, gehasst, geschrieben. Plötzlich gibt es keine Feiglinge mehr, Botho Strauß bekennt sich zur Konservativen Revolution, Martin Walser zu seiner Nazi-Mutter, Rudolf Augstein zu seiner Wut aufs Weltjudentum, Peter Sloterdijk zu einer Art zukunftsversessener Mengele-Lehre, Ernst Nolte zu seinen Jugendfreunden, denen er wegen Wehruntauglichkeit nicht in die Stahlgewitter des Zweiten Weltkriegs folgen durfte. Diesen aufrechten deutschen Männern tritt dann eine mindestens genauso aufrechte deutsche Öffentlichkeit entgegen, die sich mutig deren mutige Argumente vornimmt. Das Ganze heißt hinterher Historikerstreit oder Walser-Bubis-Debatte, und obwohl es im Prinzip jedes Mal ein Einer-gegen-alle-Krieg ist, endet er seltsamerweise regelmäßig mit dem Sieg des einen – insofern es diesem einen, der eigentlich immer ein ehemaliger linker Scheißmoralist ist, im Laufe der Auseinandersetzung gelingt, die anderen logischerweise zu überzeugen, dass Moral scheiße, weil altmodisch und lästig und asketisch und voll '68 ist, und wenn sie das akzeptieren, sagt er auch nie wieder etwas Schlechtes über die Juden.

So dient das einzige Thema, das noch offene Moralfragen beinhaltet und darum mit Gegnerschaft und Leidenschaft aufgeladen ist, in Wahrheit auch nur dazu, die Gutfühl-Deutschen von den Anstrengungen und Risiken moralischer Haltungen zu befreien. Dazu passt, dass all diese Kämpfe um tote Juden und noch totere Nazis natürlich reine Schattenkämpfe sind, wenn man bedenkt, dass lebende Ausländer sich in der früheren DDR heute genauso sicher fühlen können wie ein deutscher Tourist in der South Bronx. Längst haben noch lebendigere und ganz und gar unhistorische Nazis – im Schatten der hohlen Holocaust-Debatten – in weiten Teilen der ostdeutschen Provinz gramscimäßig die Kontrolle über den Alltag und die Köpfe der Menschen übernommen. Sie diktieren die Bedingungen des Kampfes, sie suchen sich ihre Gegner, nicht die Gegner sie, sie definieren hingebungsvoll ihre eigene Ethik und ihre politischen Ziele, und so hat der rechtsradikale Marsch durch die Institutionen, der eines Tages aus unserem neurotischen, demoralisierten Weichei-Deutschland ein ganz anderes Deutschland machen wird, bereits begonnen. Aber das wird in den Debattismus-Kreisen mit zusammengekniffenen Hintern und klappernden Zähnen ignoriert – denn es würde einfach zu viel Kraft kosten und vor allem wieder totalen Hass-Einsatz und den möglichen Verlust der eigenen Illusionsidylle bedeuten, müsste man in die Schlacht gegen die prinzipienversessenen Nazis von Neusaxonia ziehen. Dann schon lieber Walser oder Sloterdijk im *Zeit*-Feuilleton zart in die reaktionäre Wade beißen und gleich in der nächsten Nummer wachsweich deren redundante Entgegnung drucken.

Und noch etwas: Wieso haben all die Holocaust-Debatten bloß immer nur neue Holocaust-Debatten geboren? Warum führt die Beschäftigung der zeitgenössischen deutschen Autoren mit den zentralen Fragen der deutschen Geschichte nie zur Entstehung eines großen, heißblütigen Romans, eines blutgefrierenden Theaterstücks? Ob Bernhard Schlink von der verbotenen Liebe eines jungen Deutschen zu einer ehemaligen KZ-Aufseherin erzählt oder Marcel Beyer von den letzten Tagen der Goebbels-Töchter, ob Christoph Schlingensief auf Eva Brauns Spuren wandelt oder Romuald Karmakar Himmlers Wannsee-Rede einen Film schenkt – immer bleibt der Eindruck zurück, das Wahre, das Echte, das Eigentliche, also das Menschliche an solchen Geschichten, kommt in den Texten und Bildern, die von diesen Geschichten handeln sollen, gar nicht vor. Sie sind mal grell, mal tiefsinnig, mal spekulativ, aber nie berühren sie die letzten Dinge – und schon gar nicht die Seelen des Publikums. Dass das etwas mit der oben beschriebenen Verlogenheit aller Holocaust-Reden zu tun haben muss, davon bin ich fest überzeugt. Im weiteren Sinn hängt es aber mit der moralischen Gleichgültigkeit einer ganzen Gesellschaft zusammen, ihrer intellektuellen Elite allen voran.

Zweiter Auftritt Bert Brecht. Als ich anfing, darüber nachzudenken, in welcher Verfassung sich die Kunst und das Denken dieses Landes befinden und in welcher die Menschen – und wie wohl das eine das andere bedingt –, wusste ich sofort, wie ein Text zu diesem Thema heißen müsste: *Die Schwierigkeiten beim Sagen der Wahrheit*. Kurz darauf stand ich mal wieder bei Zweitausendeins vor einem Stapel verbilligter Bücher, ich schaute hier rein und dort rein, und irgendwo lag da auch dieses eine orangefarbene Suhrkamp-Bändchen mit meinem alten Feind auf dem Umschlag. Er hatte seinen immer etwas am Leben vorbeizielenden Brechtblick aufgesetzt, er hatte einen Brechtzigarillo im Mund und saß in einem schwarz glänzenden Brechtcabrio. Ich klappte das Buch auf, und gleich der erste Aufsatz, den ich noch im Laden zu lesen begann, hieß: »Fünf Schwierigkeiten beim Schreiben der Wahrheit«.

Na und? Nichts na und. Sogar ein Hass-und-Moral-Amokmann wie ich freut sich manchmal, wenn er auf die Ideen und Haltungen eines anderen stößt, die ihm fast wie seine eigenen vorkommen und ihm zeigen, dass er vielleicht doch nicht eine überspannte, nie erwachsen gewordene Nervensäge ist. »Es erscheint selbstverständlich« – notiert mein alter Feind Bertolt Brecht 1934 –, »dass der Schreibende die Wahrheit schreiben soll.« Und weiter: »Er soll sich nicht den Mächtigen beugen, er soll die Schwachen nicht betrügen.« Und weiter: »Den Besitzenden missfallen, heißt dem Besitz entsagen. Dazu ist Mut nötig.« Und weiter: »Ebenso ist Mut nötig, um die Wahrheit über sich selber zu sagen, über sich, den Besiegten.« Und weiter: »Die Wahrheit ist etwas Kriegerisches, sie bekämpft nicht nur die Unwahrheit, sondern bestimmte Menschen, die sie verbreiten.« Und so weiter, und so weiter.

So also kam ich ausgerechnet auf Brecht. Er hatte mir plötzlich einiges zu sagen, die Sätze, die er in einer anderen, härteren Zeit geschrieben hatte, klangen seltsamerweise für unsere Wohlfühlzeit und ihre verkohlte, amoralische Intelligenzia wie bestimmt. Vieles fand ich auch noch genauso bescheuert und ideologisch-hölzern wie früher, allerdings verstand ich nun etwas besser, warum die meisten von Brechts Texten und Stücken und politischen Bemühungen auf den Kommunismus hinausliefen. Die Gegner, die er sich ausgesucht hatte, spielten keine Spiele. Sie ließen die Leute in brutalen Zehnstundenschichten und dunklen, feuchten Hinterhoflöchern zugrunde gehen, sie logen von den Kanzeln ihrer Kirchen das menschliche Leben in die völlige Bedeutungslosigkeit herab, und wenn sie keine kalten Kapitalisten oder eisigen Pfaffen waren, waren sie eben feurige Nazis und machten Bücher, Bilder, Demokraten und Juden kaputt. Brecht hatte – praktisch gesprochen – einen riesigen Vorteil gegenüber der heutigen Schlaff-Generation von Künstlern und Intellektuellen: Er hatte echte, reale Feinde, und darum hatte er ein klares Bild von der echten und realen Realität ebenso wie von der echten und realen Utopie. Genau das machte ihn zum Moralisten, zu einem Moralisten, dessen Vorstellungen von einer anderen Welt nicht bloß die Gedankenspiele eines gelangweilten Salonintellektuellen waren. Außerdem zitterte er nicht täglich um seine Altbau-Parkett-Wohnung, seinen Saab, seine nächste Thailandreise.

Dass Bertolt Brecht auch ein Mensch war, daran gibt es keinen Zweifel, und dass gerade er sich oft wie ein großes Schwein und kleiner Feigling benommen hat, ist ebenfalls bekannt. Wichtig ist etwas anderes: Brechts äußere politische Haltung und innere moralische Vorstellungskraft waren – das wurde wahrscheinlich sogar ihm selbst nur allmählich bewusst – der

Kern seiner Poetik. Ob *Galileo, Johanna* oder *Schweyk*: Das Feuer, das zweifellos in den meisten seiner Stücke brennt, ist immer das Feuer einer großen sittlichen Anstrengung, es ist der leidenschaftliche Wunsch, das Leben möge endlich aufhören, so sinnlos ungerecht zu sein, es ist der Kampf für eine bessere Welt und gegen das übermächtige Unglück, das dem menschlichen Dasein in Gestalt von so unterschiedlichen Heimsuchungen wie Kapitalismus, Verrat oder Gefühlskälte innewohnt. Einen solchen zur Wirklichkeit verdichteten Kampf fiktiver Figuren vom Theatersessel aus zu verfolgen ist natürlich sehr, sehr spannend, es ist so aufregend wie ein Pokalspiel zwischen einem Erst- und Zweitligaclub, wie Gary Coopers Vorbereitungen für die finale Schießerei in *High Noon*, wie Odysseus' Auseinandersetzung mit Penelopes Freiern – es ist eben voll Aristoteles.

Aristoteles, genau. Der hatte übrigens seine *Poetik* erst dann verfasst und darin den schaurig-schönen Wallungen eines gebannten Publikums seelische Heilkraft unterstellt, als die besten, die spannendsten, die erfolgreichsten Tragödien seiner Zeit schon geschrieben waren. Er hat sie wie ein moderner Kommunikationswissenschaftler untersucht, und was er dabei zutage förderte, konnte darum nur Analyse sein, nicht Rezept. Der Kern seiner Analyse lautet: Das Gute und das Böse werden sich niemals miteinander versöhnen. Deshalb werden sie auf immer und ewig gegeneinander antreten müssen, und wenn wir Menschen ihnen auf der Bühne – oder im Film, in der Literatur – dabei zusehen, wie sie sich bekriegen, werden wir in große Aufregung versetzt und super Einschaltquoten bringen. Wir werden mal mit der einen Seite sein, mal mit der andern, weil wir selbst mal gut und mal böse sind, aber am Ende wird dann doch unsere Verzweiflung über das Schlechte, das Dumme, das Ausweglose des Lebens und das Mitleid mit seinen Opfern, die wir ja selbst sind, in die Sehnsucht nach moralischer Besserung münden oder zumindest nach einem Hollywood-Happy-End.

Ich weiß nicht, ob gute Kunst die Menschen besser macht oder ob die Menschen gute Kunst nur dafür brauchen, damit sie ihnen die Illusion vermittelt, die Besserung dieser Welt und ihr eigenes persönliches Glück hätten doch eine Chance. Ich weiß nur, dass Aristoteles das alles auch nicht genau wusste, sonst hätte er – was die meisten seiner Kunst-ist-Erziehung-Exegeten übersehen – nicht klammheimlich für ein funktionierendes Drama die sittliche Festigkeit seines Helden bereits vorausgesetzt, von dem er aus dramaturgischen Gründen erwartet, dass er »nicht wegen seiner Schlechtigkeit einen Umschlag ins Unglück erlebt, sondern wegen eines Fehlers«. So gesehen ist es wirklich nicht viel, was Aristoteles und ich wissen, außer dass jede gute Kunst in jenem nicht genau definierbaren Spannungsfeld von Moral und Unmoral, von grässlicher Wirklichkeit und schönem Traum entsteht – also da, wo der Schriftsteller, der Regisseur, der Drehbuchautor bei seiner Arbeit unbewusst und nahezu unparteiisch-intuitiv, aber dabei umso aggressiver die Frage untersucht, wer die Feinde der Moral sind und wer ihre Freunde. Oder auch, präziser gesagt, von ihnen erzählt.

Moral in der Kunst, in der Literatur heißt darum nicht moralisieren – es heißt, fähig zu sein zu einer Art metaphysischer Wut, zu Gegnerschaft, zur Position, zum Bericht. Das lässt mich natürlich sofort wieder an Bert Brecht denken, den Pädagogen, den Agitator, der nicht wegen, sondern trotz seines didaktischen Anspruchs ein großer Künstler war – weil er nämlich wie jeder große Künstler einfach nur von der Moral erzählte. Besonders gut sieht man das bei seinem ewig umstrittenen Propagandastück *Die Maßnahme*, in dem sich drei unangenehm kalte, fanatische Kommunisten vor einem Parteigericht mit Erfolg dafür rechtfertigen, dass sie einen Genossen töten mussten, an dessen unideologischem Gerechtigkeitssinn ihr revolutionärer Auftrag zu scheitern gedroht hatte. Was der moralfixierte Brecht bei vollem Bewusstsein als echtes, fieses Kampfstück gemeint hatte, ist interessanterweise aus der Sicht unserer Zeit das genaue Gegenteil davon: eine knisternde, herzergreifende, tragische Fabel von der totalen Unmoral eines Systems und dem Unglück, das es über die Menschen bringt, denen es eigentlich Glück bringen will. Ganz schön Aristoteles, klar, und ganz anders moralisch, als der alte Kommunist und Kapitalisten- und Faschistenfresser Brecht es 1930 gewollt hatte.

Und was kann man heute moralisch wollen? Nicht viel. Denn wo es keine Feindschaften, keine Kämpfe, keinen Mut zum Risiko gibt, gibt es keine Moral. Und wo die Moral fehlt, fehlt die Kunst, wie wir eben gesehen haben. Natürlich, es könnte sein, dass wir bereits im Paradies leben, dass alles gut und perfekt ist und es darum absolut lächerlich wäre, gegen etwas anzurennen, zu sprechen, zu kämpfen – und sei es nur die eigene Feigheit und Angst, das Paradies zu verlieren. Es könnte aber auch sein, dass es ausgerechnet diese Angst ist, die unser Paradies langsam und fast unsichtbar in eine Hölle verwandelt.

Ich selbst jedenfalls empfinde es so. Nein, ich weiß genau, dass es so ist. Anders kann ich mir gar nicht erklären, wieso wir – außer den Wutausbrüchen von ein paar vergreisten HJlern und den Prinzipienreitereien der jungen Ostnazis – seit Jahren kein lautes, radikales, grundsätzliches Wort in diesem Land hören. Dabei meine ich wirklich nicht irgendwelche starrsinnigen Dönhoff-Appelle an das Preußentum in uns oder die Zack-Zack-Marsch-Marsch-Reden eines Roman Herzog. Ich weiß gar nicht so genau, was ich meine, ich weiß nur, dass mir immer so schrecklich langweilig ist, wenn ich eine deutsche Zeitschrift oder ein deutsches Buch aufschlage, wenn ich in einem deutschen Film sitze oder eine deutsche Kritik lese. Ähnlich langweilig, denke ich dann, muss es jedem halbwegs intelligenten, integren Menschen früher in der DDR oder in der Sowjetunion gegangen sein, als in jeder Zeitung, in jedem Buch endlos von denselben uninteressanten Dingen auf dieselbe uninteressante Art die Rede gewesen war. Und wenn aber einer etwas anderes zu reden oder schreiben hatte – zum Beispiel, dass die Sklaven des Bolschewismus vor allem nur die Sklaven ihrer eigenen Mutlosigkeit und Amoralität waren –, wurde er zwar nicht mehr erschossen oder eingesperrt, wie noch ein paar Jahrzehnte zuvor, aber publiziert und diskutiert wurde er dann auch nicht gerade. Ein Wort von ihm, ein Wort gegen ihn, und schon wäre das rote Lügenkartenhaus zusammengebrochen. Naja, am Ende kam es dann auch genau so.

Ich bin absolut davon überzeugt, dass wir längst in einer ähnlichen Art von Meinungsdiktatur leben. Es ist eine freiwillige Diktatur, niemand zwingt uns, uns von ihr beherrschen zu lassen, außer vielleicht unsere Angst, durch ein falsches, radikales Wort könnte dieses schwarze Kartenhaus aus Besitzstandswahrungslügen und Konsumistenfeigheit, das wir uns mit Hilfe des Großen Vorsitzenden Kohl aufgebaut haben, einstürzen. Unser Reden ist also mehr so eine Art Schweigen. Wir schweigen, damit sich bloß nichts ändert, und dabei merkt keiner, dass unser Schweigen inzwischen reiner Selbstzweck und die höchste aller deutschen Tugenden geworden ist. Es schweigen die Kritiker, wo sie klar und eindeutig sagen müssten, wie überflüssig 95 Prozent unserer Literatur sind, es schweigen die Arbeiter, wo sie für einen Kollegen einstehen sollten, es schweigen die Deutschen, wo es Nazis zu jagen gilt. Wir schweigen, damit alles bleibt, wie es ist, und wer nicht schweigt, wird so lange verschwiegen, bis sein Reden wie Schweigen ist. Schweigen – um zu schweigen. Ein System erschafft sich selbst.

Die schlimmsten, verschwiegensten aller Systemopportunisten sind die Anhänger des sogenannten Pop. Keiner kann wirklich sagen, warum sie gerade dieses alberne Ilja-Richter-Wort auf ihre Fahne geschrieben und zu ihrer Parole gemacht haben, nicht einmal sie selbst. Klar ist nur, dass sie zu den Klügsten und Besten gehören, die wir haben – eigentlich. Sie wissen genau, dass mit einer Generation etwas nicht in Ordnung sein kann, die zu Modedesignern, DJs und Grafikern so selbstvergessen betet wie andere zu Jesus Christus und der Heiligen Jungfrau Maria, allein, weil mit Beten ganz allgemein ja etwas nicht stimmt. Trotzdem – oder gerade deshalb – fahren sie den Kurs der totalen Affirmation, was natürlich eine besonders raffinierte Art des Schweigens ist. Sie versuchen im *Talk*-Layout dieselbe Poesie und Weisheit zu entdecken wie in einem Bild von Kandinsky, und den Wechsel von weitgeschnittenen zu enggeschnittenen Anzügen und wieder zurück begründen sie mit Hegelianischer Dialektik. Sie machen es sich, von Tausenden spitzfindiger Argumente unterfüttert, in der kapitalistischen Warenwelt intellektuell bequem, um sie bloß nicht verlieren zu müssen, und einer von ihnen, nur mal so zum Beispiel, ist der Pop-Professor Beat Wyss.

Professor Wyss glaubt, es seien einzig die Macht des Geldes und die Schönheit der durchs Geld erwerbbaren Produkte gewesen, die den Sieg des Kapitalismus über den Kommunismus bewirkt haben – darum ist der freie Markt für ihn ein Synonym für Freiheit an sich. Davon abgesehen, dass Beat Wyss, bevor er weiter solche Idiotien verbreitet, sich anschauen sollte, was der freie Markt mit den Menschen von Minsk, Abidjan oder Kuala Lumpur macht; davon abgesehen also, dass ich als anständiger Antikommunist natürlich auch ein erbitterter Antikapitalist bin, weil ich jede Form von systembedingter Missachtung Einzelner hasse; davon abgesehen finde ich die Ästhetik, die so einer aus einem popistischen Kapitalismus-Anpassertum heraus entwickelt, ziemlich defätistisch und lächerlich. »Kunst«, jubelt Wyss, »hat die Wertform einer gut lesbaren Banknote angenommen. Das Atelier eines Künstlers wirkt als Notenbank, das Anteilscheine für eine bestimmte ästhetische Idee ausgibt. Jeder künstlerische Akt« – und gleich gerät der Pop-Professor völlig in Rausch – »strebt nicht mehr nach dem originalen Solitär, sondern nach der Serie, nach der größtmöglichen Wiederholung. Erfolgreich sind Ideen, die sich inflationär verbreiten lassen. Adressat ist ein Massenpublikum.«

Man muss, um das Nuttige, das Amoralische einer solchen Position zu verstehen, hören, was ihm ein paar Zeilen vorher unfreiwillig über die Kunst der guten alten Zeit herausrutscht: »Der Wert eines Kunst-Werks steckte zutiefst in ihm selber und war voller Geheimnisse, Schönheiten und Belehrungen. Es war ein Original, ein unerschöpflicher Schatz an raunender Weisheit ...« Ich glaube, Beat Wyss merkt gar nicht, was er wirklich sagt. Ihm ist nicht bewusst, dass er sich selbst einzureden versucht, die gähnende, kalte, kunstgewerbliche Leere des Pop und seiner Produkte sei deshalb cool, weil sie ohne jede moralische Herausforderung daherkommt – und dass es für einen klugen, empfindsamen Menschen wie ihn ziemlich aufwühlend und somit verdammt unbequem wäre, müsste er auf diesen ganzen Madonna-Prada-Jeff-Koons-Dreck irgendwann wieder verzichten. Darum tut er so, als sei Kunstmachen eine ebenso selbstreferenzielle, wertlose Tätigkeit wie Börsenspekulation, darum stellt er ästhetisch die »größtmögliche Wiederholung« über den »originalen Solitär«, den Erfolg über die Schönheit, den durchsichtig-egoistischen Geschmack eines Massenpublikums über das Geheimnis der poetischen Belehrung, das Geld über die Moral. Und das System schweigt – und triumphiert.

Zumindest, könnte man sagen, haben Beat Wyss und die klugen Freunde des Pop eine Position. Aber was für eine Position ist das schon? Es ist die Position von Leuten, die große Schwierigkeiten beim Sagen der Wahrheit haben – einer Wahrheit, die sie obendrein sehr genau kennen. »Die Suche nach dem Ziel hat sich erledigt. Veränderungen wird die Zukunft kaum bringen«, stellt einer von ihnen, der FAZ-Redakteur Florian Illies, in seinem melancholischen Bestseller *Generation Golf* fest, und das klingt alles andere als unwissend, dafür jedoch besonders mutlos. Leute wie er werden wahrscheinlich also nie die großen Kämpfe schlagen – nicht in der Politik, nicht in der Literatur. Um Literatur geht es mir hier aber ganz besonders. Mir geht es darum, dass die Abwesenheit von Mut und Haltung sowie die Unfähigkeit, von Moral zu träumen, zu sprechen, zu erzählen, bei den meisten deutschen Schriftstellern, egal ob pop oder nicht pop, egal ob jung oder nicht mehr ganz so jung, nicht nur ein moralisches, sondern auch ein ästhetisches Problem darstellt.

Was sind das nur für lauwarme, wohltemperierte Geschichten, die wir – seit der Wiederkehr des Realismus in unsere Literatur Anfang der 90er – immer wieder zu lesen bekommen! Was sind das für lahme und zahme Helden, die sich vor allem über die Seiten der unzähligen Debüts der letzten Jahre schleppen! Was sind das für konfliktlose Konflikte, die da geschlagen werden! Es ist ja fast immer irgendwie derselbe Pseudoplot, der uns erzählt wird: Ein junger Mann, eine junge Frau, die in der Regel aus der Provinz stammen, suchen sich selbst. Sie suchen sich selbst in ihren Erinnerungen an ihre ein bisschen familiär-dysfunktionale, ein bisschen konsumistisch-idyllische Kindheit, sie suchen sich in ihren Beziehungen zu anderen jungen Männern und Frauen, die mindestens so stumm und temperamentlos sind wie sie. Und manchmal ist auch ein bisschen Inzest dabei oder eine kleine Gewaltfantasie – aber natürlich nur eine Fantasie! –, und am Ende gehen sie dann nach Berlin, weil dort das rohe Leben in den Sushibars von Mitte für echten literarischen Rohstoff sorgt.

Ich nenne sowas Schlappschwanz-Literatur. Es ist eine Literatur, an der man merkt, dass ihre Verfasser sich längst selbst aufgegeben haben, so wie sie überhaupt den Kampf gegen das Schlechte und für das Gute in unserer verschwiegenen Wohlstandsmeinungsdiktatur aufgegeben haben, und darum haben sie, noch bevor sie den ersten Satz hingeschrieben haben, auch schon ihre eigenen Romanfiguren aufgegeben. So geistern durch unsere Gegenwartsliteratur Dutzende von Papierleichen, die nichts wollen, nichts hassen, nichts lieben; die nicht fallen können, nicht schreien können, nicht töten können. Ihre Handlungen können – im Sinne der aristotelischen Katharsis – niemanden schocken, mitreißen, aufwühlen, da gibt es kein Unglück zu bestaunen, in das sie geraten und aus dem sie wieder herauskommen wollen, da fehlt eine bis zum Schluss aufrechterhaltene metaphysische Hoffnung, das Leben möge vielleicht doch nicht ein einziger tiefer Fall in diesen beschissenen dunklen Abgrund unter uns sein.

Moralische Vorstellungskraft, das wird mir keiner ausreden können, ist die handwerkliche Grundvoraussetzung eines jeden großen Schriftstellers, sie ist seine Begabung, seine Fähigkeit zur Poesie. Moral in der Literatur ist darum zum einen ganz klar Wut und Mitgefühl mit den Armen, Unglücklichen, Verfolgten plus, wie bei Kafka, London, Solschenizyn, die Abbildung ihrer aussichtslosen Kämpfe. Sie ist zum anderen aber, wie bei Henry Miller, Edward Limonow oder Bret Easton Ellis, vor allem Härte: Also die absolute Entschlossenheit, so brutal, dass das Blut spritzt, die letzten Fragen zu stellen – ohne die ideologische Naivität, zu glauben, man könne sie beantworten. Und wenn der Leser kapiert, dass die Realität, in der er lebt, kein gottgegebener, unveränderbarer Zustand ist, umso besser.

Es gibt natürlich auch bei uns seltene Beispiele einer solchen künstlerischen Konsequenz. Da wäre an erster Stelle Christian Krachts wahnwitziger Roman *Faserland* zu nennen, dessen kleiner, mieser Held mit seinem fast archaisch anmutenden Hass auf unser verstocktes Luxusdeutschland sich in einen inneren Konflikt mit diesem übermächtigen Gegner hineinsteigert, der deshalb von der ersten bis zur letzten Zeile so packend ist, weil wir immer nur eins wissen wollen: Wer gewinnt denn nun dieses brutale, tragische Duell zweier potenzieller Amokläufer – der kleine Barbourjackennazi oder das große Barbourjackennaziland?

Ganz anders – und wesentlich brechtischer – funktioniert das handwerkliche Prinzip »Moral« in Feridun Zaimoglus genialem Buch *Abschaum*. Auch hier gibt es einen Helden, der alles, bloß kein Engel ist – aber die Leute, mit denen er es zu tun hat, sind erst recht Teufel. Es ist die Story eines türkischen Kleingangsters, eines hochintelligenten, melancholischen Straßenköters, der auf all die kalte deutsche Scheiße um sich herum mit einer Menge heißer türkischer Scheiße reagiert. Er prügelt die Deutschen, wo er kann, und betrügt sie, wo er muss; er frisst Drogen bis zum Umfallen, er belügt seine Eltern, denen er nie weh tun wollte; er fickt eine türkische Nutte, die er dafür hasst, dass er sie mag. Es ist ein einziges grässliches Leben, von dem Zaimoglu erzählt, aber es ist auch ein unglaublich lebendiges Leben, und wenn wir fertig sind mit seinem Buch, denken wir, so absurd und wahnsinnig das ist, genauso ein kaputtes, zugefixtes, brutales Leben wollen wir ab sofort auch führen. Kurzum, Zaimoglu hat, gerade indem er uns in aller Brutalität das Schlechte gezeigt hat, in uns die Sehnsucht nach dem Guten, Wahren, Schönen, Gerechten geweckt, und diesen gewundenen Weg zum Glück, den sein unglückseliger Held Ertan Ongun einfach nicht findet, wollen wir an seiner Stelle gehen.

Das – keine Frage – ist nun wirklich alles andere als Schlappschwanz-Literatur, und wer jetzt sagt, die Perspektive eines Türken, eines Ausländers in Deutschland sei automatisch mit Wut, Mut und moralischer Entrüstung aufgeladen, dem sage ich, dass es genug Türken in diesem Land gibt, die genauso selbstzufrieden und feige vor sich hin leben und schreiben wie die meisten Deutschen. Es kommt eben immer auf den Einzelnen an, auf seine Fähigkeit, als Künstler von Moral zu sprechen, von ihr zu träumen und für sie literarisch alles geben zu wollen – und ich habe lange überlegt, ob ich hier ein ganz konkretes Beispiel von echter Schlappschwanz-Literatur bringen soll. Denn leider ist der Mann, um den es hier gehen soll, auf eine komplizierte, aber schöne Art ein Freund von mir, und ich hoffe sehr, dass er den Mut hat, hinterher weiter mit mir zu reden.

Ich meine den Schriftsteller Rainald Goetz, der in den Augen fast aller seiner Kollegen als großer, unangreifbarer Autonomer gilt, als radikaler, kompromissloser Systemverweigerer und Rebell. Wieso eigentlich? Seine wohl bekannteste Erzählung *Dekonspiratione* etwa ist ein einziges Dokument der totalen Selbstaufgabe und Mutlosigkeit, symptomatisch über alle intellektuellen Generations- und Fraktionsgrenzen hinweg. Diese Erzählung soll, wie der Autor es formuliert, von »der Welt des geistigen Lebens, in echt, in der Realität« handeln. Das Problem an *Dekonspiratione* ist aber, dass Goetz zu Beginn zwar ankündigt, wovon er darin erzählen will, es jedoch einfach nicht schafft. So wirr, so nebulös, so unzusammenhängend wie immer stochert er in seinem Material herum, dass wir am Ende von »der Welt des geistigen Lebens, in echt, in der Realität« noch weniger wissen als zuvor, ganz zu schweigen von ihren Tücken, ihren Lügen.

Versagt Goetz absichtlich? Vielleicht ja, vielleicht nein. Es ist aber schon sehr verräterisch, wenn er an einer zentralen Stelle seiner Dies-ist-keine-Geschichte-Geschichte notiert, als deutscher Schriftsteller sei man doch ohnehin komplett unfrei und könne nicht machen, was man will, weil »in einem fast schon grotesk überzogenen politisch-historischen Sinn JEDE Handlung eines Deutschen in diesem Jahrhundert ein Mord ist«.

Zum Kosovokrieg, den er so erschütternd findet, dass er darüber die Arbeit am Buch unterbrechen muss, fällt ihm darum auch ein, dass man das »richtigerweise« nicht macht – »in den Verhau der Gegenwart« zu brüllen, man sei dagegen. Warum man es nicht macht, erklärt er nicht, dafür erklärt er an anderer Stelle: »Ich kenne nur eine Gegenwehr gegen diese Mächte der Macht, der Finsternis. Und die ist: Sich fragen: gut, wenn es so ist, wie es ist, warum verstehe ich es nicht?«

Das aber ist nichts anderes als der Versuch eines Unterdrückten, in der Unterdrückung einen tieferen Sinn entdecken zu wollen, das ist Masochismus, Katholizismus, was weiß ich. Und dass Goetz dann auch noch in der seltsamsten Passage von *Dekonspiratione* in euphemistischem Soziologendeutsch Verständnis für die IM-Tätigkeit Heiner Müllers herbeireflektieren will, dass er dessen Mitläufertum und seinen politischen Systemopportunismus mit dem hieroglyphenartigen Argument von der »feinstpulverisiert gegebenen Sozialrealität« entschuldigt, bringt mich wieder, ob ich es will oder nicht, knallhart auf Helmut Kohl zurück und seine feige, amoralische, ideallose Kleinbürger-Ideologie. Ja, auch du, Rainald! Auch du scheinst inzwischen ein Leben ohne Risiko vorzuziehen, ohne Gegnerschaft, ohne Hass.

Ohne Moral keine Kunst, keine Literatur. Darum glaube ich auch, dass eine Erzählung wie *Dekonspiratione* trotz des gewaltigen Talents ihres Autors daran scheitert, dass er den wirklich bösen Fragen und Geschichten ganz prosaisch aus dem Weg geht – genauso, wie er im Alltag, im Leben, in der Politik wahrscheinlich ebenfalls um seine Gegner eher einen gleichgültigen oder höflichen Bogen macht. Damit ist er, wie gesagt, nicht der einzige unter den deutschen Schriftstellern, und wie er leben auch fast alle anderen stummen, freiwilligen Untertanen der Kohl-Diktatur, ob sie nun Intellektuelle und Künstler sind oder nicht.

An einen von ihnen muss ich gerade besonders denken. Es ist ein Bekannter von mir, den ich sehr mag, obwohl wir uns selten sehen. Er ist ein schöner, romantischer Mensch, er ist Hypochonder wie ich und verliebt sich immer nur in die richtigen, die komplizierten Frauen. Eigentlich ist er Architekt, aber als Architekt mag er nicht arbeiten, außer sie schicken ihn nach Malaysia, wo er Moscheen baut und dabei, trotz einer schrecklichen Höhenangst, auf diesen berghohen Moscheedächern herumklettert und erstaunt auf die Welt unter sich herunterschaut. Ich glaube, er liebt das Leben, und manchmal versucht er, auf seine Art davon zu erzählen, indem er zum Beispiel einen Kondomautomaten konstruiert, der beim Einwerfen der Münze zuerst zwei kleine, gespenstisch naturgetreue Menschenpuppen beim Sex zeigt, bevor er die Ware ausspuckt. Manchmal nimmt mein Bekannter auch mit einem alten Kassettenrekorder eigene Gedichte auf, die ich nicht verstehe, aber die so schön und aufregend klingen wie Walfischmusik, und dann sitzen wir in seinem alten VW-Polo, in dem es komischerweise immer nach frischem Heu riecht, er spielt mir seine seltsamen Gedichte vor und wir lächeln uns an.

Einmal, und darum muss ich jetzt an ihn denken, waren wir zusammen im Kino. Wir haben *Reservoir Dogs* gesehen, den ersten Film von Quentin Tarantino – und das letzte aristotelische Drama. Da sind also diese Gangster, die bei einem Überfall ein halbes Massaker veranstaltet haben, einer von ihnen wird schrecklich verletzt, und ein anderer soll ein Undercover-Mann sein, der sie alle verraten hat. Solange sie nicht wissen, wer der Verräter ist, kümmert sich einer besonders rührend um den Verletzten, und als ihm die anderen sagen, ausgerechnet der sei das Schwein, weshalb sie ihn töten müssten, tötet er seinetwegen sie. Dann gibt der Verwundete aus Dankbarkeit zu, er sei wirklich der Spitzel, und sein Freund jagt ihm eine Kugel zwischen die Augen, und als Nächstes geht er im Kugelhagel der Cops selber drauf.

Ganz schön Aristoteles, nicht wahr, ganz schön tragisch und blutig und shocking, und wer die Brutalität dieses Films aushält, wird die Brutalität des Lebens aushalten, der wird sich seiner Wahrheit und seinen Lügen stellen und jedem Feind. Mein weicher Architekturfreund hat es nicht ausgehalten. Er ist rausgegangen, mitten im Film, in dieser großen Szene, als der brutalste der Gangster zu einem wunderschön swingenden 70er-Jahre-Hit einen Polizisten foltert. Er tänzelt um ihn herum, er schlitzt ihm mit einem Rasiermesser zuerst das Gesicht auf und dann – das hat mein Freund nicht mehr gesehen – schneidet er ihm das Ohr ab. Was für ein Unglück, denkt man, wenn man es sieht. Und irgendwo viel tiefer denkt es in einem: Wird das Unglück immer zum Leben der Menschen gehören? Wollen wir uns davon nicht endlich befreien?

Kunst ist Politik, und Politik ist Kunst – von Anfang an, seit die Menschen sich ihrer Unzähmbarkeit bewusst wurden. Politik, das ist der ewige Roman von dem Kampf der Menschen gegen das Unglück, das sie selbst verschulden und das manchmal auch einfach so über sie kommt. Und Kunst ist der Roman von der Politik. Man muss ihn nur schreiben wollen. Man darf nicht vor ihm weglaufen. Man darf kein Schlappschwanz sein.

(2000)

Warum Ernst Jünger?

Als die Kugel seine Stirn durchfuhr, irgendwo in den Steinbrüchen von Carrara, wirbelte der schmale, lange Kopf des Jungen durch die Luft und schlug erst ein paar Sekunden später federnd gegen den matten italienischen Marmor. Der Junge hatte Hitler verachtet – und nun war er also für ihn gefallen. Er hatte auf die Nazis geschimpft und Reden gegen sie geschwungen, und weil ihnen das nicht entgangen war, hatten sie ihn kurz zuvor ins Gefängnis gesteckt, sie machten ihm den Prozess und gaben ihm ein paar Jahre. Das war schlimm, ja, aber so richtig unangenehm wurde es erst, weil einer, der es gut mit ihm meinte, sich so ungeschickt für ihn im Stab des Großadmirals Dönitz einsetzte, worauf sie den Jungen gehen ließen, unter der Bedingung, dass er sich freiwillig meldet zu diesem dämlichen Himmelfahrtskommando. So starb er, kaum dass er gelebt hatte, und sein Name war Ernst Jünger, und der Mann, der ihm den tödlichen Bärendienst erwiesen hatte, hieß genauso wie er und war ein berühmter Schriftsteller und außerdem sein Vater.

Das alles natürlich wusste ich, als ich fünfzig Jahre später an einem warmen, verhangenen Sonntag im Januar 1994 auf dem Wilflinger Friedhof vor seinem Grab stand. Aber ich traute dennoch für einen kurzen Moment meinen Augen nicht, ich las immer und immer wieder den Namen »Ernst Jünger« auf dem weißen Gedenkstein und daneben die Jahreszahl »1944«. Die Luft auf diesem Friedhof roch nach verbranntem Holz, nach Farbe und Schweinestall, und ich dachte, in Ordnung, das war's, wenn einer tot ist, dann kann man mit ihm sowieso nicht sprechen, und darum gehe ich jetzt wieder hinunter ins Dorf, wo im Gasthaus Zum Löwen meine noch unausgepackte Tasche steht und der Rucksack mit den ganzen Jünger-Büchern, ich setze mich ins Auto und verschwinde aus Wilflingen so schnell wie kein Reisender vor mir.

Ich bin dann trotzdem geblieben, was sonst. Ich bin geblieben, obwohl ich diesen stummen Ort von der ersten Sekunde an gehasst habe, diese 360-Menschen-Westernstadt mit ihren akkurat asphaltierten Wegen, den weiß verputzten, gesichtslosen Bauernhäusern und der noch ein bisschen gesichtsloser, noch ein bisschen weißer renovierten Kirche sowie dem heruntergekommenen Stauffenberg-Schloss in der Dorfmitte. Ich bin geblieben, obwohl mich in dieser Einöde, solange ich da war, das Gefühl nicht mehr verließ, jede Erinnerung an alles Ungereimte, Ungeordnete, Städtische los zu sein, und das lag vielleicht daran, dass ich mich hier in einem der schwärzesten Epizentren unserer Provinz befand, im berüchtigten Landkreis Biberach, genau an der Schnittstelle zwischen der dunklen Schwäbischen Alb und dem melancholischen Donautal. Aber vielleicht hatte es auch einfach nur damit zu tun, dass man in Wilflingen nie jemanden auf der Straße sah, dass es dort keinen einzigen Supermarkt oder Bäcker gab, geschweige denn einen gottverdammten Kiosk, an dem ich eine vernünftige Zeitung gekriegt hätte.

Ich bin also geblieben, jawohl, weil ich hier einen Job hatte und weil ich außerdem natürlich nicht blöd bin und einen toten Sohn von seinem quicklebendigen Vater sehr wohl unterscheiden kann – und davon abgesehen wollte ich mit dem damals 99-jährigen Methusalem von Schriftsteller ohnehin kein einziges Wort wechseln, denn was er zu sagen hatte, wusste ich genau. Ich kannte Jüngers Tagebücher aus den beiden Weltkriegen, worin das Schlachten eines gegnerischen Soldaten als etwas ähnlich Naturgegebenes beschrieben wird wie das Schreien einer Möwe, und mir war auch sonst alles über seine schicksalsergebene Todesverliebtheit bekannt, die er in der Blutorgie der Somme-Schlacht genauso lüstern zelebriert hat wie in den bösen Tagen, als die Nachricht vom Ende seines Jungen für ihn noch ganz frisch war. Ich hatte Jüngers nationalrevolutionäre Schriften studiert, mit denen er den Deutschen dreier Generationen den Appetit auf die bürgerliche Freiheit zu vertreiben versucht hatte und sich selbst seine im wahrsten Sinn des Wortes angeborene wilhelminische Helotenangst vor den demokratischen Idealen des Westens. Ich war mit seiner pathologischen Leidenschaft für Pflanzen und Käfer ebenso vertraut wie mit seiner Sehnsucht nach Ordnung, Naturidylle und der technischen Unberührtheit des 19. Jahrhunderts – jedenfalls so, wie er es sich vorgestellt hatte. Und natürlich hatte ich mich auch mit seiner angeblich ablehnenden Haltung in der Nazizeit befasst, die in Wahrheit alles andere als ablehnend gewesen ist und einfach nur das unausgesprochene Ressentiment eines hochnäsigen preußischen Salonherrenmenschen gegen die lauten und vulgären NSDAP-Straßenfaschisten.

Ja, ich wusste über Ernst Jünger den Älteren bestens Bescheid, als ich an diesem viel zu warmen Wintertag, mitten in den tiefsten, dumpfdeutschen 90ern, vor dem Grab seines Sohns stand. Ich wusste über seinen Kriegstick Bescheid, über seine eskapistische Naturliebe und seinen gespreizten Antidemokratismus, und genau darum wusste ich auch, weshalb ein deutscher Privatgelehrten-Blockwart wie er, dessen darwinistische Gedankenwelt ähnlich inspiriert und revolutionär war wie der Stadtplan seines schwäbischen Kuhdorfs, im Deutschland des vierten Wiedervereinigungsjahrs bei Lesern und Kritikern, unbekannten Dancefloor-Intellektuellen und berühmten Politikern eine derartige Explosion an Popularität erleben konnte, die mit seinem literarischen Stil nichts zu tun hatte, mit seiner politischen Ästhetik aber alles.

Das heißt, so genau wusste ich es auch wieder nicht, und aus diesem Grund war ich auf sein schwäbisches Kuhdorf neugierig gewesen, auf Ernst Jüngers Werkstatt, wenn man so will, denn ich dachte, hier könnte ich deutsche Geschichte und Gegenwart und Zukunft einschließlich Jüngers tatkräftiger Teilhabe daran wie unter einem Mikroskop betrachten. Hier, wo er seit vier Jahrzehnten lebte, könnte ich, indem ich den Dorfbewohnern in die Gesichter und aufs Maul schaute, endlich einen klaren Blick auf den Ursprung seines Denkens und Wirkens werfen, von keiner verschwiemelt-apologetischen FAZ-Hymne verstellt und schon gar nicht von seinem eigenen, alles umnebelnden Dichterfürstengestus.

So ungefähr hatte ich mir das vorgestellt, und da saß ich nun also gleich an meinem ersten Nachmittag im Haus von Franz Wechsler, dem früheren Dorfbürgermeister, und während wir uns anschrien und über so bescheuerte Worte wie Zucht und Ordnung stritten, baute seine Frau am anderen Ende des Wohnzimmers stumm den Weihnachtsbaum und die Krippe ab. Ich war direkt vom Friedhof zu Wechslers gegangen, vorbei an Jüngers Haus, zu dessen Fenstern ich unter keinen Umständen hinaufblicken wollte, ich hatte die Kieselsteine auf dem Weg vor mir gezählt und mir das Gesicht von Ernst Jünger dem Jüngeren vorzustellen versucht, und als ich endlich am andern Ende des Ortes angelangt war, beim Austragshof des Ex-Bürgermeisters, als ich klingelte und die Tür aufging und mir ein alter böser Mann mit einem roten Keltengesicht öffnete, da wusste ich, wir würden über den Krieg reden. Leute wie Wechsler hassen es nämlich, über den Krieg zu reden, und genau darum habe ich ihn dazu gezwungen. Er hat natürlich abzulenken versucht, er hat erzählt, wie er als Jugendlicher um die HJ herumgekommen ist und einmal einem Parteifunktionär eine freche Antwort gegeben hat, aber so frech kann er auch nicht gewesen sein, denn 1941 hat er dann mit all den andern deutschen Widerstandshelden die Sowjetunion angegriffen, und er fuhr in seinem Panzer bis Minsk und Smolensk.

Was das alles mit Ernst Jünger zu tun hatte? Der war, als frisch beförderter Hauptmann, beim Eroberungsfeldzug der

Nazis ebenfalls mit von der Partie gewesen, an einer anderen Front zwar als Franz Wechsler, aber bestimmt nicht weniger gehorsam und engagiert: Jünger überfiel, wie schon im Weltkrieg davor, in deutscher Uniform Frankreich, und obwohl man von seinen Anhängern immer wieder erklärt bekommt, ihr Guru sei mindestens so systemkritisch gewesen wie die Geschwister Scholl und die Helden des Warschauer Gettos zusammen, hielt Jünger damals trotzdem nichts davon ab, seinen Wehrmachtsuntergebenen den einen oder anderen Schießbefehl zu erteilen. Genauer gesagt: Er legte Menschen nahe, andere Menschen umzubringen.

Die Sache mit dem Schießbefehl haben Franz Wechsler und ich natürlich auch durchgesprochen. Schließlich hatte er als Panzerkommandeur, genauso wie Jünger, durch explizite Kommandos dafür gesorgt, dass seine Untergebenen all jene mit tödlichem Feuer belegten, die es nicht gut fanden, dass die deutsche Armee ihre Heimat überfiel und zerstörte. So beschimpfte ich den früheren Bürgermeister von Wilflingen, kaum dass ich Platz genommen hatte, stellvertretend für seinen berühmten Schriftstellernachbarn wütend als Mörder, und er brüllte zurück, er würde gern wissen, was ich in seiner Lage getan hätte, und das war natürlich eine besonders delikate Entgegnung, denn ausgerechnet in Smolensk, das Wechsler mit seiner Panzereinheit für den Führer erobert hatte, wurden einige meiner Verwandten von den nachrückenden Sonderkommandos umgebracht. Aber das habe ich Franz Wechsler nicht verraten, stattdessen schrie ich, es wäre doch auch eine Möglichkeit gewesen, gar nicht erst in den Krieg zu ziehen. Worauf er trotzig erklärte, er sei absolut kein Nazi gewesen, er habe bloß seine Pflicht getan.

Ein Gespräch, wie ich es mit Ernst Jünger bestimmt hätte genauso führen können, dachte ich auf einmal ruhig und zufrieden. Ich sah, wie Frau Wechsler in ihrem geblümten Kittel den letzten Lamettafaden vom Tannenbaum abnahm und die Schnur mit den elektrischen Kerzen zusammenwickelte, und im nächsten Moment legte Wechsler dann auch schon tatsächlich los, so als sei er programmiert, sich zu meinem Vergnügen im richtigen dramaturgischen Moment mit einer passenden Jüngeriade hervorzutun. »Heutzutage macht doch jeder, was er will«, sagte Wechsler zornig, und sein böses, rotes Keltengesicht verfärbte sich noch etwas mehr, es schimmerte violett, fast bläulich, und seine Augen glichen plötzlich den Augen eines Totschlägers. »Jeder denkt nur an sich – ans Geld, ans Auto, ans Fernsehen. Es gibt einfach zu viel Freiheit. Die Gemeinschaft ist für alle ein Fremdwort, die Pflicht am Vaterland sowieso. Wer spricht denn noch vom Vaterland? Ich habe es verteidigt – so wie Herr Jünger damals auch! Herr Jünger liebt sein Vaterland, und er ist ein Mann, der die alten Ideale schätzt. Er kämpft für Ordnung und Zusammenhalt!«

Das, schwöre ich, sagte Franz Wechsler wirklich, er sagte es, ohne dass ich ihn danach direkt gefragt hätte. Er sagte es entschlossen und nicht einfach nur so dahin, und genau darum fiel mir sofort ein ebenso abgedrehtes, anachronistisches Zitat von Ernst Jünger wieder ein: »Was die Leute nicht wissen«, notierte Deutschlands preußischster Dichter der Nachkriegszeit am Vorabend der 68er Studentenunruhen, »was sie nicht wissen und auch nicht wissen wollen: dass sie mit dem Zustand der Unfreiheit zufrieden sind.«

Ernst Jünger und Franz Wechsler – zwei Brüder in Waffen und im Geiste, dachte ich, plötzlich selbst überrascht, wie groß die Übereinstimmung zwischen diesen beiden so unterschiedlichen Männern war. Beide sehnten sie sich – das war die eindeutige Botschaft ihrer Worte – nach der düsteren, unterwürfigen deutschen Lemmingexistenz zurück. Beide verlangten sie nach einer Autorität, die das Leben des Einzelnen bestimmte und einem höheren Ziel unterordnete, wobei es absolut keine Rolle spielte, wie diese Autorität nun heißen mochte, Hauptsache, ja keine Freiheit, ja keine Demokratie. Das war natürlich ein mächtig altmodischer, fast ständischer Lebensentwurf, den man, wenn überhaupt, am Ende des 20. Jahrhunderts eher noch in einem abgelegenen schwäbischen Hinterwäldlerdorf vorfinden konnte als, sagen wir, im Frankfurter Operncafé. Da aber Franz Wechsler in einem solchen Dorf geboren, aufgewachsen und zum Mann geworden war, während Ernst Jünger absolut freiwillig hier wohnte, schien auch ganz klar, wer Wilflingen und seine Bewohner offenbar bewusst als Inspirationsquelle seiner literarischen Leibeigenen-Philosophie benutzte und für wen sie, wenn man so will, gottgegeben war.

Ob er sich denn mit dem Schriftsteller manchmal über den Verfall der Ordnung und der Sitten in Deutschland unterhalte und auch darüber, was dagegen getan werden kann, fragte ich Wechsler, jetzt ganz höflich und leise und wie aus dem Hinterhalt. »Da sind Herr Jünger und ich völlig einer Meinung«, sagte er stolz, mit einem verschwörerischen Unterton in der Stimme. Im selben Augenblick rutschten Frau Wechsler sämtliche Krippenfiguren aus den Fingern, Jesus und Josef und Maria und alle drei Heiligen Könige, sie sah ihren Mann streng an, und so fügte er kleinlaut hinzu: »Naja, wirklich geredet haben wir darüber nicht. Was soll ich ihm schon erzählen, da weiß ich einfach nicht genug. Wissen Sie, unser Herr Jünger ist ein großer Mann, und über seine Arbeit spricht er mit uns nie.«

Über seine Arbeit spricht er mit uns nie – das war ein Satz, den ich noch oft in Wilflingen hören sollte, ein verzagter, demütiger Satz aus dem Mund von einfachen Bauern, Handwerkern und Wirtsleuten, die Haus an Haus, Garten an Garten mit einem Mann lebten, der in seinem endlosen Dasein mehr Bücher geschrieben hatte, als sie je lesen würden, und den sie häufiger in der *Tagesschau* sahen als den Präsidenten Amerikas.

Dort, zur besten Sendezeit also, trat ihr Herr Jünger in jenen seltsam rückwärtsgewandten 90er-Jahre-Tagen vornehmlich dann auf, wenn Helmut Kohl und François Mitterrand ihn mal wieder in Wilflingen besuchten, um ihm bei Kaffee und Champagner zu versichern, dass er nicht der einzige Nationalist alter europäischer Schule sei und sie es überhaupt viel besser fänden, wenn einer aufregend über Krieg und Chauvinismus schreibe statt langweilig über so hässliche Sachen wie Frieden und Aufklärung. So ähnlich jedenfalls habe ich mir die Unterhaltungen zwischen dem Dichterfürsten und den Staatsmännern immer vorgestellt – und genauso musste ich sie mir auch weiterhin vorstellen, denn von den Wilflingern war darüber nichts zu erfahren. Sie waren bei all diesen Gesprächen jedes Mal vor der Tür geblieben, sie durften bestenfalls am provisorischen Hubschrauberlandeplatz neben dem Dorfweiher den großen Besuch mit ihrer Vereinskapelle hymnentechnisch begrüßen, und hinterher, wenn das Tête-à-tête im Wohnzimmer des Dichters beendet war, traten Jünger, Kohl und Mitterrand auf die Treppe vor Jüngers Haus und nahmen den warmen, respektvollen Applaus der Dorfmenge entgegen.

Nein, über sich selbst redete Ernst Jünger mit den Wilflingern nie, und schon gar nicht über Politik oder Philosophie. Er besprach mit ihnen immer nur die banalsten Alltagsdinge, er informierte sich über den Stand des Getreides, er wollte wissen, wie schlimm die letzten Sturmschäden waren und wann man wieder Schnaps zu brennen begann. Doch auch bei diesen Zufallsunterhaltungen blieb er zurückhaltend und distanziert, und jedes Wort, das er an sie richtete, klang den Wilflingern wie ein Wort aus einer fremden Sprache im Ohr. Aber das machte ihnen nichts, mehr erwarteten sie gar nicht von ihm, sie respektierten Jünger als einen furchterregend gebildeten Mann, und sie waren einfach nur dankbar, durch die Nachbarschaft mit ihm etwas mehr in der Welt vorhanden zu sein als die Bewohner anderer Hinterwäldlerdörfer. Die Wilflinger fühlten sich geehrt durch Jüngers berühmte Politikerfreunde, sie genossen es, dass er in seinen Tagebüchern den einen oder anderen Satz über ihren fast unsichtbar kleinen, vergessenen Ort fallen ließ, und sie hatten auch gar nichts dagegen, wenn ab und zu ein verwöhnter Städter wie ich angereist kam, für dreißig Mark im Löwen ein Zimmer mit orangefarbenem Teppichboden und Blumensiebdruck auf Blumentapetenwand mietete, sich zu ihnen in die dunkle, kahle Gaststube an den Stammtisch setzte, einen Tee nach dem anderen bestellte und sie schlechtgelaunt über den Schriftsteller ausfragte.

Ja, schlechtgelaunt, aber das hatten wir bereits, und bevor ich nun wieder darüber zu jammern beginne, als wie trübsinnig ich die biedermeierliche Weltabgeschiedenheit Wilflingens empfunden habe, sollte ich lieber sagen, was ich von den ruppigen und naiven Männern am Löwen-Stammtisch über Ernst Jünger alles erfuhr. Ohne zu zögern, ohne mir zu misstrauen, begannen sie sofort zu sprechen, und da ich ihnen die etwas direkteren Fragen nicht gleich am Anfang stellte, hatten wir zunächst auch das eine oder andere nette Gespräch. Sie erzählten mir, dass Jünger, bei all seiner Zurückhaltung, vorbildlich am dörflichen Leben teilnahm, dass er die Konzerte des Musikvereins und die jährlichen Treffen der Soldatenkameradschaft besuchte, dass er für die neue Kanalisation Geld spendete und sogar ein Vorwort zur Wilflinger Dorfchronik geschrieben hatte, worin er die »gewachsene Gemeinschaft« des Ortes pries. Nachdem sie dann raunend, fast flüsternd erklärt hatten, Jünger wohne wegen seiner Verbindung zu den Hitler-Attentätern des 20. Juli kostenfrei im ehemaligen stauffenbergschen Forsthaus, beschrieben sie mir stolz seinen großen, bunten Garten, den er offensichtlich genauso liebte wie Ludwig der Vierzehnte Versailles, und hinterher sprachen sie auch noch voller Respekt von den endlosen Spaziergängen, die er regelmäßig in den umliegenden Wäldern unternahm. Dass Jünger nicht nur Schriftsteller war, sondern ein passionierter Naturwissenschaftler, beeindruckte sie fast noch mehr. Sie hatten irgendwann mal in seinem Haus die in Glaskästen lagernde Käfersammlung bestaunt, sie fanden es großartig, dass der baden-württembergische Entomologen-Preis nach ihm benannt war, und einer erzählte schließlich, ein bedeutungsschwangeres Zittern in der Stimme, dass Jünger oft gebückt durchs Dorf ging, aber nicht etwa, weil er wegen seines biblischen Alters Probleme mit dem Rücken hatte, sondern weil er den Weg vor sich nach Insekten absuchte. Wurde er fündig, ließ er sich einfach fallen, er hielt seine riesige Lupe über den Asphalt oder betrachtete aus nächster Nähe die Unterseite eines hochgehobenen Steins.

Jüngers selbstvergessene Naturverbundenheit fand – das überraschte mich nicht – in einem exhibitionistischen Todeskult ihren logischen Gegenpol. Davon abgesehen, dass er jeden seiner Waldgänge mit einer Visite am Dorffriedhof beendete, zeigte Jünger auch sonst vor den stillen und allgegenwärtigen Augen der Dorfbewohner ein großes Interesse am Tod. Er sammelte – mit der gleichen Leidenschaft wie seine Käfer – die letzten Worte dahingegangener Wilflinger, er erschien regelmäßig auf jeder Beerdigung, er hatte im Esszimmer einen Altar mit den Fotografien seiner verstorbenen Freunde aufgebaut, bei Rundgängen durch fremde Orte und Städte ließ er keinen einzigen Friedhof aus, und als er einmal wissen wollte, wo in Wilflingen früher der Galgen gestanden hatte, und man ihm erklärte, direkt vor seinem Haus, habe er triumphierend gelacht. »Vor den Toten«, steht in Jüngers fatalistischem Greisentagebuch *Siebzig verweht*, »hält der Gedanke inne als vor einer nicht zu überwindenden Kluft. Sie kann sich nicht schließen, ehe wir selbst hinübergehen.«

Ist Ernst Jünger todessehnsüchtig?, habe ich mich mehr als

einmal gefragt, während ich mit den Wilflingern über ihn sprach. Hat er, nach 99 Jahren, endlich vom Leben genug? Ich habe es am Löwen-Stammtisch nicht wirklich herausfinden können, aber woher sollten diese einfachen, ungebildeten Männer das auch wissen, sie, die mit Jünger noch nie ein ernstes Wort gewechselt, geschweige denn eines seiner Bücher gelesen hatten – und die natürlich trotzdem, genauso wie der reaktionäre Angeber Franz Wechsler, zumindest von Jüngers politischen Ideen und Idealen eine vage und zugleich absolut klare Vorstellung hatten. Ich saß lange genug mit ihnen zusammen, um das beurteilen zu können, ja, ich blickte in ihre geröteten Bauerngesichter, ich ließ mich von ihrem schwäbischen Dialekt einlullen, dessen rhythmisches Echo mich im Schlaf genauso verfolgte wie das Schaukeln von Wellen einen an Land gegangenen Seemann, und als dann endlich in meinem Notizblock die etwas härteren Fragen kamen, Fragen über Ernst Jünger und die Politik, da war der Spaß sofort wieder zu Ende. Sie sagten nun voller Abscheu Worte wie »Politiker«, »Europa« und »Ausländer« und riefen dabei mechanisch, wie auf ein geheimes historisches Kommando, den Schriftsteller als ihren Kronzeugen auf, als einen teutonischen Deus ex machina, der gegen den von ihnen befürchteten, kurz bevorstehenden Untergang Deutschlands ein absolut wasserdichtes, autoritäres Rezept in der Schublade seines Schreibtisches liegen hatte – in seinem Arbeitszimmer, nur eine Straße weiter, im ockergelben Forsthaus von Wilflingen.

Vielleicht habe ich mir deshalb am Ende keinen einzigen meiner Stammtischbrüder beim Namen merken können, vielleicht verschwimmen darum ihre Gesichter in meiner Erinnerung zu einem einzigen Franz-Wechsler-Ungetüm, und weil ich dann irgendwann von ihnen genug hatte, verließ ich schließlich ihre nette kleine Landserrunde, ich spazierte aus dem Löwen hinaus, ich überquerte die Sigmaringer Landstraße, ging hundert Meter die Dorfgasse runter und bog, ohne zu Jüngers Haus hinüberzuschauen, rechts ein, in den Hof des Anwesens von Friedrich Baron Schenk von Stauffenberg. Von ihm erwartete ich mir zwar auch nicht gerade eine sozialistische Grundsatzerklärung, aber zumindest ein bisschen mehr Weltläufigkeit und Format.

Der Baron, wie sollte es anders sein, war neben Ernst Jünger der zweite wichtige Mann am Ort. Er saß als CDU-Mann im Gemeinderat, sein Wort hatte mehr Gewicht als das aller anderen Mitglieder zusammen, er gab Geld für öffentliche Zwecke aus, er hatte den neuen Pfarrer geholt, an seinen Geburtstagen erschien bei ihm – so wie bei Jünger – eine Gratulationsabordnung der Vereinsvorstände und Dorfhonoratioren, und wann immer Jagd war, liefen die Wilflinger Männer in guter alter Leibeigenenmanier als Treiber vor den Pferden des Barons und seiner Jagdgesellschaft her.

Ich mochte den Baron trotzdem. Ich mochte seine kleinen, traurigen Augen, sein dickes und dennoch genau ausgeformtes Gesicht sowie das dichte Aristokratenhaar, das er unentwegt mit der Hand zurückstrich. Wir hatten in seinem Arbeitszimmer Platz genommen, wo wir von alten Fotos, Landkarten und eichenbraunen Vorkriegsbüromöbeln umgeben waren, und bevor wir auch nur ein einziges Wort über Ernst Jünger wechseln konnten, kam die Sekretärin herein, um dem Baron mitzuteilen, seine Mutter habe Kopfschmerzen, weil sie sich über etwas aufgeregt habe. Zwei Stunden später klopfte sie wieder an, sie sagte, die Frau Baronin sei jetzt aufgewacht und brauche eine Adumbran.

In der Zwischenzeit hatten Stauffenberg und ich aber bereits eine hübsche Menge Jüngeriana durchgesprochen – wobei ich vor allem erfuhr, wie sehr der Baron den Schriftsteller bewunderte, weil der mit seinem Ruhm und seinen Büchern Wilflingen für immer in der Erinnerung der Menschen konserviert habe. Außerdem fand er, dass Ernst Jünger – als einer der ganz wenigen – Antworten auf die dringenden Fragen seiner Zeit hatte, »dieser ungeordneten Epoche des Zerfalls und Neubeginns«, wie er sich etwas geschwollen ausdrückte, »in der die Menschen so selbstsüchtig und undiszipliniert auf die Herausforderungen der Wiedervereinigung reagieren, statt sich der alten preußischen Tugenden zu besinnen«. Da war sie also wieder gewesen, die Wilflinger Deutschland-geht-unter-Melodie, und weil ich sie nicht mehr hören konnte, machte ich eine kurze, verletzende Bemerkung über teutonischen Zucht-und-Ordnungs-Wahn, die der dicke Baron mit einem unsicheren Keuchen quittierte, und dann sprachen wir darüber, wieso Jünger nach dem Krieg aus dem niedersächsischen Kirchhorst ausgerechnet nach Wilflingen verschlagen worden war. Dabei stellte sich heraus, dass er erst 1950 durch die Vermittlung einer Riedlinger Ärztin die Wohnmöglichkeit im stauffenbergschen Forsthaus bekam: Er war in Wahrheit also ein ganz gewöhnlicher zahlender Mieter, und obwohl er es jahrzehntelang prima verstanden hatte, seine falsche Hitler-Putschisten-Aura durch kein überflüssiges Dementi zu zerstören, besaß er zum 20. Juli genauso wenig Verbindung wie die Wilflinger Stauffenbergs, die mit dem Hitler-Attentäter Claus Graf Schenk von Stauffenberg nur sehr weitläufig verwandt waren.

»Die dringenden Fragen der Zeit«, unterbrach ich den Baron in einer plötzlichen Eingebung, »besprechen Sie die denn manchmal mit ihm?« Stauffenberg strich sich die Haare aus der Stirn, er atmete schwer ein, und dann sagte er: »Über Politik reden wir nicht. Herr Jünger ist ein unnahbarer Mensch. Um genau zu sein, er ist kalt, und diese Kälte, nicht wahr, die ist so eine Art Selbstschutz, aber manchmal kann sie für uns auch ziemlich schmerzhaft sein.« »Schmerzhaft?« »Ja, natürlich. Mein verstorbener Vater war immer sehr traurig darüber, dass Herr Jünger in ihm bloß den Nachbarn, Hausherrn und ungebildeten Landadeligen sah, mit dem man über Pferde und Hunde redet. Und mit mir hat er, obwohl er mich von Kind an kannte, zum ersten Mal einen Satz gesprochen, als ich 1960 zur Bundeswehr kam. Da wollte er wissen, ob der Geist in unserer neuen Armee stimmt.«

Statt darauf etwas zu erwidern, sah ich dem Baron stumm dabei zu, wie er plötzlich auf seinem kleinen Ledersofa hin und her zu rutschen begann, er zappelte mit den Beinen, keuchte laut und legte schließlich seine großen Landadeligenhände wie zur Beruhigung flach auf die breiten Oberschenkel. »Natürlich«, fuhr er mit einer Offenheit und Bereitwilligkeit fort, die zeigte, wie froh er war, endlich mit jemandem über dieses Thema zu sprechen, »natürlich ist Herr Jünger uns allen haushoch überlegen. Wir sind zwar nicht so belesen wie er und auch nicht so klug, aber das ist trotzdem kein Grund, dass er uns wie seine Käfer behandelt. Distanziert, interessiert – aus der Ferne und doch ganz nah. Als habe er für jeden von uns ein Kästchen und eine kleine Nadel parat.« In diesem Moment musste ich lächeln, ich fand es komisch, wie sehr die Jünger-Empfindungen des Barons denen Franz Wechslers und der anderen Wilflinger vom Löwen-Stammtisch glichen. Weil ich aber offensichtlich zu lange und zu siegesgewiss gelächelt hatte, besann sich der Baron wieder, und er fügte relativierend hinzu: »Herr Jünger fühlt seine Bedeutung, und deshalb nimmt er den Einzelnen eben nicht so richtig wahr. Ihn beschäftigt der gesamte Kosmos, nicht so sehr das Individuum.«

Ja, ganz genau, dachte ich, Jünger interessierte in der Tat immer schon die abstrakte Idee eines großen und ewigen Universums mehr als der konkrete Mensch. Er war – wie sich aus fast jedem seiner Tagebücher, Essays und Romane herauslesen ließ – davon überzeugt, dass es keinen Unterschied gab zwischen den Schmerzen eines kranken Kindes, den Qualen eines verwundeten Ebers und dem Verglühen eines fernen Kometen, denn die unbarmherzigen Gesetze der Natur gehorchten, wie er fand, anderen Axiomen, als es jene sentimentalen Kinkerlitzchen namens Mitleid und Moral waren. Darum konnte er als junger Mann so leichtfertig und begeistert in die Mord- und Selbstmordschlachten des Ersten Weltkriegs ziehen, um später als Erwachsener darüber zu schreiben: »Die Menschenordnung gleicht darin dem Kosmos, dass sie von Zeit zu Zeit, um sich neu zu gebären, ins Feuer tauchen muss.« Darum konnte er immer wieder eisig erklären, dass ihn der Gedanke an die atomare Vernichtung der Menschheit ebenso wenig bewege wie das Aussterben einer seltenen Tierart. Und genau darum musste man als sein erklärter Gegner und Feind aus all dem schließen, dass Jüngers selbstkonstruierte darwinistische Leben-ist-Krieg-ist-Tod-Kosmologie in Wahrheit nichts anderes war als ein verkapptes, ins Metaphysische übertragenes preußisches Untertanenmodell, ein System, in dem das Ganze autoritär, kühl und rücksichtslos die Existenz des kleinen Einzelnen beherrscht und bestimmt, eine Gewaltordnung, deren Allmacht Jünger genauso fatalistisch und gehorsam hinnahm wie Franz Wechsler seinen Schießbefehl.

Doch über diese Dinge wollte ich mit dem Baron, bei aller Sympathie, einfach nicht mehr sprechen, und deshalb verabschiedeten wir uns schnell, aber vorher zeigte er mir noch das alte Gästebuch der Familie, das die Gestapo nach dem Hitlerputsch in ihrem Stauffenberg-Verfolgungswahn sinnloserweise konfisziert hatte, um darin nach Hinweisen auf weitere Verschwörer zu forschen. Ganze zwei Tage vor Kriegsende, sagte er, habe ein Polizist es wieder zurückgebracht, und er kam direkt vom Reichssicherheitshauptamt aus Berlin. »Deutsche Ordnung, deutsches Pflichtgefühl«, erklärte der Baron ungewohnt scharf, fast schneidend, »ein Glück, dass es das gibt.«

Ja, deutsche Ordnung, deutsches Pflichtgefühl – davon bekam der metaphysische Preuße Ernst Jünger in Wilflingen offenbar wirklich mehr als genug. Hier waren diese Begriffe ewiges Gesetz, diese Euphemismen einer längst vergessenen wilhelminischen Herrschaftssprache, die einst dazu dienten, ein ganzes Volk zu disziplinieren, es zusammenzuhalten und am Ende auch immer wieder gegen andere Völker aufzubringen. Hier wurden sie mit einer fast mittelalterlichen Naivität benutzt und gebraucht, weil die Bewohner dieses von der Aufklärung übergangenen Ortes daran gewöhnt waren, das Leben als etwas Gottgegebenes und Fremdbestimmtes zu betrachten, als etwas, worauf man als Mensch – oder soll ich besser sagen: als Käfer? – keinen Einfluss hat. Und genau hier lebte einer wie Ernst Jünger darum auch nicht ohne Grund, ein halbes Jahrhundert lang, und schließlich war er selbst es gewesen, der noch direkt vor dem Mauerfall im *Spiegel* erklärt hatte, er sei kein begeisterter Bundesbürger, denn für ihn sei nach wie vor »das Deutsche Reich die Realität«. Hätte es also kein Wilflingen gegeben, er hätte es sich erfinden müssen: Er benötigte dieses Dorf am Rande der Welt und der Zeit, diesen preußischen Ameisenbau, um sich hier von seinen preußischen Ameisenbewohnern in Arbeit und Denken wechselweise inspirieren und bestätigen zu lassen – und er brauchte Wilflingen auch, um sich als grimmig-sentimentaler Hundertjähriger, der in der neuen MTV-Zeit genauso deplatziert schien wie Rasputin in einem Science-Fiction-Film, nicht vollkommen heimatlos und ideell entwurzelt zu fühlen.

Das alles hatte ich, nachdem ich Baron Stauffenberg auf Wiedersehen gesagt hatte, endgültig begriffen, und da die Ewiggestrigkeit Jüngers und Wilflingens auf Gegenseitigkeit beruhten, wurde mir nun ebenfalls klar, weshalb der Schriftsteller den Wilflingern als Säulenheiliger der guten alten Zeit erschien, warum sie, egal ob Herr oder Knecht, bei jedem panischen Gedanken an die Unbilden und Unübersichtlichkeiten der schrecklichen neuen Zeit seinen Namen wie ein Vaterunser herunterrasselten. Das Einzige, was ich dabei aber noch immer nicht ganz kapierte, war, wieso einer wie er mit einem Mal auch über die Grenzen seines wilhelminischen Geisterdorfes hinaus so beliebt werden konnte, woher das plötzliche, fast popartige nationale Revival seiner Arbeit, seines Denkens, seiner Person kam.

Die Antwort auf diese Frage, wegen der sich all der Wilflinger Trübsinn am Ende doch noch gelohnt hatte, fiel mir erst am Tag meiner Abreise ein – nach dem Gespräch mit Doktor Gromann, einem Gymnasiallehrer aus dem zehn Kilometer entfernten Sigmaringendorf, der von Zeit zu Zeit im Löwen saß, allein, an dem kleinen Tisch in der dunkelsten, kahlsten Ecke des Lokals, vergeblich darauf wartend, hier einmal mit dem von ihm geliebten und bewunderten Schriftsteller zusammenzutreffen. Gromann unterrichtete Wirtschaftsrechnen und Philosophie, und bei einer solchen Fächerkombination verstand sich von selbst, welche der beiden Disziplinen er liebte, sah er doch die Königin der Wissenschaften nicht bloß als ein unverbindliches Spiel mit Gedanken an, sondern als das Lesen von Gebrauchsanweisungen zum besseren Sein. In den 50er Jahren hatte er in Mannheim drei Semester lang Philosophie studiert, und gleich der erste Text, den sie damals durchnahmen, stammte von Ernst Jünger, was für ihn *das* unvergessliche, prägende Erlebnis seines Lebens gewesen war, wie Gromann mir gleich zu Beginn mit Rührung und Stolz erzählte.

Gromann hatte das gleiche böse rote Keltengesicht wie Franz Wechsler, seine Augen waren klein und schwarz, die Brauen darüber fast unsichtbar, der Mund dünn, aber weil seine sture, kalte Provinzmiene manchmal von einem überraschend schönen und klaren Lachen erhellt wurde, dachte ich, etwas ist anders an ihm, und vielleicht dachte ich das nur, weil Gromann einen Klumpfuß hatte, der ihn beim Gehen behinderte und furchtbar verwundbar wirken ließ. Was immer es jedenfalls war, ich wollte ihm eine Chance geben, darum brachte ich, um etwas genauer in ihn hineinzusehen, die Rede zunächst kurz auf den Krieg. Und tatsächlich, ich hatte mich nicht getäuscht, dieser Doktor Gromann sagte Dinge, die man sonst nicht oft hörte, er regte sich über die Nazis auf und erzählte ganz unverklemmt, dass er in seiner Kindheit auf den Straßen von Karlsruhe öfter weinenden KZ-Häftlingen dabei zugesehen hatte, wie sie nach alliierten Bombenangriffen Blindgänger entschärfen mussten. Zweimal waren die Sprengsätze explodiert, und sie rissen die abgemagerten Körper in den schlotternden gestreiften Anzügen in Stücke.

Das klang nach sehr viel Mitleid und Selbstkritik, aber plötzlich wechselte er das Thema, das heißt, er wechselte es gar nicht, er erweiterte es bloß. Er fing bei den Kelten an – ja, bei den Kelten! –, die einst auf der Schwäbischen Alb gesiedelt hatten und deren brutale heidnische Kultur er als Synonym der pantheistischen Unwissenheit des frühen Menschen ansah. Dann sprach er vom nah gelegenen Heiligkreuzkloster, das früher eine der Festungen des Christentums in dieser Gegend gewesen war, in einer Zeit, als der mittelalterliche Mensch, wie er sagte, noch von einem allmächtigen Gott beschützt und beaufsichtigt wurde. Und schließlich begann Gromann von Lessing und Descartes und davon, dass der moderne Mensch seit der Aufklärung, seitdem er sich von Gott befreit habe, so fürchterlich auf sich allein gestellt sei, in die Welt hinausgeworfen wie Sisyphus – und im nächsten Moment war er auf einmal wieder bei den weinenden Kazettniks von Karlsruhe und ihren Nazimördern, und zwei, drei Sätze später redete er völlig übergangslos von seinen verkommenen, disziplinlosen Schülern vom Sigmaringer Wirtschaftsgymnasium, die, statt zu lernen und fleißig zu sein, Haschisch rauchten, Alkohol tranken und vorehelichen Sex hatten.

»Der Nihilismus des modernen Menschen«, sagte Gromann

laut und zornig, »hat sämtliche Gesetze aufgehoben. Alles, wirklich alles ist möglich, die Leute halten keine Ordnung mehr, und jeder ist auf seinen eigenen Vorteil bedacht. Der jugoslawische Bürgerkrieg – das ist doch wie Auschwitz gewesen! Sehen Sie nach Sarajevo und sehen Sie auf unseren Schulhof, wo neben Zigarettenkippen und kaputten Bierflaschen wie im Puff die benutzten Kondome herumliegen! Das ist der gleiche Verfall! Die Welt ist ein Chaos! Und wir sind mittendrin!« Die Worte flogen ihm scharf und entschlossen aus dem Mund, und als Gromann nun auch noch die klassische, bläuliche Franz-Wechsler-Totschlagmiene aufsetzte, wusste ich, was als Nächstes kommen würde. »Darum«, rief er aus, »kann ich jedem, der einen Ausweg sucht, immer nur sagen, dass genau hier, auf der Alb, in Wilflingen, wo früher die Kelten hausten und die Zisterzienser Gott dienten, heute ein Mann lebt, der diesen Ausweg kennt!«

Und dann endlich kam Jüngers Name, es kam noch einmal eine längere Arie über den drohenden Untergang Deutschlands und der Welt, und schließlich erklärte Gromann, dass Jünger ihm deshalb ein Vorbild und Vordenker sei, weil er ein gesamtheitliches, selbstgewähltes Pflichtgefühl in den Mittelpunkt des menschlichen Daseins stelle, eine Art atheistischen Gottesersatz. Was immer er damit meinte, ich fand, es klang exakt nach Jüngers widerlicher preußischer Metaphysik, und nachdem ich aus diesem Grund beschlossen hatte, dem Philosophielehrer später, wenn wir uns verabschieden würden, auf keinen Fall die Hand zu geben, fiel mir wieder ein, wie sich der Dichter-Thor selbst kurz nach dem Krieg absolut gromannmäßig über das deutsche Erscheinen der *Hundertzwanzig Tage von Sodom* beklagt hatte, weil er der Meinung war, dass es von den Obszönitäten des Marquis de Sade nur noch ein winziger Schritt zu den Nazi-KZs sei. »Wo der Liberalismus seine äußersten Grenzen erreicht«, beendete Jünger damals seine antinihilistische Heuchelei, »schließt er den Mördern die Türe auf.« Keine Kondome – in anderen Worten –, kein Holocaust.

Gromann und ich hatten während unserer Unterhaltung einen kleinen Spaziergang gemacht. Er wollte mir eigentlich in dem langen Waldstück oberhalb von Wilflingen ein Keltengrab zeigen, doch nachdem wir es nicht gefunden hatten und ich ohnehin keine Lust mehr hatte, mit ihm zu reden, gingen wir schweigend wieder zurück. Der Philosophielehrer humpelte auf seinem großen, verwachsenen Fuß neben mir her, er musste sich anstrengen, um mit mir Schritt zu halten, aber ich verlangsamte trotzdem das Tempo nicht. Ich wollte bloß weg von hier, raus aus diesem Wald, raus aus diesem Dorf, raus aus dieser Provinz, und dann wurde der Weg vor uns etwas breiter, und die hohen Bäume, deren Namen ich bis heute nicht weiß, traten ein Stück zurück und gaben den Blick frei auf Wilflingen. Und als ich es so zum ersten Mal aus der Entfernung sah, wie es sich in die schmale Senke zwischen der Schwäbischen Alb und dem Donautal hineindrückte, mit seinen unscheinbaren weißen Häuschen, dem weißen Kirchturm und dem grauen Schloss – als ich plötzlich dieses kleine, vergessene Elend wie auf einer Handfläche vor mir liegen sah, in dem grau verwaschenen winterlichen Nachmittagslicht, da dachte ich endlich, was ich bis dahin nur gespürt hatte: Dass das ganze große Deutschland sich allmählich auch in eine Art Wilflingen zu verwandeln begann, in ein riesiges vergessenes, zurückgebliebenes, tümelndes Hinterwäldlerdorf, dessen Bewohner genauso wie all die Wechslers, Stauffenbergs und Gromanns immer häufiger von den Veränderungen und Erschütterungen ihrer Zeit so existenziell verunsichert wurden, dass sie alles um sich herum untergehen sahen und sich an der Hoffnung wärmten, eines Tages werde ein kosmischer Übervater kommen, der weiß, wie man Worte wie Zucht und Ordnung, Sittlichkeit und Pflichtgefühl buchstabiert, ein moderner, chauvinistischer und politikverdrossener Nineties-Remix aus Bismarck, Hitler und Weizsäcker, der mit einem einzigen autoritären Federstrich das ganze eingebildete Wiedervereinigungs-Arbeitslosigkeits-Asylanten-Chaos wieder unter Kontrolle bringt.

Ja, so paranoid war mir wirklich zumute, während wir auf Wilflingen zumarschierten, so paranoid, wie ich es auch sonst in jenem viel zu warmen Winter '94 oft genug gewesen bin, aber im nächsten Moment wusste ich schon gar nicht mehr, ob ich recht hatte oder nicht, und als Gromann auf dem Parkplatz vor dem Löwen in seinen Wagen gestiegen war und ich ihm natürlich trotzdem die Hand gegeben hatte, dachte ich dann wieder, dass einer wie Ernst Jünger, für den die Bundesrepublik stets ein besetztes Land gewesen ist, mit seiner aufrechten deutschen Biografie und seiner preußischen Metaphysik immerhin der perfekte Prophet einer solchen neuen Untertanenzeit sein musste – dass er also nicht zufällig zum Gegen-Böll des neuen rechten deutschen Mainstreams von *Focus* über Heiner Müller, Rolf Hochhuth, Helmut Kohl bis zur *Jungen Freiheit* geworden war, eines Mainstreams, der sich ganz offen an Jüngers morbiden Errettungsideen und seinem Heloten-Fatalismus labte, mit einem ständig wachsenden Publikumseffekt. Und nachdem ich dann aber kurz gedacht hatte, ich darf mich auf keinen Fall selbst, auf meine Art, von der Wilflinger Untergangsmelodie einlullen lassen, nachdem ich, wie zur Lockerung, für mich still die Namen von Helmut Dietl, Jakob Arjouni, Odo Marquard, Henryk M. Broder, Giovanni di Lorenzo und noch ein paar anderen besonders lässigen Deutschen aufgesagt hatte, dachte ich, jetzt habe ich, Verfolgungswahn hin oder her, wirklich alles über das Phänomen Ernst Jünger begriffen, jetzt kann ich endlich nach Hause gehen.

Warum ich vorher aber noch einen allerletzten Abstecher zum Wilflinger Friedhof gemacht habe? Jedenfalls wollte ich mir nicht zum Abschied ein zweites Mal den Gedenkstein von

Ernst Jünger jr. anschauen, denn das Schicksal von Nazisoldaten, egal ob sie begeistert in den Krieg zogen oder gegen ihren Willen dabei waren, ist mir, ehrlich gesagt, schon immer ziemlich egal gewesen. Und es hat mich auch nicht wirklich das andere Grab dort interessiert, in dem Alexander Jünger lag, der zweite Sohn des Schriftstellers, der sich im letzten Frühling, nachdem er gerade erst von einer schweren Krankheit genesen war, im Alter von achtundfünfzig Jahren mit einem Jagdgewehr erschossen hatte und den ich bis jetzt nicht erwähnt habe, weil ich eigentlich finde, dass privater Selbstmord Privatsache ist. Nein, ich bin zum Friedhof gegangen, weil ich am Ende noch einmal den Ort sehen wollte, den Ernst Jünger sein halbes Leben lang mit einer derart herzzerreißenden Begehrlichkeit und Regelmäßigkeit aufsuchte, die alles andere als verdächtig, sondern ganz offensichtlich war, diesen Ort, nach dessen ewiger Ruhe er sich so verzweifelt sehnte und der für ihn, als sei er ein Verfluchter, genauso unerreichbar schien wie für jeden andern das ewige Leben. »Ich könnte«, schrieb er, der Ewiggestrige und vom Tod fast Vergessene, im wunderbar heißen Sommer 1968 in sein Wilflinger Tagebuch, »ich könnte zufrieden sein, wenn die Lage im Lande nicht wäre: Odysseus im Saal, in dem die Fremden am Werk sind und ihre Lakaien sich wohlfühlen. Hätte eben schon 1914 fallen sollen mit den ersten Freiwilligen.«

Ja, er hätte damals wirklich besser fallen sollen, dachte ich, dann gäbe es vielleicht etwas weniger Larmoyanz, Liebedienerei und Selbstherrlichkeit in diesem Land. Ich lehnte mich gegen die blendend weiß getünchte Friedhofsmauer, die für Jünger von der Ferne bestimmt immer wie eine orientalische Wüstenstadt erstrahlte, wie die Oase eines barbarischen Friedens und Glücks, ich sog die weiche Landluft ein, diesen Geruch von verbranntem Holz, Farbe und Schweinestall, und dann drehte ich mich um, und da sah ich ihn plötzlich, zum ersten Mal, von Angesicht zu Angesicht.

Er kam von seinem Waldspaziergang, um hier seine tägliche Gräberkontrolle zu machen, und er kam direkt auf mich zu. Er hatte einen großen breiten Rücken, sein Gang war steif, betont schnell und gespenstisch stramm. Er trug einen Kamelhaarmantel und eine riesige Fellmütze über dem weißen Haar, und als er mich am Friedhofseingang passierte, grüßte er, wie man das auf dem Dorf so macht. Aber ich antwortete ihm nicht, ich sah nur stumm in sein verwittertes Cäsarengesicht, und ich dachte, der Tod ist ein Spießer aus Deutschland, und dann dachte ich auch noch, nein, man darf den Tod niemandem wünschen, nicht einmal einem, der ihn selbst so verzweifelt sucht.

(1994)

So viel Sinnlichkeit wie der Stadtplan von Kiel

Es gibt keine Literatur mehr. Das, was heute in Deutschland so heißt, wird von niemandem gekauft und gelesen, außer von Lektoren und Rezensenten, den Autoren selbst und einigen letzten, versprengten Bildungsbürgern. Die deutsche Literatur dieser Jahre und Tage ist eine Literatur der peinlichen, aber allessagenden Minimalauflagen, die sich in der Regel zwischen mehreren hundert und bestenfalls ein-, zweitausend Exemplaren bewegen. Es ist eine Literatur, die keinen berührt, mitreißt und fasziniert, eine Literatur, die nur mehr auf den Seiten der Feuilletons und Kulturspalten stattfindet. Und dort allein scheint sie noch genießbar und so was wie ein Ereignis zu sein: zusammengefasst und analysiert in ein paar Absätzen, verdammt oder gelobt von professionellen Kritikern, die dafür bezahlt werden, dass sie sich für uns durch die Bücher ackern, die wir nach zehn Zeilen wieder zuklappen würden.

Die Krise unserer Literatur ist für niemanden ein Geheimnis, sie ist ein beliebtes, dankbares Partythema, und auf jenen Partys, wo über sie gesprochen wird, hört man oft, sie habe vor allem damit zu tun, dass Fernsehen, Kino und Videoclips die Konsumgewohnheiten so sehr verändert hätten, dass das Publikum nur noch auf Tempo, Effekt und all die andern bösen Feinde der seriösen Literatur reagieren kann. Das ist deshalb falsch, weil natürlich jede Epoche ihr eigenes Zeitgefühl hat. So verlangten die Menschen immer schon beim Konsumieren von Literatur nach genau dem Tempo, das sie gewöhnt waren, das ihrem Lebensrhythmus entsprach, und diesen epochenadäquaten Drive bekamen sie dann in *Simplicius Simplicissimus* ebenso wie in *Buddenbrooks*, *Berlin Alexanderplatz* oder Heinrich Bölls genialen frühen Erzählungen. Die Bücher dagegen, die heute die Belletristik systembildend dominieren, sind sperrige, abweisende Ideen- und Wortkonstrukte ohne Sinn für Dramaturgie, ungangbare Ausflüge in die unwichtigen Seelenqualen ihrer unwichtigen Wohlstandsgesellschaft-Autoren.

Es genügt, sich die diesjährigen Literaturbeilagen anzusehen, um zu erkennen, dass der Prototyp eines gefeierten zeitgenössischen »Rezensentenbuchs« in erster Linie davon handelt, dass das Schreiben angeblich unmöglich geworden ist. Erstens, weil alles bereits geschrieben sei. Zweitens, weil man als arme, überforderte Kreatur von Schriftsteller gegen die überwältigende, verwirrende Wirklichkeit des technisch-computerisierten Medienzeitalters kaum mehr ankomme. Drittens, weil alles plötzlich so trügerisch virtuell geworden sei. Viertens, weil der Leser aus diesem Grund nicht mehr bereit sei, einem Autor den fesselnden, den dramaturgisch und ästhetisch gewieften auktorialen Erzähler abzunehmen. Weshalb, fünftens, der Leser ohnehin der Feind des Literaten sei, ebenso wie die böse, verlogene Realität. Richtige Überlegungen zum Teil – und ein falscher Schluss, den die Sprachzerstörer und Prosageometer vor langer Zeit schon daraus gezogen haben: Die Literatur ist am Ende, sagten sie. Der Roman tot. Das Publikum oberflächlich und dumm. Und die Schriftsteller nur noch die Totengräber der eigenen Sache …

Die Konsequenz aus diesem defätistischen, uninspirierten Avantgardistendenken war, dass in jahrzehntelanger Knochenarbeit, in einem Exorzismus nach echter Akademikerart, der deutschen Literatur jedes Leben, jedes Stück Wirklichkeit und der Wille zur Außenweltkommunikation ausgetrieben wurden. Und Generationen von jungen Autoren, die bei Verlagen und Kritikern überhaupt noch eine Chance bekommen wollten, passten sich – bewusst oder unbewusst, aus Opportunismus oder Überzeugung – diesem modernistischen Wirklichkeitsverbot an und schufen einen literarischen Kanon, der ebenso viel Sinnlichkeit hat wie der Stadtplan von Kiel.

Die breite Masse der Leser jedoch, die früher in einem rauschhaften Lektüreprozess in der Literatur etwas über sich selbst und die Welt erfahren wollte, hat sich von dem, was heute so genannt wird, abgewandt. Sie holt sich die Realität nun dort, wo sie noch zu kriegen ist: im Kino, im Fernsehen – und vor allem in Zeitungen und Magazinen.

Es ist symptomatisch, dass gerade die so lebensnotwendige, so naheliegende Verbindung von Journalismus und Literatur, die früher eine Selbstverständlichkeit war, heute im deutschen Sprachraum so verpönt ist, geächtet von denen, die zurzeit in Universitäten und Kulturredaktionen das Sagen haben und immer, qua Apparat und Geld und Macht, auch das letzte Wort.

Genau das aber sollte man ihnen nehmen.

Man könnte jetzt natürlich sofort und ohne Übergang von Joseph Roth, Erich Kästner und Friedrich Torberg zu sprechen anfangen, deren Erzählungen und Romane ohne ihre journalistische Arbeit undenkbar wären. Aber das alles ist altbekannt und Geschichte, und Geschichte ist nichts, womit man überzeugen kann. Und deshalb sollte man eher darüber sprechen, dass es bei uns heute kaum noch einen Schriftsteller gibt, der sein Material aus der Wirklichkeit bezieht, indem er als Reporter, als Detektiv auf Recherche ginge. Dass andersherum ein Schriftsteller mit einer ätherisch-verschlüsselten Reportage von seinem strukturalistischen Hermetik-Olymp einen Ausflug in die kleine, schmutzige Welt der Realität unternimmt, kommt schon mal vor. Doch die Selbstverliebtheit und stumme Überheblichkeit, die aus diesen Arbeiten jedes Mal spricht, beweist, dass das die falsche Richtung ist, dass der Weg immer nur vom Journalismus zur Schriftstellerei führt, niemals umgekehrt.

Es ist absurd: Noch nie gab es eine Schriftstellergeneration, die so wenig Hardcore-Journalismus und Realitätswühlerei betrieben und zugleich ein derart ereignis- und konfliktloses Dasein geführt hätte wie unsere. Noch nie waren die Probleme eines Jahrgangs so belanglos und entrückt von allem wahrhaft Existenziellen. Uns bewegen doch höchstens mal ein paar Liebesprobleme oder eine völlig abstruse, abstrakte Angst vor der Tschernobylstrahlung oder den Folgen eines ins Apokalyptische hineingeredeten Anti-Saddam-Kriegs. Und wenn im Ostblock die alten Regime fallen und der vermeintliche Ausverkauf der Ideologien beginnt, dann ist das für uns doch ohnehin nur so, als würde gerade eine neue Boutique aufmachen. Aus diesem Stoff lassen sich keine Epochenromane und wüsten Gesellschaftsepen basteln. Das gibt zu wenig Handlung her, kaum Gefühl und Sinn und schon gar nicht das erhellende, visionäre Hangeln am Abgrund der menschlichen Existenz, eine unbedeutende Illustration nur, doch kein Gemälde …

Es hat nichts mit Selbstüberschätzung zu tun, sondern viel mehr mit der Suche nach passenden, eingängigen Argumenten, wenn ich sage, dass ich selbst es – so gesehen – etwas besser gehabt habe. Meine Familie stammt aus Russland und aus der Tschechoslowakei, manch einer von ihnen musste sich mit den Nazis herumschlagen, und ich hatte außerdem noch das stoffspendende Glück, dass wir nach dem Prager Frühling nach Deutschland emigrierten. Wie viel mehr biografisches Material kann ein Autor verlangen in einer Zeit, in der seine Kollegen mit sechzehn ein bisschen Haschisch rauchen, mit achtzehn Abitur machen, für ein Jahr nach Paris gehen, dann in Heidelberg oder München Germanistik studieren und schließlich einen »Prosatext« schreiben, der nur aus Zitaten von Lacan und Baudrillard besteht und dessen schwer auszumachender Held mit sechzehn ein bisschen Haschisch raucht, mit achtzehn Abitur macht und dann für ein Jahr nach Paris geht?

Ich hatte also Glück, nichts als Glück, dass ich durch meine Biografie die determinierenden Hinweise auf all das frei Haus geliefert bekam, was mich interessiert und per se interessieren muss, auf das, was ich liebe und hasse, was ich begreifen und beschreiben will. Und trotzdem: Den Holocaust etwa, der – ob ich es nun möchte oder nicht – in meinem Denken eine unangenehm zentrale Rolle spielt, habe ich natürlich nicht erlebt. Ich musste ihn, zunächst als Journalist und dann erst als Schriftsteller, recherchieren. Ich musste ihn wegen der Toten recherchieren, wegen der Überlebenden und vor allem aber wegen mir selbst. Manchmal wurden aus meinen Recherche Reportagen, manchmal Erzählungen, manchmal beides.

Ich fuhr nach Polen, wo ich die Felder und Öfen von Birkenau sah und wo ich mich selbst und meine Jüdischkeit in einem schärferen Licht erkannte. Ich lief in Budapest herum, durch den achten Bezirk und die Neue Leopoldstadt, durch das arme und das reiche jüdische Viertel der Vorkriegszeit. Ich sprach in Moskau mit alten Männern, die gegen die Nazis gekämpft hatten. Ich unterhielt mich in München und Frankfurt mit anderen alten Männern, deren Kampf gegen die Nazis allein darin bestand, als KZ-Zombies dies alles einfach nur durchzustehen. Und ich sah die deutschen Jüdinnen von Haifa, die immer noch, sechzig Jahre danach, auf einer Bank auf dem Carmel sitzen und sich in einem prächtigen Berlinerisch über die Intifada unterhalten.

Ich hörte und sah Dinge, die ich niemals hätte erfinden können, und ich erinnere mich jetzt daran, wie ich im November 1989 nach Prag fuhr, um über den Kommunistensturz eine Reportage zu schreiben, ich erinnere mich an diese merkwürdige junge Frau, die ich dort traf.

Julie besaß das, was manchem gewöhnlichen Gesicht Kraft und Kontur gibt: sehr große, sehr wilde Augen. Mit diesen Augen beobachtete sie mich unentwegt, sie sah mich oft sehr forschend und kontrollierend an, und obwohl ich mit ihr, einer Prager Kunststudentin, zunächst nur ein ganz normales Interview über die sanfte tschechische Revolution machen wollte, merkte ich bald, dass uns beide ein anderes Thema verband. Klar, Julie war Jüdin, aber sie hatte es niemandem an der Akademie gesagt. Sie hatte es aus übertriebener Furcht vor Hass und Benachteiligung durch die Partei auch ihren beiden besten Freunden, zwei jungen Bildhauern, verschwiegen. Und erst mit mir, dem Gast aus dem Westen, der auf sie wie ein Katalysator wirkte, weil er ganz naiv und ohne Angst von seinem Judentum redete – erst mit mir begann Julie über ihre Herkunft zu sprechen.

Mir hatte sich Julie also als Erstem anvertraut, und gleich danach ihren beiden Bildhauern. Und da sprudelte es auch aus ihnen heraus, auch sie stammten aus jüdischen Familien, sie hatten aus denselben Gründen wie Julie geschwiegen, und endlich begriffen die drei, warum sie miteinander so eng, so zart befreundet waren, und ich begriff wiederum, warum ich mich mit ihnen blind verstand, warum ich, obwohl größtenteils woanders aufgewachsen, mit ihnen den Humor teilte und dieselbe halbwehleidige, halbironisch-wütende Weltsicht. Das alles fand ich dann schrecklich aufregend und romantisch, und bevor ich nach München zurückfuhr, versprach ich Julie, ihr alles zu schicken, was es an Büchern über Juden, ihre Religion und Geschichte gab.

Ich schickte ihr gar nichts, nicht einmal einen Brief. Ich schrieb meine Reportage, ich vergaß Julie, und als ich mich eines Tages daran erinnerte, wie wüst und pathetisch sich der Prager Marranenkitsch meiner damals bemächtigt hatte, schämte ich mich so sehr, dass ich eine Erzählung schrieb, worin ein deutscher Jude nach Prag kommt, um über die Revolution zu berichten. Dabei lernt er an der Kunstakademie eine kleine, verwachsene, hässliche, abstoßende Studentin kennen, die ihn wie eine Hexe in ihre Wohnung lockt, um ihn so lange mit den undurchsichtigen Geschichten von ihrer obskuren jüdischen Herkunft und dem tragischen Holocaust-Schicksal ihrer Familie zu umgarnen, bis er ihr nachgibt, bis er gegen seinen Willen mit ihr ins Bett geht, hinterher beim gemeinsamen Schabbatessen den Kiddusch sagt und sich dieser Frau, von der er weiß, dass sie eine Baba Jaga ist, ein Dybbuk, für immer verschreibt.

Die Zwergin, die in der Erzählung für die alleserdrückende Allmacht von Familie und Geschichte, Folklore und Holocaust stand, hatte nichts mit der echten Julie zu tun. Aber ich hätte ohne Julie niemals dieses Sujet gefunden, ich wäre nie auf die Idee gekommen, dass es Menschen gibt, die in ihrer Mischung aus Feigheit und Stolz andere wiederum derart berühren und belästigen können. Ich hätte ohne die reale Julie nie herausgefunden, dass es im Leben eine so unsympathische Tragik geben kann und zugleich etwas derart Menschliches.

Es geht aber noch um mehr: Denn als Reporter, der auch literarisch arbeiten will, lernt man vom Journalismus nicht nur das Gespür fürs vorgegebene Material, für den Menschen an sich, für die Wirklichkeit. Man kapiert darüber hinaus, dass es einen Sinn hat, so zu schreiben, dass der Leser einen begreift. Denn wenn man etwas erkannt, wenn man etwas zu sagen hat, dann will man logischerweise auch, dass die andern einen verstehen. Alles andere wäre Lüge, Heuchelei – und es wäre vor allem, wie es so oft in der heutigen Akademikerliteratur geschieht, das Vorgaukeln von Klugheit und Einsicht, das Sichverstecken hinter einem hermetischen Begriffsgerümpel, das nur die eine einzige Funktion hat: der breiten, wenig gebildeten Masse den Zutritt zum großen Tempel des Geistes so sehr wie möglich zu erschweren. Und das ist dann nichts anderes als intellektuelles Spießertum.

Die wenigen, die es in Deutschland heute als Autoren und Journalisten zugleich versuchen, bekommen fast automatisch Schwierigkeiten mit der Kritik. Prominentestes Beispiel eines solchen Scheiterns ist Fritz Raddatz. Er schrieb zwei große Romane und erntete dafür aus den Feuilletons fast nur Hass, Verachtung und Verständnislosigkeit. Seit jeher nämlich gilt in Deutschland der Schriftsteller – wie jeder Künstler – als Schöpfer, als Gemütsmensch, als poetischer Sendbote aller metaphysisch-mystischen Erkenntnissphären zusammen. Der Journalist dagegen ist, lange vor den Nazis, als Prototyp des Zersetzers gebrandmarkt worden, als jüdischer Schlammwühler, als welscher Pseudoliterat, der bestenfalls zum Kritiker taugt, aber niemals über den göttlichen Funken des Schöpfertums verfügen wird. Diese rassistische Vorstellung hat sich, zumindest unterbewusst, bis heute in einer abstrakteren Emanation gehalten, und es ist kein Zufall, dass gerade jetzt bei uns die von Botho Strauß faschistisch-vulgarisierten Thesen George Steiners populär werden, wonach die Literatur als ein geheiligtes Produkt ausgewiesen wird, das keine Kritiker und Exegeten duldet. Diese im Sinne von Richard Wagner und Houston Stewart Chamberlain reaktivierten herrenmenschelnden, sakralisierenden Kunstthesen finden nicht umsonst in unseren Feuilletons und Germanistikseminaren so viele Nachbeter. Denn sie sind der komprimierte Ausdruck der im deutschen Bewusstseinsuntergrund nach wie vor herrschenden Überzeugung: Kunst ist Kunst ist Transzendenz ist Religion. Und Realität ist Dreck ist Boulevard ist Fernsehen ist Journalismus.

Ich aber glaube, dass gerade der Realismus für die Literatur lebensnotwendig ist. Er ist die absolute Grundvoraussetzung der Literatur – nicht der Malerei, nicht der Musik! –, die ja nur deshalb entstand, weil es immer wieder Menschen geben wird, besonders empfindliche, verrückte, egoistische Menschen, die auf eine sehr konkrete Weise für die andern über das Leben und die Wirklichkeit nachdenken. Die herauszufinden versuchen, warum die Welt so ein verrotteter Misthaufen ist und zugleich das Schönste, Herrlichste, was wir uns vorstellen können. Und die vor allem wissen, dass nur der, der sich darauf einlässt, mit seinem Publikum zu kommunizieren, auch sein wahres Schriftstellerziel erreicht. Wer das nicht vergisst oder wer sich daran wieder erinnert, wird keine Mühe haben, die gute, ernste Literatur ins Bewusstsein der Leser zurückzuführen, ohne billige Tricks natürlich und Trivialisierungen.

Die Ablehnung des Journalismus als Grundlage einer modernen, begreifbaren Literatur ist ein nur ganz besonders augenfälliges Symptom für die Agonie unserer Akademikerprosa. Darüber zu sprechen ist gut. Noch besser und konsequenter aber ist es, den vorhin eingeführten Reportagebegriff zu erweitern. Damit meine ich nicht allein, dass man nicht unbedingt für *Spiegel* und *Geo* durch die Weltgeschichte reisen muss, um etwas über die Welt und den Sinn des Lebens zu erfahren, denn es reicht selbstverständlich genauso, einfach nur mit Freunden und Feinden, Bekannten und Unbekannten über ihre Geschichten und Ideen und Dummheiten zu sprechen. Ich meine noch etwas anderes: Literatur ist ja nichts anderes als eine stete, ewige Recherche des menschlichen Daseins, der Geschichte des Einzelnen, einer Gruppe, eines Volkes, des ganzen Menschengeschlechts. Und so ist jeder Text, den ein Schriftsteller schreibt und der ihm gelingt, ebenso die Reportage seines eigenen Lebens als auch des Lebens all derer, die sich auf ihn einlassen wollen und können, die seinen Stil mögen, die seine Metaphern spüren, die seine Dialoge komisch oder ergreifend finden und seine Einsichten sowas wie visionär. Die er packt. Die mit ihm etwas erleben wollen und die durch ihn plötzlich etwas Neues von sich selbst verstehen. So einfach ist das, und es ist mir völlig egal, ob gerade ich all das kann, was ich da so leichtfertig verlange, denn es steht hier ohnehin nicht zur Debatte …

Ich glaube, man kann die Literatur retten. Man muss einfach nur so lange gegen die selbstgefällige Sturheit der Altavantgardisten und Literaturnomenklaturisten anreden und anschreiben, bis es wieder anständige Romane gibt. Romane, die man in einem Ruck durchliest. Die man liebt, die man genauso atemlos und gebannt durchlebt wie eine gute Reportage, einen prima Film. Romane, die von allem Möglichen handeln werden, bloß nicht davon, dass es keine Romane mehr gibt.

(1991)

Die Buchhändlerin der Nation

Neulich bekam ich einen Brief von Dr. Honnefelder. Ich kenne Dr. Honnefelder nicht, aber im Briefkopf stand, er sei der Vorsteher des Börsenvereins des Deutschen Buchhandels. Bei dem Wort Vorsteher muss ich immer an Franz Kafkas Roman *Das Schloss* denken und an den Dorfältesten, der aus Furcht vor der undurchschaubaren Schlossverwaltung den verunsicherten K. immer weiter verwirrt; er heißt bei Kafka der Vorsteher. Und bei dem Wort Börsenverein fällt mir meistens Martin Walsers Friedenspreisrede aus dem Jahr 1998 ein, mit der er die Tradition des wehleidigen deutschen Intellektuellenhasses und antijüdischer Aufklärungsparanoia wiederbelebt hat.

Dr. Honnefelder wollte von mir wissen – wie von vielen anderen, denen er den gleichen Brief schickte –, wen ich mir als nächsten Friedenspreisträger wünsche, und er bat mich, ihm bald zu antworten. Er hat mir auch erklärt, wen er und seine Leute vom Börsenverein gern auszeichnen würden: am liebsten jemanden, der seine »Lebensleistung auf den Gebieten der Literatur, Wissenschaft oder Kunst in den Dienst des Friedens und der Verständigung gestellt« hat. Leider fielen mir wegen Martin Walser zuerst nur Menschen ein, die den Preis lieber nicht bekommen sollten. Ich dachte, bitte nicht Alice Schwarzer, deren zynischer Feminismusbegriff eine passiv-aggressive Gesellschaft voller machtgieriger Frauen und opportunistischer Männer produziert hat; bitte nicht Julian Assange, dessen Kampf für eine bessere Welt die schlechten Internetumgangsformen noch mehr verdorben hat, und dass das für unser bislang relativ respektvolles Zusammensein in der analogen Welt Folgen haben wird, kann sich jeder, der darüber nachdenken will, denken. Und hoffentlich kriegt diesmal nicht einer von diesen neuen Kapitalismuskritikern den Preis, denen erst einfiel, dass der Finanzmarkt kein Kindergeburtstag ist – und wahrscheinlich auch noch eine jüdische Yankee-Erfindung! –, als sie selbst anfingen, mit ihren Fonds Geld zu verlieren, und wie schnell heuchlerischer Kapitalismushass antisemitisch werden kann, wollen wir alle lieber nicht wissen.

Und dann, als es zu spät war, dem Vorsteher des Börsenvereins zu antworten, fiel mir Rachel Salamander ein, die Buchhändlerin und Herausgeberin der *Literarischen Welt*. Ihre Mutter floh als junge Frau aus dem Warschauer Getto, ihr Vater hatte mit Stalin mehr Ärger als mit Hitler. Geboren wurde sie 1949 als »heimatlose Ausländerin« im DP-Lager Föhrenwald, und die blieb sie verrückterweise bis 1992, als sie endlich ihre ersten deutschen Papiere bekam. Vielleicht war es aber sehr gut für sie und für uns, dass sie so lange auf den damals noch grünen Pass warten musste. Wer nicht dazugehört, macht sich mehr kluge Gedanken über die, die einen nicht reinlassen wollen, als die Türsteher selbst. So hat Rachel Salamander schon als sehr junge Frau verstanden, dass im geschockten Nachnazideutschland insgeheim Erleichterung darüber herrschte, dass man zwar einen Krieg verloren hatte, aber wenigstens die Juden losgeworden war. Und trotzdem – um nicht für immer vom großen Weltspiel ausgeschlossen zu sein – weinte man ihren Büchern, Bildern und Erfindungen hinterher und feierte sie als Ausdruck einer angeblichen deutsch-jüdischen Symbiose, die aber nur ein anderes Wort und der Euphemismus für den grandios misslungenen Versuch der Vorkriegsjuden war, sich in der sie mit metaphysischer Entschiedenheit ablehnenden wilhelminischen und Weimarer Gesellschaft zu assimilieren. Schön waren die Jahre mit Kerr, Walden und Rathenau, jammerten die Killer, die Kinder der Killer und die, die die Killer nicht aufhalten konnten oder wollten, schön, dass sie vorbei sind.

Als Rachel Salamander 1982 in München eine jüdische Buchhandlung aufmachte, waren die Deutschen, die davon erfuhren, auch geschockt. Was, nur Bücher, in denen es nur um Juden geht? Gibt es Juden überhaupt noch bei uns? Oder kommen sie sogar wieder? Die Romane, Monografien und Essays, die sie in ihrer Literaturhandlung anbot, mussten nicht unbedingt von Juden geschrieben sein, aber es musste in ihnen um Juden, um jüdische Geschichte, um jüdische Religion, um jüdischen Sex gehen. Das mit dem Sex sage ich deshalb, weil zur gleichen Zeit Autoren wie ich anfingen, Erzählungen und Romane zu schreiben, in denen nicht nur jüdische Protagonisten auftauchten, die von den Pogromerfahrungen ihrer Eltern und Großeltern in Deutschland, Polen und Russland auf eine schrecklich interessante Art geprägt waren, sondern auch noch den ganzen Tag daran dachten, mit wem sie als Nächstes schlafen könnten. Das war für das deutsche Publikum sehr irritierend. Man merkte es vor allem bei den Lesungen, die auch zu Rachel Salamanders freundlichem Erziehungsplan gehörten. Die Leute hörten stummer als stumm zu, sie konnten hinterher ihre Fragen meist nur stockend stellen und schauten dabei Robert Schindel, Peter Stephan Jungk oder Robert Menasse so an, wie man in Horrorfilmen Leichen anguckt, die aus ihren Gräbern aufgestanden sind und nun neben einem in einem Diner sitzen und einen Milkshake bestellen.

Was war genau Rachel Salamanders Plan? Für sie war das Projekt Literaturhandlung, zu dem eben nicht nur der Verkauf von Büchern, sondern auch das Organisieren von inzwischen fast 1000 Veranstaltungen gehörte, »der Versuch, den Menschen zu zeigen, was Judentum ist. Denn« – das sagte sie 1987 – »die meisten Leute wissen ja gar nichts mehr darüber. Sie haben noch nie einen Juden gesehen. Und wenn sie sich mit dem Judentum beschäftigt haben, dann fast nur mit seiner Geschichte der Verfolgung.« Daran hat sich wegen Rachel Salamanders Ausdauer und ihres ironischen Umgangs mit den leeren Losungen der falschen Judenfreunde viel geändert, und dass nach 1989 über hunderttausend russische Juden eingewandert sind, hat auch nicht geschadet. Rachel Salamander brachte als Erste die neue israelische Literatur zu uns, sie lud alte Emigranten wie Hans Sahl ein, große bittere Überlebende wie Imre Kertész, zarte Deutschenhasser wie Daniel Goldhagen, eloquente Bösewichter wie Henry Kissinger – und hat damit tatsächlich einem immer größer werdenden deutschen Publikum gezeigt: Juden gibt es immer noch, Juden sagen und schreiben ab und zu interessante Sachen, sie sehen die Welt anders als andere, mal bunter, mal grauer, und ihr dürft sie einfach nur klug oder dumm finden und müsst euch nicht mehr in ihrer Gegenwart ständig für den mörderischen Raubzug eurer kriminellen Vorfahren schämen. Allerdings – und das war der Kern von Rachel Salamanders Plan – könnt ihr die Sache mit der Symbiose vergessen. Ihr seid ihr, wir sind wir, und jetzt lasst uns zusammen reden und nachdenken. Und wenn wir lange genug miteinander geredet haben, werden wir euch nicht mehr misstrauen und ihr uns auch nicht, und schon bald werden von eurer neuen unprovinziellen Selbstsicherheit auch all die anderen anderen Bürger und Bewohner dieses Landes profitieren, die keine genuinen Currywurst-und-Hölderlin-Deutschen sind.

Der Vorsteher des Börsenvereins erwähnte in seinem Brief nicht, seit wann und warum es den Friedenspreis gibt, aber zum Glück steht das auf der Webseite des Friedenspreises. Der deutsche Jude, Germanist und Emigrant Egon Schwarz überzeugte 1949 ein paar westdeutsche Buchhändler und Verleger, einen Preis zu stiften, der helfen sollte, »Deutschland aus seiner kulturellen Isolation herauszuholen und das humanistische Gedankengut wieder in die Gesellschaft einzubringen«. Als ich das las, dachte ich, genau, darum heißt er ja auch Friedenspreis und nicht Streit- oder Nervensägenpreis. Und dann dachte ich wieder an Martin Walser. Er hat mit seiner 98er-Rede die Absichten der Stifter und Juroren des Preises konterkariert. Statt in den unruhigen Monaten und Jahren, die den 92er-Neonazipogromen gegen türkische Deutsche, Vietnamesen und Asylbewerber folgten, vom Rednerpult der Paulskirche aus das nervöse und verunsicherte Nachwende-Deutschland zu beruhigen, statt in neuen, aufregenden Schriftstellerworten den Humanismus als einzige funktionierende Waffe gegen extremen und nicht ganz so extremen Nationalismus zu beschreiben, markierte er den beleidigten deutschen Spießer, der nicht für alte und neue Nazis verantwortlich gemacht werden will, allein deshalb, weil ihm sowieso alle und alles egal sind, außer seiner eigenen, zarten, unterdrückten, verbogenen Diederich-Heßling-Seele. Dass er dabei Intellektuelle als »Treuhänder des Gewissens« und »Meinungssoldaten« beschimpfte, die angeblich den netten und gequälten Normalodeutschen zwingen, Tränen über den Gräbern längst toter Juden zu vergießen, war das Gegenteil von Humanismus. Damit stieß Walser, ein wirklich sehr kleinlicher Praeceptor Germaniae, das neue Deutschland ein ganz schönes Stück in die Isolation zurück, aus der Egon Schwarz das alte Deutschland herausführen wollte.

Natürlich hat Martin Walser nicht vergessen, in seiner Rede die angebliche deutsch-jüdische Symbiose zu erwähnen. Und natürlich sagte er, Moment, nicht alle Wege führten automatisch nach Auschwitz!, was ähnlich intelligent war, als hätte er erklärt, die Kerenski-Revolution hätte nicht unbedingt Lenin an die Macht bringen müssen. Pure Apologetik und klammheimliches schlechtes Gewissen! Und spätestens jetzt kommt wieder Rachel Salamander ins Spiel, die übrigens auch noch als Herausgeberin der *Literarischen Welt* dafür sorgt, dass es bei uns einmal in der Woche ein paar Zeitungsseiten gibt, auf denen es so kosmopolitisch, lustig und geistreich zugeht wie in der Judenschule. Entschuldigung, den Witz musste ich machen.

Was ich im Ernst sagen will, ist: es ist an der Zeit, den Martin-Walser-Fehler wiedergutzumachen. Rachel Salamander hat es geschafft, die Juden und deren Sehnsucht nach Freiheit und Gleichheit und Weltoffenheit nach Deutschland und ins Bewusstsein der Deutschen zurückzubringen. Aber sie träumt, im Gegensatz zum Geschichtsrechtfertiger Walser, nicht den falschen Traum von der großen deutsch-jüdischen Liebe, was den Vorteil hat, dass dann nicht eines Tages aus der Liebe wieder Hass werden kann. Und nicht nur das: Inzwischen ist es, dank ihrer Arbeit, wirklich normal, Jude in Deutschland zu sein. Und wenn die Juden sich hier normal fühlen, dann dürfen die Deutschen das auch. Und vor allem: Eine Gesellschaft, in der Juden ruhig schlafen können und frei sind, ist eine gute, liberale, aufregende Gesellschaft. Dann ist es auch egal, wenn ab und zu Walser oder Sarrazin oder Grass aus der Nachbarwohnung laut mit dem Besenstiel gegen die Wand klopfen und »Ruhe!« und »Genug!« rufen. Das halten wir normalen, modernen, aufgeklärten, empathischen, toleranten, lärmenden Juden und Deutschen und Türken schon aus.

»Das Bedürfnis, mich mit einem Nationalstaat zu identifizieren, hat sich bei mir nie eingestellt«, sagt Rachel Salamander. Genau das könnten die ersten Worte ihrer Friedenspreisrede sein, einer Anti-Walser-Rede, und was sie noch sagen wird, will ich ihr nicht soufflieren. Sie ist nicht Joachim Gauck, und ich bin kein orientierungsloses Schaf, dem es wichtig ist, welche Lebensratschläge ihm von der republikanischen Kanzel herab von einem Superhirten gegeben werden. Trotzdem bin ich gespannt zu hören, was der jüdischen Nichtnationalistin Rachel Salamander zum Deutschland von heute, gestern und morgen einfallen wird. Eins weiß ich genau: Sie wird bestimmt nicht die Geschichte gegen die Gegenwart ausspielen – und schon gar nicht ihre Herkunft gegen die der Kinder und Enkel der Täter. Sie wird wissen, wie sie Juden und Nichtjuden – und damit auch Christen und Moslems, West- und Ostdeutsche – ansprechen muss, damit sie einander immer weiter und weiter zuhören und miteinander reden. Das macht sie schließlich täglich in ihrer Buchhandlung auch.

Sehr geehrter Dr. Honnefelder, lieber Vorsteher, bitte entschuldigen Sie noch einmal, dass ich Ihnen jetzt erst antworte. Ich weiß, dass Sie sehr beschäftigt sind und nicht alle Vorgänge in Ihrer undurchschaubaren Institution im Blick haben können. Aber schließlich ist der Börsenverein des deutschen Buchhandels nicht Kafkas Schloss. Können Sie bitte dafür sorgen, dass Frau Dr. Rachel Salamander den Friedenspreis 2012 bekommt? Sie hat wie kaum jemand sonst ihr Leben, ihre Arbeit, ihre Gesundheit »in den Dienst des Friedens und der Verständigung gestellt«. Ohne sie würden wir heute wahrscheinlich in einer Walserrepublik leben.

(2012)

Wer nichts glaubt, schreibt

Wir waren vier oder fünf deutsche und österreichische Schriftsteller, die alle jüdische Eltern hatten und selbst mehr oder weniger Juden waren, und wir flogen im Herbst 1991 zusammen nach New York, mitten in den schönsten, weichsten, sonnigsten Indian Summer hinein.

Ich kann mich nicht mehr an jeden aus unserer kleinen Reisegruppe erinnern, aber ich bin sicher, dass Robert dabei war, der Dichter, der kurz danach seinen Roman *Gebürtig* veröffentlicht hat, ein Buch, das für die deutsche Nachkriegsliteratur genauso wichtig ist wie sonst nur die eine oder andere Böll-Geschichte, Koeppens *Tauben im Gras* und Jörg Fausers *Rohstoff* – oder jedenfalls sollte es das sein, wenn die Welt und das große germanistische Über-Ich gerecht wären. Und Barbara war mit uns in New York, die erst einige Jahre vorher aus Ostberlin in den Westen geflohen war, die Tochter gläubiger jüdischer Kommunisten, die im Gegensatz zu ihnen lieber an einen echten jüdischen Gott glaubte als an seine weltlichen Stellvertreter Walter Ulbricht und Karl Marx, und die seitdem meist genau darüber ihre kurzen, schönen Romane schrieb.

Und dann war da noch Peter, mehr Journalist als Schriftsteller, dessen damals viel gekaufte Buch-Interviews mit jungen Juden und mit Kindern von Nazis sehr viel mehr von der deutschen Gegenwart und ihren schwarzen historischen Löchern erzählten als praktisch jedes bis zur romantischen Unentschlüsselbarkeit hermetische, antirealistische Suhrkamp-Buch. Peter interessierte sich vor allem dafür, warum die Seelen der Täterkinder noch mehr schmerzten als die der Opferkinder, und dass er später Europa-Abgeordneter und Generalsekretär der FPÖ wurde, kann deshalb bei ihm der Ausdruck seines ganz persönlichen Stockholm-Syndroms gewesen sein. Aber vielleicht war er auch nur der jüdischste Jude von uns, weil er, wegen des vielen Ärgers, den man damit hat, wenn man schon mal Sklave des ägyptischen Pharaos war, irgendwann am liebsten gar kein Jude mehr gewesen wäre. Das nennt man dann das Karl-Kraus-Syndrom.

Die Konferenz, zu der man uns nach New York eingeladen hatte, hieß *Can Germany be a Place for Jewish Authors today?*. Ich weiß nicht mehr genau, worüber wir drei Abende und zwei Tage lang geredet hatten. Ich weiß nur noch, dass wir meistens im Goethe-Institut in der Fifth Avenue herumsaßen und vor ein paar alten Juden, alten Nazis und jungen Germanistikstudenten Schriftsteller spielten, und weil es tagsüber noch ganz hell und warm war, waren die Fenster auf, und wir hörten von draußen den New Yorker Soundtrack aus Polizeisirenen, Müllwagen und oft ziemlich verrücktem Geschrei.

Bestimmt ging es sehr viel darum, dass kurz vorher aus zwei besetzten deutschen Staaten wieder ein einziger, großer, freier geworden war. Und bestimmt wollte man von uns wissen, ob man es in einem solchen, von den Alliierten unbeaufsichtigten Deutschland als Jude und Schriftsteller leichter oder schwerer hätte. Das einzige Gespräch, an das ich mich aber wirklich genau erinnern kann, fand auf einer Bank im Central Park statt, morgens, am letzten Tag, und ich weiß auch noch, dass die Bank von der Nacht noch ein bisschen kalt und feucht war.

»Glaubst du«, sagte ich zu Robert, nachdem wir eine Weile darüber geredet hatten, dass seine Mutter nach dem Krieg sofort wieder nach Wien zurückgegangen war und meine Eltern mit meiner Schwester und mir 1970 aus der Tschechoslowakei ausgerechnet nach Deutschland emigriert waren, »glaubst du, es wäre besser gewesen, wenn wir in Amerika aufgewachsen wären und unsere Bücher auf Englisch schreiben würden?«

»Nein, wieso?«, sagte er ernst, aber zugleich war in seinem großen, schwarzen Gesicht, so wie immer, auch ein fast schon naives Lächeln. »Was hätten wir davon gehabt?«

»Ein großes jüdisches Publikum zum Beispiel, dem wir ab und zu aus der Seele sprechen würden, aber manchmal würde man uns auch dafür verfluchen, dass wir vor den Gojim sogar noch das letzte schmutzige Schtetlgeheimnis ausplaudern«, sagte ich. »Und wir könnten uns mit Hunderten jüdischer Kritiker und Literaturwissenschaftler herumschlagen, die genau wüssten, was wir wollen und warum es uns nicht immer gelingt. Wäre das nicht aufregend?«

»Ja, okay«, sagte Robert. »Das klingt wirklich ganz gut.«

»Und vielleicht hätten wir sogar eine eigene literarische Gruppe gehabt.«

»Eine Gruppe?«, sagte er erstaunt, »wozu?«

»Ich weiß nicht«, sagte ich, weil er so überrascht war, ebenfalls überrascht. »Man hilft sich, man redet miteinander, und wenn einer so gut ist wie du, willst du noch besser sein.«

»Nein, das kannst du vergessen.« Er lächelte, aber diesmal nicht ganz so naiv. »Das bringt immer nur Ärger. Schriftsteller sollten gar nichts gründen, höchstens Familien.«

»Und nicht einmal das ist sicher«, sagte ich, »stimmt's?«

»Ja, genau«, sagte er, und dann gingen wir – der über den hohen Bäumen aufgehenden tiefroten amerikanischen Sonne entgegen – hinüber zum Goethe-Institut, wo Barbara und Peter und die anderen auf uns warteten.

»Obwohl als Einzelner schreibend«, sagte Heinrich Böll am Anfang seiner Frankfurter Poetikvorlesung im Frühling 1964, »habe ich mich nie als Einzelnen empfunden, sondern als Gebundenen. Gebunden an Zeit und Zeitgenossenschaft, an das von einer Generation Erlebte, Erfahrene, Gesehene und Gehörte.« Dann sprach er ziemlich ausführlich und offen darüber, wie kaputt und nervös und ihrem eigenen Land entfremdet er und seine schreibenden Altersgenossen von der Gruppe 47 seit dem Ende des Krieges gewesen seien. Und schließlich fragte er sogar – nicht nur rhetorisch –, ob man Leute wie sie lieber in eine psychiatrische Klinik schicken sollte oder gleich ins Krematorium.

Ja, ins Krematorium, das sagte Heinrich Böll nur ein paar Jahre nach Treblinka und Birkenau wirklich, und weil ich ihn als großen Stilisten, Erzähler und Antiromantiker liebe, verzeihe ich ihm, dass er ein bisschen so tun wollte, als seien er und seine Kollegen und Freunde die neuen Juden, eine Verdrehung und Wunschprojektion übrigens, die ich, tiefenpsychologisch betrachtet, fast verstehe. Und so gesehen verstehe ich es auch, dass Böll, der genauso wie Hans Werner Richter, Alfred Andersch, Günter Grass und all die anderen in der Wehrmacht und in der Waffen-SS genug Gelegenheit hatte, Russen, Amerikaner und Juden umzubringen oder wenigstens beim größten Massenmord der Weltgeschichte mitzuhelfen und dabei zu sein – ja, ich verstehe es, dass er dann auch noch, die eigene Schuld verdrängend, erklärte, er und seine kleine, aber unfeine Peergroup seien in der westdeutschen Nachkriegsrepublik von Mördern umgeben, »die frei und frech in diesem Land« umherliefen und »denen man nie einen Mord wird nachweisen können«. Verdrehung Nummer zwei? Ja, was sonst. Denn er meinte damit nicht etwa sich selbst und seine schreibenden Exkameraden von der Prosafront. Er meinte jeden anderen jungen und nicht ganz so jungen deutschen Mann außer ihnen, und es ist genau diese tief empfundene, menschliche, melodramatische, aber zugleich sehr verlogene Realitätswahrnehmung, ohne die vermutlich keiner ihrer Romane, keine ihrer Geschichten denkbar gewesen wären.

»Vor diesem Hintergrund«, schloss der tolle, dumme Heinrich Böll seine Generationsbetrachtungen dann auch noch stolz, »bildete sich etwas, das man inzwischen – nach zwanzig Jahren Abstand – deutsche Nachkriegsliteratur nennen kann. Gebunden also an die Zeit und Zeitgenossenschaft.« Womit er – ironischerweise zeit seines Lebens und auch danach wegen seiner unideologischen, menschlichen Art zu denken und zu schreiben selbst eine Art Außenseiter – nichts anderes als zwanzig Jahre Gruppe 47 gemeint hat. Zwanzig Jahre, in denen sich ein paar Dutzend gleichgesinnter deutscher Nachkriegsautoren gegenseitig beweihräucherten, hassten, großmachten und kritisierten und vor allem dafür sorgten, dass jeder, der anders dachte und schrieb und vielleicht sogar einen abweichenden, weniger schizophrenen Blick auf die Kriegszeit hatte, gar nicht erst in den BRD-Literaturkanon aufgenommen wurde. Oder haben Sie schon mal von den großen Romanen von Hans Erich Nossack oder Hans Scholz gehört? Aber das ist noch mal eine ganz andere Geschichte.

Warum ich hier so ausführlich diese längst vergessene Rede zitiere? Weil ich selbst auch ein paar Jahre lang davon geträumt habe, mit Leuten, die mehr oder weniger meiner Generation angehörten und eine ähnliche Geschichte wie ich hatten, die Literatur und die literarische Öffentlichkeit zu erobern. Nur – wer genau sollte das sein? Mit wem teilte ich, um mit Heinrich Böll zu sprechen, gemeinsam Erlebtes, Gesehenes und Gehörtes? Wer hatte in Deutschland die gleichen Erfahrungen wie ich? Wer kam aus einer jüdischen Familie, die sich so kurz nach dem Krieg ausgerechnet hierher verirrt hatte? Wem war das, so wie mir, manchmal völlig egal? Wer konnte gleichzeitig nicht aufhören, darüber nachzudenken, was seine damals übervorsichtigen deutschen Freunde und Feinde, Lehrer und Kollegen über ihn wirklich dachten? Wer verglich, so wie ich, seine Familiengeschichte mit deren Familiengeschichte? Wer belog sich so wie ich, wer wurde genauso wie ich von seinen Eltern belogen, wenn es um ihre eigenen Vergehen in den Zeiten des großen nazistischen und stalinistischen Tötens ging? Wer machte aus genau diesem aufregenden biografischen Gewirr voller Wahrheit und Betrug Literatur? Wer war, in anderen Worten, außer Robert, Barbara und Peter sonst noch da, der gewusst hätte, wie ich es wirklich meinte, wenn zum Beispiel in meiner allerersten druckreifen Kurzgeschichte *Horwitz erteilt Lubin eine Lektion* ein alter, böser, trauriger, geiziger, leicht betrügerischer Schoah-Überlebender auftauchte, der zum Schluss auch noch seinen unschuldigen Kater an der Wand seiner winzigen, kalten Wohnung im Frankfurter Westend zerschmetterte?

Den meisten deutschen Lesern und Kritikern, die nichts falsch machen wollten, war eine solche Geschichte natürlich unangenehm. Sie verwirrte sie und machte sie, die schuldig geborenen Kinder antisemitischer Täter und Mitläufer, oft sogar leicht aggressiv, denn sie sahen – hallo, Unterbewusstsein! – dort eine Karikatur, wo ich einen Juden aus Fleisch und Blut auftreten ließ, der nicht bloß deshalb zum Heiligen geworden war, weil er ein paar KZs überlebt hatte. Ein Jude, erst recht einer, der selbst schrieb, wusste aber sofort, wer der alte, bittere Katzenmörder aus meiner Short Story war: Das war natürlich ich selbst, kein Holocaust-Zombie zwar, aber trotzdem genauso wie mein unsympathischer, mitleiderregender Antiheld unglücklich und böse, weil ich in Deutschland lebte, obwohl ich es nicht musste und wollte, und dass ich deshalb, so wie er, auch ein bisschen sadistisch geworden war, verstanden meine jüdischen Kollegen bestimmt auch. Denn sie wussten, genauso wie ich, dass echte Literatur niemals das Zeichnen von Heiligenbildern, moralisches Selbstalibi und nationale Propaganda in Schönschrift ist, sondern die Wahrheit und nichts als die Wahrheit. Dass diese den eigenen Leuten und dem Autor selbst oft besonders weh tut, macht sie für die nachfolgenden Generationen natürlich erst recht interessant und aufregend.

Leider habe ich mit Robert, Peter und Barbara nie über meine erste Erzählung gesprochen, aber ich bin sicher, dass sie genauso über sie dachten wie ich, denn mir begegneten in ihren

Büchern ähnliche schlimme, traurige, verwirrte jüdische Figuren. Ich habe nicht in New York mit ihnen darüber gesprochen und auch bei keiner anderen Gelegenheit, und wenn wir uns später alle paar Jahre zufällig irgendwo trafen, redeten wir generell nie darüber, was der andere machte und warum er es so machte und nicht anders und was uns daran gefiel oder nicht. Keine Ahnung, warum wir unser Wissen, unsere Ideen und Einwände nicht miteinander teilen wollten. Hatten wir Angst, von den anderen bestohlen zu werden? Wollte jeder von uns in einem Land ohne Juden das jüdische Monopol für sich ganz allein? Waren wir zu wenige, um an die Durchsetzungskraft vieler zu glauben? Wahrscheinlich von allem ein wenig, und vielleicht mochten wir uns einfach nicht genug, um jahre- und jahrzehntelang beruflich und persönlich miteinander verbunden zu sein.

So blieb von meinem Traum einer jüdischen Gruppe 47 nur die Erinnerung an ein Gespräch auf einer Parkbank in New York, und dass Robert, mit dem ich nie telefoniere oder im Kaffeehaus sitze oder was auch immer, mir bis heute einmal im Jahr auf meinem Anrufbeantworter zum Geburtstag gratuliert, zeigt, dass er selbst die Idee mit der Gruppe vielleicht doch nicht so schlecht fand.

Kaum war ich aus New York nach Deutschland zurückgekommen, waren tausend andere Dinge wichtiger als ein Club, in dem ich wahrscheinlich sowieso kein Mitglied geworden wäre, wenn man es von mir gewollt hätte – dafür war meine im Sozialismus entstandene Allergie gegen Kollektive einfach zu groß. Ich saß nun wieder fast jeden Tag mit Claudius, Jens, Rainald und lauter anderen vergnügungssüchtigen, aber auch sehr arbeitsamen Leuten in München im Schumann's, in der Maximilianstraße, und am liebsten war ich hinten in der Küche, wo ich dabei zuschaute, wie Charles, der beste Koch der Welt, die beste Pasta der Welt kochte. Ich erfand einen jüdischen Jour fixe im einzigen jüdischen Restaurant der Stadt, im Maon in der Theresienstraße, ich schrieb jeden Tag eine Seite, ich wartete ungeduldig auf die über hundert alten Jazz- und Soulplatten, die ich in den New Yorker Secondhandläden für verrückte tausend Mark gekauft und mir, ohne zu fragen, auf Kosten der *Tempo*-Redaktion nach München selbst geschickt hatte. Und ich ging einmal in der Woche in den schönen, kalten Helmut-Lang-Laden in der Kardinal-Faulhaber-Straße, in der Hoffnung, dass endlich der Schlussverkauf begonnen hatte. Jedes Mal, wenn ich dann wieder enttäuscht rausging, sah ich die in den Bürgersteig eingelassene Metallplatte mit den Umrissen der Leiche des genau hier niedergeschossenen Kurt Eisner, und komischerweise hatte es für mich eine viel größere Bedeutung, dass es in dieser Stadt ein paar Monate lang einen jüdischen Ministerpräsidenten gegeben hatte, als dass er von einem deutschnationalen Antisemiten ermordet worden war. Wo so ein fröhlicher Träumer, Prinzipienreiter und Nudnik wie er Regierungschef werden konnte, dachte ich, konnte auch ich zu Hause sein.

Verliebt war ich in dieser Zeit, glaube ich, in niemanden. Aber ich liebte immer noch München, wo ich meine zehn Jahre Depression als ratloses und ziemlich einsames Emigrantenkind und frühreifes Schattenwesen aus einer dunklen, düsteren Hamburger Altbauwohnung überwunden hatte. Ich war im Sommer 1980 mit zwanzig ganz zufällig an die Isar gekommen, ich war einen ganzen Tag und eine halbe Nacht hierher getrampt, und als ich am nächsten Morgen von der Leopoldstraße zum Englischen Garten spazierte und später, nach meinem Umzug, dann auch immer wieder über eine der wuchtigen, hellgrauen Isarbrücken ging, fühlte ich mich jedes Mal wieder so, als sei ich in Prag, das ja nur ein paar hundert Kilometer von hier entfernt lag. Dass die Leute in München, genauso wie die Leute in Prag, lieber redeten als schwiegen, dass in den Cafés und Biergärten Studenten und CSU-Rednecks, Bankangestellte und Künstler, Politiker und Arbeitslose dicht nebeneinander saßen, tranken, Lärm machten, hatte für mich nichts mit diesem stillen, barbarischen Hamburg zu tun, wo mir sogar im Sommer so kalt wie am Nordpol war. Ja, das hier war genau die Art von Zivilisation, wie ich sie als Kind in der Stadt von Kafka und Hašek, Forman und Kundera erlebt und im protestantischen, teutonischen Norden vergessen hatte. Das hier war Mitteleuropa, das hier war die Freiheit, jemand zu sein, der manchmal auch ganz anders ist als du selbst und dem du gerade deshalb unbedingt zuhören willst.

München war für mich – das weiß ich aber erst heute so genau – nicht Deutschland. Und vielleicht war wegen München auch Deutschland für mich nicht ganz dieses Deutschland, über das ich als Journalist manchmal meine bösen, idealistischen Nudnik-Artikel schrieb, ein aus zwei demütigen, deprimierten, antichauvinistischen Teilen zusammengefügtes neualtes Land, in dem über Nacht der deutsche Nationalcharakter wiederentdeckt und bereits ganz siegestrunken beschworen und diskutiert wurde, so wie zum Beispiel im 1994 erschienenen Ullstein-Sammelband *Die selbstbewusste Nation*, in dem Leute wie Peter Gauweiler, Rüdiger Safranski oder Hans-Jürgen Syberberg ihren Lesern erklärten, der Feind stehe immer nur links, erst recht, wenn er nicht wisse, wie schön es sei, ein Deutscher zu sein.

Nein, ob sich jemand als Deutscher fühlte oder nicht – und was das überhaupt sein sollte –, war uns, den Bewohnern meines geliebten Schumann's-und-Kurt-Eisner-Münchens völlig egal. Und darum habe ich mir auch überhaupt nichts dabei gedacht, als ich ein paar Monate nach meiner Rückkehr aus New York für die damals noch sehr kosmopolitische Züricher *Weltwoche* den Artikel *So viel Sinnlichkeit wie der Stadtplan von*

Kiel schrieb, der so viel zwischen mir und den deutschen Literaten verändern sollte. Doch, natürlich habe ich mir etwas dabei gedacht. Ich dachte, wieso liest heute eigentlich, bis auf ein paar Kritiker und Philologen, keiner die neuen Romane und Erzählungen? Dann dachte ich, weil sie von nichts handeln, ich dachte, klar, wie sollen sie auch von etwas handeln, wenn die Autoren, die sie schreiben, selbst nie etwas erlebt haben, bis auf ein paar Semester Germanistikstudium und drei Wochen Paris, und dass sie schon gar nichts darüber wissen, was ihre Eltern und Großeltern erlebt und getan haben, dachte ich, bringt sie erst recht um den Stoff, den sie bräuchten, um große Romanciers zu sein. Das alles schrieb ich tatsächlich genauso hin, weil Christian, der tolle, freundliche Wiener und *Weltwoche*-Redakteur, dem ich meine kleine Literaturtheorie irgendwann nachts um halb eins im verrauchten, lauten Babalu in der Ainmillerstraße erzählt hatte, meinte, er hätte gern genau darüber 300 Zeilen von mir, oder ruhig sogar mehr.

Leider schrieb ich auch noch etwas anderes in diesem Text, auf den in den nächsten Monaten so viele Kritiker und Schriftsteller mit ihren eigenen, wütenden, beleidigten Texten antworteten, dass ich irgendwann aufhörte, sie mir auszuschneiden. Ich schrieb, dass ich selbst, im Gegensatz zu meinen meist in mittleren deutschen Provinzstädten aufgewachsenen Generationsgenossen, es als tschechischer Emigrant, als Sohn russischer Eltern und als Mitglied einer Familie, die früher ziemlich viele Probleme mit den Nazis hatte, »etwas besser gehabt habe« als sie. Und ich fuhr, wie ich hoffe, ohne jeden falschen Böll-Stolz, fort: »Wie viel mehr biografisches Material kann ein Autor verlangen?« Und dann erklärte ich auch noch, dass zwar der »Holocaust in meinem Denken eine unangenehm zentrale Rolle« spiele, aber dass ich trotzdem über ihn schreiben müsse, womit ich logischerweise andeutete, dass all jene, die das nicht taten, erst dann echte Schriftsteller werden würden, wenn sie es, aus ihrer Perspektive und aus ihrer – deutschen – Familiengeschichte heraus, ebenfalls tun würden.

Wie konnte ich in diesem Moment vergessen, dass ich nicht zu Robert, Peter und Barbara sprach? Wieso war mir nicht bewusst, dass es ein Unterschied ist, ob man von Menschen abstammt, die am Rand des polnischen oder ukrainischen Massengrabs stehen und immer weiter auf die darin liegenden Toten und Halbtoten feuern, oder von den wenigen, die es geschafft haben, wieder herauszukriechen und zu fliehen? Wieso verstand ich nicht, dass jeder Deutsche, egal ob gut oder böse, sich von mir angegriffen fühlen musste? Warum war mir nicht klar, dass ich mich mit diesen Sätzen nicht in die deutsche Literatur hineinschrieb, sondern aus ihr heraus? Weil ich, denke ich jetzt, zum einen von meiner Münchenliebe so betrunken war, dass ich mir gar nicht vorstellen konnte, jemand könnte beleidigt sein, wenn ich eine andere Meinung hatte als er. Und zum anderen – und das war noch viel wichtiger, essenzieller – dachte ich damals, dass es zwar mit der jüdischen Autorengruppe wahrscheinlich nichts mehr werden würde, aber literarische Diskussionen konnte man doch auch mit Leuten führen, die keine Juden waren. Oder etwa nicht?

Nein, offenbar nicht. Gleich in der ersten Replik auf meinen *Weltwoche*-Text, die eine Woche später an derselben Stelle erschien, verglich mich einer der üblichen Kritiker-Funktionäre zuerst mit einem bolschewistischen Literaturkommissar, was jeder, der sich ein bisschen im 20. Jahrhundert auskannte, als antisemitische Chiffre für »Jude« entschlüsseln konnte. Als Nächstes holte er noch weiter aus und meinte – diese demagogische Opfer-Täter-Umkehrung beherrscht heute übrigens jeder beleidigte AfD-Rechte im Schlaf –, ich sei eine Art Literaturnazi, »stählern« »im Kampf für eine saubere, anständige Kultur« und gegen die vom aufrechten Feuilleton verteidigte »entartete Kunst«. Und dass er mir dann – nun ohne das Wort

»Jude« überhaupt noch zu verschlüsseln – vorwarf, ich stellte mich über jeden, der ein Nichtjude sei, zeigte mir für einen kurzen, schmerzhaften, erhellenden Moment, dass ich für Leute wie ihn nie dazugehören würde. Warum eigentlich? Weil ich ihn daran erinnert hatte, dass er ein Deutscher war? Weil er von seinem Vater gehört hatte, was für nervige, zersetzende, Unruhe stiftende Typen Leute wie ich seien? Weil er Angst um seine kleine Rezensentenmacht hatte? Keine Ahnung. Ich weiß nur noch, wie ich damals für eine Sekunde ein sehr eisiges Außenseitergefühl gespürt hatte – und wie ich es sofort wieder vergaß.

Zwei Sommer später fuhr ich nach Klagenfurt.

Was ist eigentlich jüdisch an meinen Romanen und Erzählungen? Natürlich sind es zunächst die Figuren, die Geschichten, es sind die alten Männer, die Hitler oder Stalin entkommen sind und völlig hemmungslos ihren Schmerz an ihre Töchter und Söhne weitergegeben haben, es sind die verrückt gewordenen Israelis, die ausgerechnet in Deutschland oder beim Mossad ihren seelischen Frieden suchen, es sind Schriftsteller und Journalisten, die so gern Teil einer Kultur wären, die sie hassen, weil sie sie hasst, also der deutschen.

Jüdisch sind aber auch die immer grundsätzlich, fast schamlos gestellten Fragen, die ich mit meinen literarischen Texten aufwerfe und auf die ich – als extrem auktorialer, oft hinter mehreren, scheinbar postmodernen Ebenen und Spiegelungen verborgener, quasi eingottgleich abwesender Erzähler – nie Antworten gebe, sondern nur mit Gegenfragen antworte, die sich der Leser am besten dann auch noch selbst stellen sollte. Und das ist natürlich erst recht gute, alte, halb vergessene Thoragelehrtenschule.

Ist, so lautet zum Beispiel eine dieser sehr grundsätzlichen, alles Geschehene in Frage stellenden Fragen, der völlig neurotische, masochistische Schriftsteller und Zeichenlehrer in der Novelle *Im Kopf von Bruno Schulz* selbst daran schuld, dass er eines Tages von den sadistischen Nazis Schläge bekommen wird, die ihn nicht bloß sexuell erregen werden, so wie es die Schläge seiner schönen, sportlichen, wie ein Äffchen behaarten Kollegin tun, sondern ihn auch sein Leben kosten werden? Logische Gegenfrage des wachen, selbstständigen, menschenfreundlichen Lesers: Wer bin ich, egal ob Deutscher oder Jude, um darüber zu urteilen? Und warum ist das überhaupt wichtig, wenn mich eine solche Figur, für die es tragischerweise auch noch ein reales Vorbild in Gestalt des echten ermordeten, polnisch-jüdischen Autors Bruno Schulz gibt, zu Tränen rührt?

Andere große und sehr prinzipielle Frage im Sinne meines literarischen Pilpul: Hätte nicht der so ungeschickt liebende jüdische Schriftsteller Adam in *Esra* schon nach der dritten Seite den Roman, so ähnlich wie eine besonders smarte Woody-Allen-Figur, wieder verlassen sollen, weil da bereits klar ist, dass er und die bis zur Durchsichtigkeit unsichtbare, undurchschaubare Türkin Esra einander ab jetzt nur noch Schmerz und ein paar flüchtige Orgasmen schenken werden, so wie Esras intelligente, aber gemeine Mutter es von Anfang an weiß? Und wieso – wichtige Anschlussfrage – bleibt auch Esra zweihundert Seiten lang weiter seine halbherzige, widerspenstige Geliebte, wenn sie ihn doch ständig verdächtigt, dass er über sie und sich selbst einen Roman schreiben wird, was sie auf keinen Fall will? Hier lautet, wenn ich alles richtig gemacht habe, die kluge, jeschiwaschülerhafte Erwiderung des klugen Lesers: Wieso sollten die beiden, ebenso wie der Autor des Romans, wirklich glauben, dass das, was in einem Roman geschieht, wahr ist? Wird nicht Literatur gerade erst dann zu Literatur, wenn die Abstraktion des Erzählten und Dargestellten die Realität zugleich einfasst und transzendiert? Und wie kann –

Stichwort: *Esra*-Verbot – im Ernst jemand glauben, dass hingeschriebenen und gedruckten Prosaworten mit den sehr dehnbaren und von Zeitmoden extrem abhängigen Interpretationen unserer Gesetze beizukommen ist, außer er ist ein deutscher Richter?

Oder nehmen wir – letztes Beispiel – den großen deutsch-jüdischen Dichter Richard Rudolph Mannheimer in meiner Erzählung *Mannheimeriana*, der eher an Ludwig Greve erinnert als an Celan. Als Kind musste er mit seinen Eltern und seiner kleinen Schwester Jenny vor den Nazis nach Italien fliehen und sich in der Toskana verstecken. Er hat nur überlebt, weil er dem faschistischen Carabiniere, der ihn und Jenny am Ende aufspürte, die wehrlose Jenny übergab, damit der sie vergewaltigen konnte, und der Profit, den er auf diese Art machte, war nicht nur seine Freiheit – es waren auch die besten Gedichte seines Lebens, die er später über genau diesen widerlichen, aber höchst verständlichen Verrat schrieb. Wieso, muss hier natürlich die rhetorische Erwiderung meines imaginären Lesers auf die sich automatisch stellende Frage nach dem dunklen, amoralischen Kern von Literatur und Kunst lauten, wieso ist es überhaupt wichtig, ob dieser Richard Rudolph Mannheimer ein anständiger Mensch ist oder nicht, wenn seine Gedichte so großartig sind? Und warum können, ganz allgemein, die Gedichte, Geschichten, Romane von bösen Menschen trotzdem gut sein? Und können sie es wirklich sein? Oder gibt es vielleicht gar keine bösen und guten Menschen, keine bösen und guten Juden, sondern einfach nur uns alle, die bereits am Tag der Geburt zum Tode Verurteilten, Verlierer und Schwächlinge, die den Rest ihres Lebens nur noch Fehler und Gemeinheiten begehen – und ab und zu trotzdem ein gutes Gedicht schreiben oder eine große Symphonie komponieren können? Oder, nächste Gegenfrage, ist Mannheimers Horrortat nicht am Ende gerade ein merkwürdiger, poetischer Gegenbeweis dafür, dass es zwar fast unmöglich ist, als Mensch halbwegs okay zu sein, aber dass diese Möglichkeit trotzdem existiert, weil sie existiert? Usw., usf.

Das Jüdische an Gegenfragen ist – im Leben, in der Literatur –, dass man als Jude, also als ewig Zerrissener zwischen Welten, Kulturen und Sprachen, absolut genau weiß, dass es keine letzte endgültige Wahrheit gibt, denn es kommt immer auf die Perspektive an und auf die Machtverhältnisse, in denen man lebt – und dass man trotzdem nie aufgeben darf, nach der Wahrheit zu suchen. Diese Skepsis, kombiniert mit einer fast schon verzweifelten Neugier, steckt in praktisch jedem meiner Texte, glaube ich, und von ihr zu erzählen und sie auf diese Weise weiterzugeben, hat natürlich auch sehr viel damit zu tun, dass wir Juden unsere Gedanken und Einfälle gerne mit anderen teilen, allein deshalb, weil wir hoffen, dass dadurch die Welt, in der wir es eher schlecht als gut haben, ein bisschen besser wird.

Dass jeder, der meine Erzählungen und Romane liest, dazu eingeladen wird, zu denken, es könnte auch alles ganz anders sein, als es dort steht, ist das eine, was sie so jüdisch macht. Das andere – wahrscheinlich noch Jüdischere daran – ist mein tiefer, verwurzelter Widerspruchsgeist als Mensch, Schriftsteller, Journalist, der natürlich auch aus dem Traum von einer besseren, klügeren, sprich: anti-antisemitischen Welt erwächst. Und dann wäre da auch noch mein fast schon reflex- und talmudistenhafter Drang, immer wieder danach zu fragen, ob alles wirklich so war und ist, wie ich es in der Zeitung gelesen oder zu Hause am Küchentisch gehört habe, meine ewigen deprimierenden, berauschenden, produktiven Zweifel an großen und kleinen Geheimnissen und Übereinkünften, die fast immer am Anfang meines Schreibens stehen. Dass ich hier jetzt genau darüber sprechen muss, ist mir zwar peinlich, aber es geht trotzdem nicht anders.

Am besten ich verstecke mich darum kurz hinter Jurek Becker, dem polnischen Juden, der als kleines Kind in den KZs Ravensbrück und Sachsenhausen seine ersten deutschen Worte gelernt hat. Nach dem Krieg ging sein Vater mit ihm – so als wären sie beide Figuren aus einer meiner Geschichten – ausgerechnet nach Berlin, nach Ostberlin, und dass der alte Becker seinem Sohn später diese wahnsinnige Entscheidung damit erklärt hat, er sei davon überzeugt gewesen, dass Juden in den nächsten Jahren und Jahrzehnten genau hier, im toten Herz des niedergerungenen Nazireichs, besonders sicher sein würden, habe ich vielleicht irgendwo gelesen. Vielleicht stelle ich mir das aber gerade nur vor, womit wir dann tatsächlich auch schon mitten in einer von meinen Short Storys wären.

Dass Jurek Becker besser deutsch sprach und schrieb als die meisten Deutschen, ist logisch – denn nur so konnte er in einem Land, in dem er, im Gegensatz zu Heinrich Böll, wirklich von Leuten umgeben war, die ihm einst und vielleicht immer noch nach dem Leben trachteten, unsichtbar werden. Und dass er trotzdem sein jüdisches intellektuelles und moralisches Temperament nicht verstecken konnte, ist auch völlig klar. Nicht alle seine Bücher konnten in der DDR erscheinen, nicht alle seine Drehbücher wurden verfilmt, er musste schon früh die Universität verlassen, er flog als ein bis zur Naivität kritisches Parteimitglied aus der SED und aus dem Schriftstellerverband raus, und als er wegen der Biermann- und Kunze-Gemeinheiten endlich in den Westen umgezogen war, konnte er zwar über diesen ganzen bolschewistischen Wahnsinn endlich ganz offen reden, aber leider war nun, in der Freiheit, die Zeit seiner besten Bücher vorbei.

»Ich vermute«, sagte Jurek Becker in seiner Poetik-Rede, die er fünfundzwanzig Jahre nach Heinrich Böll an derselben Stelle in Frankfurt hielt, »dass seit den Anfängen von Literatur der wesentlichste Antrieb zum Schreiben das Bedürfnis nach Stellungnahme gewesen ist, also nach Widerspruch.« Natürlich sprach er dabei vor allem von sich selbst, so allgemein seine Worte klingen sollten. Er sprach von einem jüdischen Autor, der in der DDR immer wieder kein Autor und erst recht kein Jude sein durfte, er sprach von seinem ersten und besten und wichtigsten Roman *Jakob der Lügner*, den er nur deshalb geschrieben hatte, weil die DEFA-Chefs das erste Drehbuch, in dem er dieselbe Geschichte eines verzweifelten jüdischen Getto-Bewohners und Märchenerfinders erzählte, aus einem bigotten, antisemitischen Internationalismus heraus abgelehnt hatten, denn Juden waren im real existierenden Sozialismus als Opfer der Nazis nicht vorgesehen – und wie bei denen fast genauso unbeliebt.

Ja, genau, wo es keinen Druck gibt, so erklärte es Jurek Becker nur ein paar Monate vor dem Ende der DDR einem ernsten, wohlwollenden und vermutlich völlig überforderten westdeutschen Publikum, dort gibt es keinen Gegendruck, wo du als Autor die Welt um dich herum nicht als falsch oder verlogen oder totalitär empfindest, gibt es keine Prosa, die hält, was der Autor verspricht. »Das soll nun aber nicht heißen«, fuhr er in einer überraschenden Wendung fort, »Schriftsteller hätten sich als Dienstleistende an der Gesellschaft zu fühlen.« Und: »Die Qualität eines Autors steigt bestimmt nicht proportional zu seiner Ablehnung der ihn umgebenden Zustände.« Nein, wirklich nicht? Aber was meinte er dann, wenn er das Außenseitertum als literarischen Brennstoff beschrieb und feierte? Ich glaube, er meinte, von seinem eigenen Leben, Denken, Fühlen ausgehend, ein Schreiben, das immer nur davon inspiriert wird und zugleich handelt, dass Leute wie er und ich und die vielen anderen jüdischen Autoren aller Länder es einfach nicht fassen können, wie fremd sie inmitten einer Gesellschaft sind, die niemals vergisst, wer sie sind, was sie selbst aber auch gar nicht wollen würden, die also, in anderen

Worten, Tag für Tag, Jahr für Jahr darüber erstaunt, verwundert und wahnsinnig wütend sind, weshalb auch das leiseste, schönste, lieblichste Prosawort, das sie hinschreiben, am Ende ein sehr lauter Ausruf ihres sehr existenziellen jüdischen Protests gegen ihr ewiges Außenseitertum ist.

Oder wie sagte Jurek Becker im Sommer 1989 in Frankfurt dann auch noch? »Wenn Sie Schriftsteller sein wollen, leiden Sie an etwas, seien Sie über etwas zu Tode erschrocken, werden Sie verrückt von etwas!« Dass das ebenfalls ein brauchbares Rezept für nichtjüdische deutsche Autoren sein könnte, kann ich mir inzwischen nur sehr schwer vorstellen. Dafür sind sie immer zu sehr bemüht, wie andere zu sein – wie andere Schriftsteller, wie andere deutsche Männer und Frauen und vor allem genauso wie ihre eigenen stummen, kalten, spießigen, schuldigen Eltern und Großeltern. Und außerdem haben sie oft diese schreckliche Angst, dass Verwandte und Freunde, Buchhändler und Kritiker nach der Lektüre ihrer Bücher böse auf sie sein könnten. Sind sie darum beim Schreiben so rücksichtsvoll, so verspannt, so unverständlich?

Der Zug, der mich im Juni 1993 nach Klagenfurt brachte, fuhr schon sehr früh am Morgen los, und während ich mich in das so angenehm nach Zigarettenrauch riechende, stark überheizte, eine lange und sorglose Fahrt versprechende Abteil setzte, fragte ich mich, ob es wirklich so klug war, diese Reise zu machen. Ich sollte beim Bachmann-Preis nicht etwa als Schriftsteller eine neue Erzählung oder vielleicht sogar ein Kapitel aus meinem ersten Roman lesen. Nein, die ORF-Leute hatten mich stattdessen eingeladen, Mitglied der in Klagenfurt öffentlich auftretenden und oft ziemlich blutrünstig richtenden Jury zu sein, was mir schon die ganze Zeit ein bisschen verdächtig vorkam. Denn spätestens seit meinem Literaturstudium an einer deutschen Universität wusste ich, dass man es in

Deutschland und Österreich vorzog, in Juden Kritiker zu sehen, nicht Schriftsteller, und dass man sie genau dafür dann wiederum nicht mochte. In Wahrheit – so die lächerliche, scheinwissenschaftliche Begründung dieses bis heute in den hiesigen, oft ziemlich vernebelten Bildungsköpfen wabernden Vorurteils – sei nämlich das Wort »Kritiker«, jedenfalls bei einem Juden, nur ein Synonym für »Zersetzer« und »Zerstörer«, und wer Literatur und Kunst zersetze, zersetze auch die Gesellschaft und müsse darum aus ihr entfernt werden. Sie können das alles, wenn Sie wollen, bei Thomas Mann nachlesen. Und bei Wagner, Heidegger, Jünger.

Wie gesagt: Ich sollte offenbar in Klagenfurt den bösen, gemeinen Juden spielen, und vielleicht dachten die ORF-Leute auch, ich sei so eine Art junger Reich-Ranicki, was auf dasselbe hinauslief. Obwohl mir das absolut bewusst war, dachte ich, während mein langsamer, gemütlicher Klagenfurtzug über die österreichische Grenze fuhr, während wir riesige, dunkle Berge und Täler passierten, die ich nie vorher gesehen hatte, ich mache es natürlich trotzdem. Ja, dachte ich, ich mache es für die anderen jungen Schriftsteller, egal ob Deutsche, Juden oder in Deutschland geborene Türken, denn mir war irgendwann nach dem großen *Weltwoche*-Drama die Idee gekommen, dass nicht die Schriftsteller selbst an der provinziellen Bedeutungslosigkeit und Selbstverklärung unserer Literatur schuld sind. Nein, die Unlesbarkeit, Weltfremdheit und manchmal auch trivial-realistische Leere deutschsprachiger Erzählungen und Romane hatte, so vermutete ich inzwischen, vielmehr mit dem Diktat der so unkritikerhaften deutschen Literaturkritiker zu tun, die sich unentwegt hinter den Jeins ihrer pseudoakademischen, unaufklärerischen Geschmacklosigkeit und Unentschlossenheit versteckten, die also genau diese Art von Nichts sagendem, Nichts verrückendem, Nichts enthüllendem Schreiben forderten, das ihnen so viele Schreiber – noch! – gehorsam lieferten. Und jetzt hatte ausgerechnet ich die Gelegenheit, sie live, vor den laufenden ORF-Kameras, als ahnungslose Bürokraten zu enttarnen, um so, im Namen und Auftrag aller anderen jungen Autoren ihre zerstörerische Definitionsmacht zu brechen.

Ja, richtig: Da meldete sie sich also wieder, meine völlig weltfremde, typisch jüdische Hoffnung und Illusion, dass ich – genauso wie Robert, Peter und Barbara – kein Fremder in Deutschland und in der deutschen Literatur sei, weshalb mich die nichtjüdischen Autoren nach meiner Heldentat bestimmt in ihre Arme schließen und mit mir auf der Stelle eine ganz neue, eigene literarische Vereinigung gründen würden. Gruppe 93 zum Beispiel, dachte ich, wäre doch ein ganz passender Name. Irgendwann – es war schon spät am Nachmittag – fuhren wir durch Bad Gastein. Weiße und graue Nebelschwaden umhüllten die Dächer und Häuser der Stadt, deren Namen ich bis jetzt nur von einer Fritz-Muliar-Platte kannte, auf der er jüdische Witze erzählte, die natürlich fast alle im alten Österreich-Ungarn spielten, und nun kam ich mir endgültig wie in einem Märchenzug vor, der ganz langsam und entspannt aus der echten Welt herausfuhr.

Wenn ich mir heute die Aufnahmen aus dem ORF-Studio Klagenfurt anschaue, die dort während des 17. Bachmannwettbewerbs gemacht wurden, wundere ich mich zuerst darüber, wie weit damals meine Hemden und Jacketts waren, und meine godardhafte 60er-Jahre-Brille gefällt mir auch nicht mehr. Ich saß vorne, am Kritikertisch, zwischen zwei blassen, spöttisch schauenden Männern, an die ich mich kaum noch erinnern kann, und wenn ich nicht viel zu ernst guckte, was ich oft machte, lächelte ich freundlich und breit. Wann immer ich vom Jurychef gebeten wurde, etwas zu sagen, versuchte ich, nicht den Text zu kritisieren, den wir gerade gehört hatten, sondern die Urteile der anderen Kritiker. Ich sagte, dass sie

Realismus nur akzeptierten, wenn er völlig unrealistisch sei. Ich erklärte, dass mich ihr penetranter literarischer Feminismus in seiner ganzen stumpfen Ideologiehaftigkeit an den sozialistischen Realismus erinnerte. Ich verglich sie, nachdem sie mal wieder einen sinnlos-rätselhaften Text in tausend blumigen Philologenworten gelobt hatten, mit Alchemisten, die auch noch aus Scheiße Gold machten. Und von den Autoren forderte ich, wenn es gar nicht anders ging, wenigstens etwas mehr Unverschämtheit und Mut und kleine Geschichten vor dem Hintergrund großer historischer Ereignisse, weshalb, wie ich ohne jeden narzisstischen Unterton hinzufügte, zum Beispiel die Schoah ein mögliches Sujet wäre, aber der Jugoslawienkrieg oder der Fall der Mauer täten es notfalls auch.

Das Publikum erschrak manchmal, wenn ich sprach, und noch öfter lachte es, aber die Kritiker und Autoren verdrehten immer öfter die Augen. Sogar der alte jüdische Emigrant Peter Demetz, der wie ich aus Prag stammte und natürlich wusste, wie es in einem anständigen mitteleuropäischen Kaffeehaus zugehen musste, damit sich keiner langweilte und man der ultimativen Weltwahrheit ein bisschen näher kam, hatte irgendwann genug von mir und warf mir Lubjanka-Methoden vor. Würde ich denn wirklich nie das Image eines jüdischen Bolschewisten und Literaturkommissars loswerden?, habe ich mich in diesem Moment bestimmt still und heimlich hinter meiner strengen Godard-Brille gefragt. Und wieso wunderte ich mich darüber überhaupt, denke ich jetzt, wenn ich doch nicht mehr und nicht weniger wollte als eine schöne, kleine und nicht ganz unblutige Literaturrevolution?

Die Revolution fand aber leider nicht statt. Nach ein, zwei Tagen kamen die ersten Autoren zu mir und baten mich mit gesenkter Stimme, sie bloß nicht zu loben, weil sie danach bestimmt keinen Preis kriegen würden. In der ORF-Cafeteria und im viel zu kleinen, engen Frühstücksraum des Hotels saß ich meistens allein, nur ab und zu setzte sich Helge zu mir, der mich ein paar Jahre vorher zu Kiepenheuer & Witsch geholt hatte, wo ich zum Glück bis heute noch bin, und er war ein bisschen stiller und ernster als sonst. Und dann waren da noch Rainald und Joachim, der Sohn von Siegfried Unseld, der am Ende doch nicht der Nachfolger seines Vaters und Suhrkamp-Chef werden durfte. Joachim, der also gerade selbst den Kampf gegen das System in der Person seines übermächtigen Vaters verloren hatte und dem er verrückterweise so wahnsinnig ähnlich sah, bis auf diesen warmen, weiblichen Blick unter den hohen Bögen seiner fast farblosen Augenbrauen – Joachim warnte mich, ebenfalls flüsternd, immer wieder davor, ständig alles auf eine Karte zu setzen, denn sonst würde ich genauso enden wie er, als Paria, als Ausgestoßener, belegt mit einem tödlichen Berufsverbot.

Ja, und sogar Rainald, dessen große Tage als Autor damit begonnen hatten, dass er sich genau hier, in Klagenfurt, im selben Fernsehstudio, vor hunderttausend Augen das Gesicht verletzt hatte und dann auch noch eine halbe Ewigkeit lang sein Blut aufs Manuskript tropfen ließ, meinte zu mir, es wäre kindisch, zu glauben, ich könnte irgendwas an irgendwas ändern, wenn ich als der Vertreter von Autoren auftrat, die genauso einen wie mich ablehnten. Spätestens, als dann noch vor der Preisverleihung die ersten Artikel über den Bachmann-Preis zu erscheinen begannen, in denen mir, so wie etwa in der SZ oder in der *Abendzeitung*, vorgeworfen wurde, ich sei ein »Banause« und »Berufsjugendlicher«, der mit seinem »Judentum argumentierte«, da wusste ich, dass es nichts mit mir und der Gruppe 93 werden würde, und ich hoffte, dass schon bald mein gemütlicher Märchenzug käme und mich wieder zurück in mein geliebtes, nicht wirklich in Deutschland liegendes München zurückbringen würde.

Zwei oder drei Tage, nachdem ich wieder in München war – es war ein sehr heißer, aber auch sehr drückender, grauer Tag –, traf ich mich mit Rainald auf der Treppe der Kunstakademie in Schwabing. Er hatte seinen kleinen schwarzen Kassettenrekorder mitgebracht, ich hatte ein paar von den Zeitungsartikeln aus der letzten Woche dabei, und dann redeten wir, während der Kassettenrekorder lief und alles aufnahm, fast vier Stunden lang darüber, ob ich gerade wirklich aus der deutschen Literatur rausgeflogen war oder nicht.

»Joachim hat gesagt«, sagte ich, »das war mein Ende.«

»Blödsinn«, rief Rainald mit seiner hellen, scharfen, damals noch sehr münchnerisch klingenden Stimme aus, »wer sich radikal äußert, ist drin!«

»Du auch?«

»Darum geht's doch gar nicht.«

»Sie wollten dich damals, als du dir in Klagenfurt in die Stirn geschnitten hast, auf der Stelle ins Irrenhaus einliefern. Stimmt's?«

»Ja, stimmt.«

»Und du musstest dann durch den Hinterausgang deines Hotels fliehen. Richtig?«

»Richtig.«

»Warum sprichst du eigentlich nie öffentlich darüber?«

Er schwieg.

»Hast du dich, als du auf der Flucht warst, immer noch drin und als Teil des Ganzen gefühlt? Oder warst du spätestens dann ein echter Außenseiter?«

Wieder keine Antwort.

Ich weiß noch genau, was Rainald an diesem Tag anhatte: eine weiße Jeansjacke, graue Turnschuhe, hellblaue Jeans, und in seinem Gesicht war das feurige, wütende, brennende, rebellische Leuchten wie immer. Ich sah in dieses schöne deutsche Gesicht und dachte daran, was Rainald mir früher einmal erzählt hat. Er hatte, wenn ich mich jetzt richtig erinnere, irgendwann ein Stück geschrieben, in dem zu viele Figuren vorkamen, die offenbar zu sehr an die Autoren und Freunde von Siegfried Unseld erinnerten, in anderen Worten, es war irgendwie zu nah an der Realität und an der Wahrheit dran, oder so ähnlich. Als das Stück fertig war, fuhr Rainald nach Frankfurt, er redete mit seinem strengen Verleger darüber, und das Stück ist nie erschienen, es wurde nie gespielt. Stattdessen schrieb Rainald bald einen neuen, komplett rätselhaften, unverständlichen, jelinekhaften Text über dieselbe Sache. Der Titel fällt mir gerade nicht ein. Aber den Untertitel weiß ich bis heute im Schlaf: »Frankfurter Fassung«.

Wie sehr darf man sich der Wahrheit – und den Lügen – seiner eigenen Familie, seiner Freunde, seiner Kultur und seiner nationalen Geschichte eigentlich nähern? Wie deutlich darf man dabei werden? Wie verständlich muss man sein? Wie überirdisch schön und poetisch muss man schreiben, damit trotzdem jeder versteht, dass man es nicht auf reale Personen und Ereignisse abgesehen hat, sondern nur darüber sprechen will, dass es jenseits der Wirklichkeit eine Sphäre gibt, in der sich die Tragödien und Komödien unserer Leben derart spiegeln, dass man sich in ihnen nicht so sehr selbst erkennt, sondern nur die lächerliche, sinnlose, herrliche Schönheit dieses absolut überflüssigen Daseins, dessen wichtigste, moralisch widersprüchlichste und herzergreifendste Protagonisten natürlich unsere Väter und Mütter sind? Und wie jüdisch ist es von mir, dass ich als Schriftsteller immer wieder versuche, genau das zu tun, also die großen privaten, historischen und intellektuellen Mythen zu befragen, anders gesagt: davon literarisch Zeugnis zu geben, dass nichts so ist, wie man es uns erzählt hat – weshalb ich ja auch glaube, dass hinter jeder überzeugenden Geschichte und jedem klugen Gedanken noch überzeugendere und richtigere Gedanken stecken? Und, letzte Frage, was hätte Jurek Becker dazu gesagt, dass ich seine

These vom ewig skeptischen, im permanenten Widerspruch lebenden und schreibenden Autor auf diese sehr eigensüchtige, willkürliche, selbsterklärende und selbstbegründende Art und Weise erweitere? Er hätte mir natürlich widersprochen, was sonst, und dabei gelacht.

Für die Erzählung *Ein trauriger Sohn für Pollok* habe ich etwa – übrigens ohne meine Eltern um Erlaubnis zu fragen und ohne von ihnen später deshalb auch nur ein vorwurfsvolles Wort gehört zu haben – eine der mythischen Geschichten unserer Familie benutzt und durchleuchtet. Mein Vater, so geht die Familienlegende, wurde 1951 in Moskau von der Lomonossov-Universität geworfen und um eine große akademische Karriere gebracht, weil ihn sein bester Freund und größter Konkurrent am Geschichtsinstitut wegen ein paar Anti-Stalin-Bemerkungen beim Geheimdienst denunziert hatte. In meiner Erzählung stellte sich aber schon bald heraus, dass der Vater des mir bis zur Unkenntlichkeit ähnelnden Erzählers in Wahrheit selbst an seinem Rauswurf schuld war, weil er, ein klassischer kleinbürgerlicher Kleingeist, wegen einer Liebesgeschichte seinen besten Freund erpresst hat und so überhaupt erst in Schwierigkeiten geriet. In dem Roman *Biografie* tauchte der gleiche Vater-Avatar ein zweites Mal auf. Nun hat mich aber die Verwandlung des kleinen Bösewichts in einen großen Helden interessiert. Also machte ich nach ein paar hundert Seiten aus dem Vater des erneut sehr ichhaften Ich-Erzählers, der in Russland und in der Tschechoslowakei ein linientreuer und völlig unbegabter Schriftsteller war, zu meiner eigenen Überraschung plötzlich einen westlichen Agenten, der im Auftrag des BND die legendäre Kafka-Konferenz in Schloss Liblice organisiert und so ganz allein den Zusammenbruch des Stalinistischen Reichs verursacht hatte. Im Roman *Sechs Koffer* treffen wir den Vater aus der Welt meiner forschenden Fiktionen sogar ein drittes Mal wieder. Diesmal geht es darum, dass vielleicht einer seiner drei Brüder aus Angst oder aus Berechnung den antisemitischen Agenten des kommunistischen Geheimdiensts die Schwarzmarktgeschäfte ihres Vaters verraten hat und darum schuld an dessen Erschießung war. Oder war es vielleicht sogar er selbst?

Sie werden es sich schon gedacht haben: Natürlich wurde mein wirklicher Großvater vom KGB umgebracht, und ich weiß bis heute nicht, wer aus unserer Familie ihn wirklich auf dem Gewissen hatte. Und ob mein Vater tatsächlich der große Stalinkritiker und politische Held war, wie bei uns immer erzählt wurde, ist zwar sehr gut möglich, aber diese Version in Romanen und Geschichten in Frage zu stellen, heißt: das Bild vom übermächtigen, heldenhaften Vater an sich in Frage zu stellen und damit ein absolutes, vermeintlich unhinterfragbares Weltbild, mit dem ich, wie jedes andere Kind, wie jeder andere Sohn, von klein auf konfrontiert wurde. Womit wir wieder bei meinem Widerspruchsgeist wären, dem literarischen, aber auch dem intellektuellen.

Ja, es ist jüdisch, sogar sehr jüdisch, jedenfalls in meinem Fall, sich nie mit dem Bestehenden, angeblich Allgemeingültigen, Gottgegebenen, von der Mehrheit Behaupteten zufriedenzugeben, und wie sich diese Einstellung, dieser Reflex auf mein literarisches Schreiben ausgewirkt hat, habe ich versucht zu erklären. Dass ich im Restaurant schlechtes Essen zurückgebe, dass ich ein lautes, hässliches Hotelzimmer sofort gegen ein besseres tauschen muss, hat bestimmt auch damit zu tun, und interessant ist jetzt nur noch, ob dieses ewige Protestieren, Kritisieren und Unzufriedensein vor dem Hintergrund eines großen Welthasses zustande kommt, den mir so viele schon so lange zuschreiben. Oder will ich, gerade weil mir die wenigen Jahre, die ich auf dieser Erde habe, so wichtig sind, mit meiner quasineurotischen Dauerskepsis die Welt, die Menschen, mich selbst und vor allem meine Literatur ständig ein bisschen besser machen? Ich glaube natürlich, dass die zweite Antwort richtig ist. Die meisten meiner nichtjüdischen deutschen Kollegen, egal ob Schriftsteller, Kritiker oder Redakteure, würden aber, wie gesagt, sofort Antwort Nummer eins wählen, worauf ich sie genauso schnell fragen würde, ob sie es nicht bei ihrem nächsten Buch oder Essay auch einmal mit etwas mehr Direktheit, Ehrlichkeit und Skepsis gegenüber den Mythen ihrer Eltern und Großeltern versuchen wollen.

Ich kann es noch anders ausdrücken: Früher, in den goldenen, sorglosen, langweiligen *Weltwoche*-Tagen, kam die kaputte, böse, traurige Kriegs- und Nachkriegsgeneration in der zeitgenössischen deutschen Literatur kaum vor. Und weil sie darin kaum vorkam, konnten ihr Schweigen, ihre Lügen, ihre großen und kleinen Verbrechen, Heldentaten und Heimlichkeiten, ihre am Küchentisch gemurmelten antisemitischen Bemerkungen und Entschuldigungen, ihr leiser Russen- und Ami-Hass auch nicht wirklich zum Thema unserer Literatur und somit des großen gesellschaftlichen Gesprächs werden. Während sich also die Gruppe-47-Kameraden selbst noch als Hitlers Beute und Rommels Kanonenfutter bemitleideten, verschwiegen ihre Enkel, ganz im Gegensatz zu ihren Söhnen und Töchtern, lange, dass sie – geschichtlich, persönlich, literarisch – überhaupt etwas mit Leuten wie ihnen zu tun hatten. Wahrscheinlich, weil sie sich nicht durch das literarische Bekenntnis zu dieser Herkunft selbst öffentlich stigmatisieren wollten. Außerdem waren sie mit Großmüttern und Großvätern genau dieser verdorbenen, seelisch zerfurchten Generation aufgewachsen, die sie zu Hause, im privaten Kreis, meist ganz anders erlebt hatten, als liebe, alte, rührende Männer und Frauen, und das war ein Widerspruch, mit dem sie als kollektivhörige, konsenssüchtige Deutsche von heute verständlicherweise kaum zurechtkamen.

Inzwischen jedoch werden die alten Deutschen als junge, von den Nazis missbrauchte, unglückliche Deutsche immer öfter zu literarischen Figuren – so wie zum Beispiel in den Romanen von Ralf Rothmann, Arno Geiger und Jan Koneffke. Aber sind sie dort nicht irgendwie auch Hitlers Beute und Rommels Kanonenfutter, genauso wie in den apologetischen und darum so erfolgreichen, stil- und meinungsbildenden Kriegsserien und -filmen des angeblich so antifaschistisch fühlenden TV-Produzenten Nico Hofmann? Sind sie nicht, besten- und schlimmstenfalls, schuldlos Schuldiggewordene, denen all das Mitgefühl des jedes Mal viel zu parteiischen und damit trivial erzählenden Erzählers gilt? Und sind sie nicht darum am Ende einfach nur Traumatisierte, Verletzte, als Frauen natürlich von Russen Vergewaltigte, also auch nur total Be- und Geschädigte, niemals Täter, genauso wie die 50 Millionen wahren Opfer der lustvollen deutschen Massenvernichtung und fröhlichen Angriffskriege?

Um Politik geht es mir hier aber nicht unbedingt, wenn ich diese neue deutsche Sentimentalität und Wahrnehmungsverirrung feststelle. Es geht mir um Literatur, um Qualität, um künstlerische Aufrichtigkeit. Es geht mir darum, dass meine nichtjüdischen Kollegen, wie ich finde, erst dann endlich anfangen würden, universelle, unprovinzielle, allgemein verständliche Bücher im Sinne von Goethes Weltliteratur zu schreiben, die sie selbst ja auch so gern schreiben würden, aber fast nie hinbekommen, wenn sie sich die Lügen der Menschen vornehmen würden, die sie geprägt und erzogen haben, die sie, jedenfalls solange sie Kinder und Jugendliche waren, in ihr totales deutsches Opferweltbild hineingezwungen haben wie in eine nur ganz leicht verschmutzte Volkssturm-Uniform. Ja, das glaube ich, so wie ich glaube, dass ihr Schweigen, Verschweigen und Beschweigen mich erst recht provoziert, den Sachen immer noch ein bisschen mehr auf den Grund zu gehen, in ihrer und in meiner Welt. Und ich weiß auch, dass sie, wenn sie hören, dass ich das gesagt habe, denken werden, wie kommt dieser russisch-tschechische Jude überhaupt dazu, uns vorzuschreiben, wie und über was wir schreiben sollen? Worauf ich, der teilnahmsvolle, teilnehmende Außenseiter, der mehr als einmal mit ihnen alles auf eine Karte setzen wollte, entgegnen werde: Ganz einfach – weil ich bisher nur einen einzigen Roman gelesen habe, in dem ein SS-Offizier unverstellt und ohne jede aufgesetzte auktoriale Erzählermoral in der ersten Person davon erzählt, wie es damals war, als er und seine Leute Juden und Russen wie Fliegen umgebracht haben – und weil *Die Wohlgesinnten*, wie dieser geniale Roman heißt, nicht etwa von einem ehrlichen, mutigen SS-Enkel geschrieben wurde, sondern von Jonathan Littell, einem jungen Amerikaner jüdischer Herkunft.

Verstehen Sie, was ich meine? Wenn ja, dann wäre bereits ein kleiner, großer Schritt gemacht.

Als ich im Herbst 1994, ein Jahr nach Klagenfurt, für mein zweites Buch *Land der Väter und Verräter* den Tukan-Preis der Stadt München bekam, dachte ich zuerst, das muss ein Versehen sein. Dann dachte ich, sie wollen mich kaufen, sie wollen, dass ich ab jetzt das gleiche undurchschaubare, irrelevante Zeug schreibe wie jeder andere junge deutsche Autor, sie wollen mich korrumpieren. Und dann hielt ich – statt mich freundlich und aufrichtig zu bedanken – in einem schönen, holzgetäfelten, dunklen Saal des Stadtmuseums am St. Jakobsplatz schlecht gelaunt eine schrecklich harte Rede, in der ich erklärte, dass »die deutsche Literatur nie mehr zum Synonym für jüdische Literatur werden wird«. Ich sagte, Juden und Deutsche werden nach allem, was war, »geschiedene Leute sein«. Und ich meinte dann auch noch, dass ich genau das toll und richtig fände. Statt mich also über meinen ersten und bisher einzigen großen literarischen Preis zu freuen, statt zu verstehen und anzuerkennen, dass die Kritiker, die in der Jury saßen, eben nicht auf die endgültige Trennung von Juden und Deutschen aus waren, sondern mich für meinen sehr jüdischen und zugleich universellen Zugang zum Schreiben ausgezeichnet hatten, um so diese halb vergessene Art des Erzählens in die deutsche Literatur wieder ein bisschen zurückzuholen, misstraute ich ihnen und gab ihnen öffentlich diese sehr unhöfliche, grobe, rhetorische Ohrfeige. Da war sie mal wieder, meine neurotische Dauerskepsis, aber diesmal war sie falsch, ungerecht und überflüssig, und es wird nichts dadurch besser, dass ich an diesen ersten kühlen, nach Laub und Regen riechenden Münchener Herbstabend eine so angenehme, sentimentale Erinnerung habe.

Vielleicht habe ich damals so schroff reagiert, denke ich heute, weil ich immer noch wegen Klagenfurt traurig war. Ganz bestimmt sogar. In den Monaten und Jahren danach habe ich das alles dann aber trotzdem wieder vergessen, so wie ich zum Glück fast immer alles vergesse, also die kalte Hitze im ORF-Studio Kärnten, die offenen und versteckten Anspielungen meiner Kollegen und Kritiker, erst dort und später in den vielen Artikeln über meine angeblich so wilden Bachmanntage, das vierstündige, aufgeregte Tonbandgespräch mit Rainald auf der Treppe der Kunstakademie, und kaum hatte ich den Tukan-Preis gekriegt und meine kompromisslose Rede gehalten, dachte ich ja auch gleich wieder an etwas ganz anderes. Ja, irgendwann war das alles weg, verschwunden, so als wäre es überhaupt nie passiert. Keine Ahnung, was nun in meinem Leben und Schreiben wichtig wurde, denn auch das habe ich vergessen, und als ich dann – das weiß ich jetzt aber wieder genau – im April 2000 plötzlich die Chance bekam, in der Evangelischen Akademie Tutzing eine eigene große Schriftstellertagung zu organisieren, dachte ich völlig unschuldig und euphorisch:

super, großartig, genial, endlich kriege ich meine Gruppe! Ich wusste sofort, wie unser erstes Treffen heißen würde: »Freiheit für die deutsche Literatur!«, wie sonst. Ich dachte, wir werden zwei Tage und zwei Abende lang darüber diskutieren, ob wir heute noch so schreiben können, wie wir wollen, und ob wir nicht selbst daran schuld sind, dass wir es nicht tun. Und wenn wir dann fertig sind, fantasierte ich weiter, werden wir alle gute Freunde sein und noch bessere Kollegen.

Ich lud sie also alle ein, nach Tutzing, ins ehemalige Schloss der Grafenfamilie Vieregg, ich lud Alissa und Christian und Feridun und Joseph und Claudius und Georg ein, und es kamen sogar noch viel mehr, als auf der Liste gestanden hatten. Ich schätze, es waren ungefähr hundert Leute, und ein paar Juden waren auch da, aber leider nicht Robert, Barbara und Peter. Doch meine Gruppe bekam ich leider wieder nicht. Denn kaum hatte ich den sehr prinzipiellen, sehr radikalen Eröffnungsvortrag gehalten, hassten und fürchteten mich alle, ich war schon wieder der sich danebenbenehmende Danebensteher, der rhetorisch brillante Bösewicht, der oberflächliche literarische Showmaster, der Impresario in eigener Sache, der alttestamentarische Blitzeschleuderer, der penetrante Moralist und Moralisierer, dem der feine Klaus Harpprecht später ausgerechnet in den *Frankfurter Heften* ganz unfein »Maulhurentum« vorwarf, und natürlich war er – es lebe der ewige deutsche Anti-Heine-Reflex! – auch noch der Meinung, dass ich ein »Provokateur vom Dienst« sei und »eine überspannte, nie erwachsene Nervensäge«. Am meisten war aber Rainald auf mich sauer, nachdem ich in der Eröffnungsrede gesagt hatte, dass er deshalb so schreibe, wie er schreibt – kalt und überästhetisch –, weil er, als träges Kind der Generation Kohl, keinen Sinn mehr für Gut und Böse habe, und ich warf ihm, der mir an diesem ersten Abend im dunklen, eingeschneiten Schloss in Tutzing am Starnberger See eine Dreiviertelstunde lang mit einem entsetzten, starren Lächeln zusah und zuhörte, zum Schluss sogar das Wort »Schlappschwanz-Literatur« entgegen. Ob ich damit unrecht hatte, so wie ich ein paar Jahre vorher im Münchener Stadtmuseum danebenlag, ob ich zu hart und zu kompromisslos war? Nein, ich glaube nicht, aber vermutlich hätte ich das alles ein bisschen anders sagen sollen, und am besten nicht vor so vielen anderen Schriftstellern.

Pech gehabt, Rainald – du, aber auch ich.

Im Mai 2018 starb Philip Roth – wer, der in Deutschland Bücher liest, kennt ihn nicht und seine Romane? Nur zwei, drei Stunden nach seinem Tod, morgens um neun, bekam ich den ersten Anruf, ich glaube, es war der *Deutschlandfunk*. Sie baten mich, mit ihnen über Roth zu sprechen. Ich sagte nein, und im Lauf des Tages meldete sich noch ein halbes Dutzend weiterer Redaktionen, weil sie alle dasselbe von mir wollten. Ich gebe ehrlich zu, warum ich immer wieder ablehnte: Ich war beleidigt. »Warum fragen sie ausgerechnet mich?«, dachte ich. Warum lieben sie Philip Roth, der auch ein sehr jüdischer Schriftsteller war, so abgöttisch? Und vor allem: Warum habe ich, im Gegensatz zu ihm, mit ihnen immer nur Ärger und Stress, obwohl ich sogar in ihrer Sprache schreibe, über Dinge, die ihnen viel näher sein sollten als die alten und jungen Juden von New Jersey und New York mit ihren ewigen Sex- und Altersproblemen?

Ein paar Tage später – ich hörte gerade dem alten, großen Hanser-Verleger Michael Krüger dabei zu, wie er sich im Radio sehr klug und sehr herzlich an Philip Roth und seine Bücher und seinen Humor erinnerte – fiel mir plötzlich die Antwort auf meine beleidigten Fragen ein. Und sie ging so: Philip Roth hat den unsicheren, melancholischen, es oft gut meinenden Nachkriegsdeutschen, was sie ja auch waren – und eben nicht bloß passiv-aggressive Nazi-Enkel –, jene Tür zur jüdischen Welt geöffnet, die die Nazis zugeschlagen hatten, und damit zur Welt überhaupt. Er nahm ihnen die Angst vor uns, den freundlichen, bösen, bösartigen, verständnisvollen, perversen, genervten, widersprüchlichen Juden, die noch da waren, er legte sich zugleich furcht- und tabulos mit den Lügen und Vorurteilen beider Seiten an, er vertrieb jede philo- und antisemitische Heuchelei aus den Köpfen und Herzen seiner Leser. Und was habe ich gemacht? Ich habe zwar immer wieder etwas Ähnliches versucht, auch ich lasse, wie ich beschrieben habe, keine Übereinkünfte gelten, so ähnlich wie Roth, der einmal auf seine freundlich-sarkastische Art zu Recht gemeint hat, man dürfe beim Schreiben nie daran denken, was später die eigenen Freunde, Verwandten und Leute darüber denken könnten, und schon gar nicht die Feinde. Aber trotzdem konnte ich, im Gegensatz zu ihm, den Deutschen die Angst vor den Juden nicht nehmen. Dafür gibt es viele große und kleine Gründe, klar, und einer von ihnen mag sein, dass es den meisten Deutschen fast unmöglich ist, den Humor und die Direktheit, die ich in meinem russisch-jüdischen Zuhause gelernt haben, in ihrem eigenen preußisch-evangelischen Zeichensystem unterzubringen.

Aber da ist noch etwas anderes: Philip Roth schrieb seine Bücher auf der anderen Seite des Atlantiks, wo sie auch praktisch immer spielen, in einem fast unschuldigen, märchenhaften American-Dream-Land, das nichts mit der bitteren Realität unseres kranken, seltsamerweise immer noch exististierenden Kontinents zu tun hat. Die nichtjüdischen Deutschen und ich sind aber von hier, hier ist unsere gemeinsame Vergangenheit, Gegenwart und möglicherweise auch Zukunft. Anders gesagt: Vermutlich leben und arbeiten sie und ich viel zu eng zusammen, vermutlich sind wir zu sehr ineinander verschlungen, vermutlich verletzen wir uns deshalb gegenseitig zu oft. So gesehen habe ich es schwerer als Philip Roth, aber zugleich ist meine Aufgabe auch irgendwie interessanter. Kurzum, erst wenn mir, in dieser absoluten literarischen und historischen Ausnahmesituation, das gelingt, was Philip Roth geschafft hat, erst wenn mein jüdischer Widerspruchsgeist ein Lächeln in die Gesichter und Herzen meiner deutschen Leser bringt und nicht Wut und Panik, werde ich so gut sein, wie ich es schon immer sein wollte.

(2018)

Der Fall Maxim Biller

Nachwort von Thomas Assheuer

Wer so unverschämt gut schreibt wie Maxim Biller, der tut es nicht, um die Zahl seiner Freunde zu vermehren, dem Zeitgeist den Puls zu fühlen oder den Stand der Weltseele zu erkunden. Er tut es um einer Wahrheit willen, die bei ihm allgegenwärtig ist und doch verborgen. Für ihn existiert nur diese eine Wahrheit und keine andere. Um diese eine Wahrheit geht es Biller, in seinen Romanen, Erzählungen, Polemiken, Kolumnen und Miszellen. Diese Wahrheit nimmt sich das Recht, das Falsche falsch zu nennen.

Doch um welche Wahrheit handelt es sich? Und warum überhaupt Wahrheit? Sind wissenschaftliche Textdeuter und Feuilletonisten nicht felsenfest davon überzeugt, dass der Begriff der Wahrheit in der Literatur nichts zu suchen hat? Theaterstücke, Romane und Gedichte sind Fantasiegebilde; sie entspringen einzig und allein dem Reichtum der menschlichen Einbildungskraft. Was uns darin wie Realität vorkommt, ist die »Realität« weltloser Wörter, dieser flüchtigen ätherischen Wesen. Mögen also Theologen und andere Metaphysiker ruhig von Wahrheit reden; in der Literatur ist – wie Nietzsche schrieb – die Wahrheit ein »bewegliches Heer von Metaphern«. Und dieses Heer dient mal diesem, mal jenem Herrn.

Maxim Biller denkt so nicht. Für ihn existieren Wahrheit und Unwahrheit in der Literatur genauso, wie sie in der wirklichen Welt existieren. Selbstverständlich ist ein Roman erst einmal ein Werk der Fiktion, aber es ist eine Fiktion, die einen realen Anteil hat an der Welt, in der wir leben. Die Wahrheit selbst aber ist keine Erfindung, und was gestern wahr war, kann heute nicht falsch sein. Vielleicht ist das der Grund, warum Billers Texte so spurlos gealtert sind und immer noch denselben Widerspruchsgeist im Leser wecken wie zum Zeitpunkt ihres Erscheinens. Wenn es nur vergängliche postmoderne Wahrheiten wären, dann könnten uns seine älteren Texte gleichgültig sein, dann wären sie bloß ein geistiges Kind jener Zeit, in der sie niedergeschrieben wurden. Das sind sie aber nicht, einige Texte sind sogar prophetisch. Wir genießen Billers polemische Brillanz und reiben uns immer noch an den Wahrheiten, mit denen sie sich unseren Wahrnehmungsroutinen und Verdrängungsmanövern in den Weg stellen. So war es von Anfang an: Bettelnd verlangten die Feuilletons nach Billers Provokationen, um ihre Wahrheit dann empört von sich zu weisen. Als er nach den Münchener Lehr- und Studienjahren ein Buch über seine akademischen Erfahrungen veröffentlichte (*Der gebrauchte Jude*), war Biller im Kulturbetrieb längst ein gefragtes *enfant terrible*. Man wollte ihn unbedingt lesen, um dann gereizt zu fragen: Wie kommt dieser russisch-tschechische Jude dazu, solche Dinge über anständige deutsche Professoren zu schreiben?

Biller ist ein freier Geist, er ist ein Spielverderber und nicht das Mustermigrantenkind, das sich wie viele andere mit subalterner Demut in die Galerie der Angepassten einreiht, weil ein Land, dessen Kulturbetrieb ihm solche Chancen gewährt, über jeden Zweifel erhaben sein muss. Zuverlässig gelingt es ihm, alle politischen Lager gleichermaßen gegen sich aufzubringen, vor allem die »linken Scheißfreunde« haben bei ihm nichts zu lachen. Die Nachkriegslinken waren für ihn nur deshalb links, »damit sie nicht rechts sein mussten« – so mussten sie sich vor den Reaktionären weniger fürchten. Nicht einmal Jürgen Habermas nimmt Biller aus, ausgerechnet ihn, den großen Philosophen, der als Einziger hörbar seine Stimme erhob, als konservative Regierungshistoriker 1986 einen Schlussstrich unter den Holocaust ziehen wollten. »Wie falsch, wie ungerecht!«, möchte man Biller zurufen, doch dann, in seiner Heidelberger

Poetikvorlesung, hält er selbstkritisch inne und fragt sich, ob er nicht mitunter die Falschen vor den Kopf stößt.

Kurzum, Biller macht es dem Leser leicht, sich schwer über ihn aufzuregen; seine Polemiken funkeln kristallklar, manche Texte will man nicht auf sich sitzen lassen, auch wenn sie nicht das Geringste mit einem selbst zu tun haben. Ein Ärgernis ist für viele Billers stoischer Alarmismus, seine Warnung vor dem lauernden antisemitischen Ressentiment auch in jenen Zeiten, als sich – wie nach dem Mauerfall – die Deutschen für alles Mögliche feiern durften: für ihre fabelhafte Vergangenheitsbewältigung, für den Gewinn der Fußball-Weltmeisterschaft und die verdiente Gnade des historischen Augenblicks sowieso. Biller blieb zum Glück skeptisch – und behielt recht. Zwar triumphierte 1989 die liberale Freiheit spektakulär über ein marodes totalitäres System, doch zugleich plante die westdeutsche Rechte im Windschatten des nationalen Hochgefühls ihren Ostfeldzug. Ohne größeres Aufsehen zu erregen, exportierte sie ihre abgehalfterten Führer in die neuen Bundesländer und machte dort gegen die »coole BRD« mobil – Hand in Hand mit den »letzten Echtdeutschen«, mit »xenophoben, deutschnationalen, provinziellen, für immer bolschewisierten Duckmäuser-Ossis«. So begann der »rechtsradikale Marsch durch die Institutionen«, und inzwischen glaubten viele Ostdeutsche wirklich, »ihr Heil liege in der Lösung der nationalen Frage und nicht im Erkennen und Verinnerlichen der entrückten Schönheit westdeutscher Verfassungsprosa«. Abstoßend findet es Biller, wenn gebildete Menschen dabei mitmachen, wenn Rechtsintellektuelle »zwischen AfD Thüringen und ZKM Karlsruhe die deutschen Normalos gegen die nichtdeutschen Normalos aufhetzen«. Das »eigentliche Ziel rechter intellektueller Diskursangriffe sind [...] nie wirklich die Juden oder der anständige Umgang der guten Deutschen mit ihrer schlechten Geschichte. Das Ziel der Halunken ist das demokratische, aufgeklärte, sozialkapitalistische System an sich«.

Das sind, mag man kritisch einwenden, alles politische Abgrenzungen. Doch welches Programm verfolgt der *Schriftsteller* Maxim Biller selbst? Welcher Moral hat sich dieser »penetrante Moralist und Moralisierer« verschrieben? Definiert er sich allein über seinen »jüdische[n] Widerspruchsgeist«? In einem intellektuellen Schwächeanfall hat ein Literaturwissenschaftler aus Stanford ihn allen Ernstes zum Follower des Philosophen Friedrich Nietzsche erklärt – und fiel dabei nur seiner eigenen Projektion zum Opfer. Klar, Biller legt seine Karten nie vollständig auf den Tisch, warum auch, aber er hält sie offen genug, damit der Leser sein Programm deutlich genug erkennen kann. Brutal undiplomatisch bekennt er zunächst, welche Literatur ihn zu Tode langweilt: Ihn langweilen defätistische, vage, lauwarme, wabernde, blasse, leblose und mit »egozentrischer Wehleidigkeit« verzuckerte Texte, die so sinnlich seien »wie der Stadtplan von Kiel«. Von Herzen verachtet Biller eine »müde Innerlichkeitsprosa«, er mag weder sinnlos-rätselhafte Illusionsidyllen noch das akademisierte Begriffsgerümpel jener »Retro-Avantgardisten«, die von der »Rezensions-Nomenklatura« hochgefeiert werden. Ein Graus sind ihm »Wohlstandsgesellschaft-Autoren«, denen der »Sinn für Gut und Böse« fehlt; auch die »trivial-realistische Leere« bügelfreier Stipendiatenliteratur stößt ihn ab. Auf einer von ihm im Jahr 2000 organisierten, inzwischen berühmt-berüchtigten Tagung in Tutzing nannte Biller solche Prosawerke »Schlappschwanz-Literatur«, verfasst von Menschen, die für nichts mehr kämpfen, nicht für eine »neue Idee oder einen alten Traum [...] und schon gar nicht für eine bessere Welt«. Heraus kämen Schriftstücke von »Papierleichen, die nichts wollen, nichts hassen, nichts lieben«, geschrieben ohne »metaphysische Hoffnung, das Leben möge vielleicht doch nicht ein einziger tiefer Fall in diesen beschissenen dunklen Abgrund unter uns sein«.

Billers Abrechnung mit dem Literaturbetrieb ist selbst ein Stück Literatur und lässt ahnen, welchem ästhetischen Traum er selbst nachhängt. Einmal erinnert er sich an eine Bemerkung seiner Mutter Rada Biller: Das Leben, habe sie gesagt, entstehe zweimal – einmal vor unseren Augen und einmal »auf dem Papier«. Was für ein großartiger Gedanke! Ein Leben ohne Schrift, so bedeutet das, ist wie ein Leben ohne Leben. Zum wahrhaft menschlichen Dasein wird das Leben erst in seiner symbolischen Gestalt; erst in der Literatur wird es sich seiner selbst bewusst, sonst wäre das Leben ja bloße Natur, bloß vergehende Zeit.

Selbstverständlich ist die Literatur nicht das Leben selbst, in ihr treten keine realen Figuren auf, sie »war und ist und bleibt immer ein Tagtraum aus Buchstaben«, so Biller. Doch der Tagtraum aus Buchstaben intensiviert die Wahrnehmung, zum Beispiel die Erfahrung einer »sich ständig dekonstruierenden, bröckelnden Zeit«. Wenn das gelingt, dann erzeugt Literatur ein »vergängliche[s] mystische[s] Erlebnis«, das wir »bis in den tiefsten Winkel unserer Seele und unseres Gehirns [spüren], und eines Tages werden wir nicht mehr da sein, und mit uns verschwindet leider auch unsere Seele und unser Gehirn, verflucht«.

Macht diese poetologische Bestimmung den Erzähler nicht unfrei? Nein, im Gegenteil, er darf alles, bis auf eine Ausnahme: Er muss »die Wahrheit und nichts als die Wahrheit« sagen, »die Wahrheit über die Guten und die Schlechten«. Darum darf er sogar journalistische Mittel wie die Reportage in Anspruch nehmen, nein: er muss es sogar. Biller holt die Reportage in die Literatur zurück, sie ist für ihn ein Mittel zur dichten Beschreibung von Wirklichkeit. Diese Wirklichkeit, und darauf kommt es an, ist nicht – wie im Verständnis vieler konservativer Autoren – bloßer vordergründiger Schein, hinter dem sich die wahre Wahrheit versteckt hält, das tiefere Sein. Für Biller existiert der Unterschied von Tiefe und Oberfläche nicht – es gibt nur die eine Realität des flüchtigen, vergänglichen Lebens, nur das »Hangeln am Abgrund der menschlichen Existenz«, die »lächerliche, sinnlose, herrliche Schönheit dieses absolut überflüssigen Daseins«. Es gibt nur die eine, handgreifliche Wirklichkeit, und diese Wirklichkeit ist die, die nach dem »größten Massenmord der Weltgeschichte« übriggeblieben ist. Alles Leben ist ein Leben nach Auschwitz. Wie sein ausgreifender Roman *Biografie* (2016), so blickt Literatur in den zerbrochenen »Spiegel der Moderne«.

Sagen wir es so: Eine ästhetisch reine und moralisch unbelangbare Literatur kennt Billers Poetik zum Glück nicht. Für ihn steht alles Schreiben im »Spannungsfeld von Moral und Unmoral, von grässlicher Wirklichkeit und schönem Traum«. Das ist ein Affront gegen alle, in deren Augen Schriftsteller nur dann wahre Sätze zu Papier bringen, wenn sie sich ins Jenseits der Moral hineinfantasieren, in das »echte« und unverstellte, von ethischen Gesetzen unberührte Leben. Für Biller ist das eine ästhetische Fiktion, das gibt es nicht. »Ohne Moral keine Kunst, keine Literatur«, setzt er dagegen, und sein poetologisches Grundgesetz verteidigte er auch dann noch, als Ende der 90er Jahre die Stimmung im Kulturbetrieb kippte und selbst so vornehme Zeitschriften wie der *Merkur* ihre Spalten mit intellektuell preisreduzierter Polemik über Gutmenschen und moralisch Korrekte abfüllten. Biller blieb stur. »Moralische Vorstellungskraft, das wird mir keiner ausreden können, ist die handwerkliche Grundvoraussetzung eines jeden großen Schriftstellers, sie ist seine Begabung, seine Fähigkeit zur Poesie. Moral in der Literatur ist darum zum einen ganz klar Wut und Mitgefühl mit den Armen, Unglücklichen, Verfolgten plus […] die Abbildung ihrer aussichtslosen Kämpfe.«

Mit solchen Gedanken beantwortet Maxim Biller unaufgefordert unsere Ausgangsfrage, wir wissen nun, worin seine Wahrheit besteht: Er ist ein Schriftsteller des Exodus. Seine Treue gilt dem Auszug der Israeliten aus Ägypten, jener Revolution der Moral, mit der die Forderung nach Freiheit, Gleichheit und Gerechtigkeit in die alten Reiche einbricht und die antiken Sklavenhaltergesellschaften erschüttert. »Der erste und einzige Fehler der Juden war es wahrscheinlich, dass sie die Idee der Moral in die Welt gebracht haben. Bis heute nerven sie die Nichtjuden damit, dass sie vor allen anderen auf dem lebensbejahenden und ziemlich anstrengenden Gegensatz zwischen Gut und Böse, menschlich und unmenschlich [...] bestanden haben.«

Aber noch einmal: Hat Biller nicht stets für die Pop- und Postmoderne geworben und sie seinen Lesern als heilsames Gegengift zum kulturell handelsüblichen Moralkitsch ans Herz gelegt? Ja, hat er. Doch das entspannte *Anything goes* verteidigte er nur bis zu dem Augenblick, wo es den »Kampf gegen das Schlechte und für das Gute in unserer verschwiegenen Wohlstandsmeinungsdiktatur« aufgab und unfähig wurde, »von Moral zu träumen, zu sprechen, zu erzählen«. Billers Leser hingegen sollen bei der Lektüre seiner Bücher eingeladen sein, sich vorzustellen, die Welt könne auch ganz anders sein – und das sei es, »was sie so jüdisch macht«. Literatur ist die Statthalterin des Unbedingten, und Schönheit jener unwahrscheinliche Augenblick, in dem Moral und Leben zusammenfallen und dabei eine »metaphysische Strahlkraft« freisetzen, die ganz von dieser Welt ist.

Textnachweise

Deutscher wider Willen. Rede am Thalia Theater. Hamburg, 7. 5. 1992.

Ohne Zweifel links. [Erstveröffentlichung unter dem Titel: Die »neue« Linke.] In: Die Zeit. 14. 7. 2016.

Ichzeit. In: Frankfurter Allgemeine Sonntagszeitung. 3. 9. 2011.

Der Übersetzer, seine Kinder und seine Frau. In: Frankfurter Allgemeine Sonntagszeitung. 3. 1. 2004.

Antisemiten sind mir egal. In: Die Zeit. 1. 10. 2014.

Geschichte schreiben. Rede zur Verleihung des Tukan-Preises. München, 13. 12. 1994.

Unschuld mit Grünspan. In: Frankfurter Allgemeine Zeitung. 13. 2. 1998.

Die unfriedliche Revolution. [Erstveröffentlichung unter dem Titel: Wessi go home.] In: MAX 24 (2001).

Deutsche deprimierende Republik. In: Frankfurter Allgemeine Sonntagszeitung. 22. 3. 2009.

Letzte Ausfahrt Uckermark. In: Die Zeit. 20. 2. 2014.

Goodbye, Columbus. In: Frankfurter Rundschau. 2. 3. 1995.

Der Gott Holocaust und seine falschen Jünger. [Erstveröffentlichung unter dem Titel: Stoppt Slobodan Westerwelle!] In: MAX 14 (2002).

Sind Sie auch ein Linksrechtsdeutscher? In: Literarische Welt. 16. 2. 2019.

Schreiben Sie Short Storys! [Erstveröffentlichung unter dem Titel: Aus Tropfen werden Meere.] In: Der Spiegel 14 (2007).

Chaos und Schönheit. In: Frankfurter Allgemeine Sonntagszeitung. 7. 10. 2018.

Die dritte Ethnie. In: Frankfurter Allgemeine Sonntagszeitung. 22. 6. 2003.

Gebrauchsanweisung für den Hass. [Erstveröffentlichung unter dem Titel: Wer ist hier das Arschloch?] In: Die Zeit. 25. 1. 2018.

Die Schwierigkeiten beim Sagen der Wahrheit. Eröffnungsrede bei der Tagung »Freiheit für die deutsche Literatur«. Evangelische Akademie. Tutzing, 31. 3. 2000.

Warum Ernst Jünger? [Erstveröffentlichung unter dem Titel: Ein Meister aus Deutschland.] In: Tempo 7 (1994).
So viel Sinnlichkeit wie der Stadtplan von Kiel. In: Weltwoche 30. 25. 7. 1991.
Die Buchhändlerin der Nation. [Erstveröffentlichung unter dem Titel: Sehr geehrter Herr Honnefelder.] In: Frankfurter Allgemeine Sonntagszeitung. 22. 4. 2012.
Wer nichts glaubt, schreibt. Erste Poetikvorlesung Heidelberg. 18. 6. 2018.

Register

Zum Autor

Maxim Biller wurde 1960 in Prag geboren, seit 1970 lebt er in Deutschland. Seine journalistischen und essayistischen Texte erschienen ab den späten 1980er Jahren u. a. in *Tempo*, *Der Spiegel*, *Frankfurter Allgemeine Zeitung*, *Süddeutsche Zeitung*, *Konkret* und *Frankfurter Allgemeine Sonntagszeitung*. Er ist Kolumnist für *Die Zeit*. Seine Erzählungen und Romane wurden insgesamt in sechzehn Sprachen übersetzt. Zuletzt erschienen sein Memoir *Der gebrauchte Jude* (2009), die Novelle *Im Kopf von Bruno Schulz* (2013), der Roman *Biografie* (2016), den die *Süddeutsche Zeitung* sein »Opus Magnum« nannte, und *Sieben Versuche zu lieben. Familiengeschichten* (2020). Sein Bestseller *Sechs Koffer* (2018) stand auf der Shortlist zum Deutschen Buchpreis.